中國學術思想

研究輯刊

二三編

林慶彰 主編

第 23 冊

澄觀《華嚴經疏・十地品》之研究（下）

釋正持 著

花木蘭文化出版社

國家圖書館出版品預行編目資料

澄觀《華嚴經疏・十地品》之研究（下）／釋正持 著 — 初
版 — 新北市：花木蘭文化出版社，2016〔民 105〕
目 8+252 面；19×26 公分
（中國學術思想研究輯刊 二三編：第 23 冊）
ISBN 978-986-404-574-7（精裝）
1. 華嚴部 2. 研究考訂
030.8   105002157

ISBN-978-986-404-574-7

9 789864 045747

中國學術思想研究輯刊
二三編　第二三冊　　　　　ISBN：978-986-404-574-7

澄觀《華嚴經疏・十地品》之研究（下）

作　　者　釋正持
主　　編　林慶彰
總 編 輯　杜潔祥
副總編輯　楊嘉樂
編　　輯　許郁翎
出　　版　花木蘭文化出版社
社　　長　高小娟
聯絡地址　235 新北市中和區中安街七二號十三樓
　　　　　電話：02-2923-1455／傳真：02-2923-1452
網　　址　http://www.huamulan.tw 信箱 hml810518@gmail.com
印　　刷　普羅文化出版廣告事業
封面設計　劉開工作室
初　　版　2016 年 3 月
全書字數　407229 字
定　　價　二三編 24 冊（精裝）新台幣 46,000 元

澄觀《華嚴經疏·十地品》之研究（下）

釋正持　著

目

次

第五章　初至三地菩薩之修行特色

　　在第三章中，曾經探討到澄觀將〈十地品〉的宗趣分爲總說、別說二種。其中總說有二義：一、以次第行布門爲宗，以圓融相攝門爲趣，亦即以別教一乘行位論的「約寄位顯」爲宗趣，其中行布門爲因，圓融門爲果。例如：在十地六門中，來意、釋名、斷障、證理、成行、得果等，是有初後次第的行布門；若約總相圓融，斷障即一斷一切斷，證理即一證一切證，成行即一行一切行，得果即一得一切得。二、以「約寄位顯」爲宗，而以成就佛果爲趣，即是以行布、圓融二門爲因，以佛果爲果。例如：初地歡喜地至十地法雲地之修行，是由淺至深，有其先後次第，爲行布門；十地中，地地皆具圓融，爲圓融門。性海果分是佛所悟的境界，是毘盧遮那佛內證的十種圓滿佛身，其境界無法用語言來詮釋，是以佛果位爲果。以上總說二義中，皆是以行布門爲因。

　　在別說十義中，第九義爲「約寄乘法」，也就是「十地寄乘」，華嚴宗以菩薩十地之位次寄於世間人天乘、出世間三乘、出出世間一乘，以分別法門之深淺。亦即，初至三地，寄世間人天乘；四至七地，寄出世間三乘；八地以上，出出世間一乘法，八地以上既是一乘，故不云寄。十地菩薩的修行特色，是介紹十地菩薩的因行，是行布門，將依照上述「約寄乘法」的方式，分成三個部分，共三章來說明。

　　澄觀釋文中，大致分爲四種：一、依經科，若直就經文，應分爲地法（地行、地相、位行）、地果（位果）二種。地法又分爲入心、住地心、出心等三心，但《十地經論》以出心爲調柔果。〔註1〕二、依論科，將十地分爲四十八

〔註1〕參見《華嚴經疏》卷33，《大正藏》冊35，頁756中～下。

分，詳如第三章第四節「說分」，亦即十地之地相是依《十地經論》分爲二、三、四、五、七、八分。三、依四道科，四分即加行、無間、解脫、勝進。四、依三心科，若地相有四分，初一入心，後三住心，出心在調柔果。澄觀折衷了〈十地品〉、《十地經論》二者，而將地法分爲入心、住心，而以出心爲調柔果。〔註2〕

　　每一地之三心，又與三智互相配合。〈十地品〉的如來加請之偈頌有三漸次：「應說諸地勝智道，入住展轉次修習，從行境界法智生，利益一切眾生故。」〔註3〕澄觀將此段經文詮釋爲每地皆有加行、根本、後得三智，此三智爲觀漸次、證漸次、修行漸次三種漸次相，對應於每一地的地初、地中、地後。勝智道是觀漸次，以加行智爲正證勝智之漸次，爲道之因；入住展轉次修習是證漸次，以根本智爲入地心、住地心、出地心等三心證智之漸次，爲道之體；從行境界法智生是修行漸次，法智是正辯後得智之體爲緣法，後得智爲道之果，即證得眞如的空性之後，還要回到世俗的假有，來利益眾生。〔註4〕此外，《華嚴經疏》卷34，亦有三智：相即方便智，得是根本，果即後得。〔註5〕此三者，即如來加請之三漸次：相即觀漸次，得即證漸次，果即修行漸次。三智，即三漸次，即三道：「初是無間，與惑相翻；二是解脫，正證無爲；三是勝進，後智進修。」〔註6〕所以，方便智又稱加行智，是無間道，如欲入第二地，起十種心，爲入地心；根本智，是無分別的出世解脫道，爲住地心；後得智，是緣俗的世間勝進道，爲出地心。

　　本章爲初至三地菩薩之修行特色，分爲四節：第一節介紹初至三地之來意、釋名、斷障、證理、成行、得果等六門。第二節探討遠離煩惱障，包括：初地遠離五怖畏、二地遠離十惡業、三地遠離妄想因，此三種煩惱障是進入前三地的障礙，故應遠離。第三節是精勤修行，包括：初地勤修十大願、二地勤修十善、三地勤修八定，菩薩已歷經了入地心、住地心的階段，接著還要精勤修行，才能證得佛果。第四節是圓修波羅蜜，包括：初地布施

〔註2〕四地焰慧地之正說分，分爲地相、地果二分，其中地相又分爲四分，四分中初一爲入心，後三爲住心，出心在調柔果。十地法雲地，先明地行，後彰位果，地行之中有六分，六中初一是入心，餘是住心，出心即調柔果。參見《華嚴經疏》卷37、44，《大正藏》冊35，頁789中、834下。

〔註3〕八十《華嚴》卷34，《大正藏》冊10，頁180下。

〔註4〕《華嚴經疏》卷32，《大正藏》冊35，頁750上。

〔註5〕參見《華嚴經疏》卷34，《大正藏》冊35，頁769下。

〔註6〕《華嚴經疏》卷34，《大正藏》冊35，頁769下。

波羅蜜、二地持戒波羅蜜、三地忍辱波羅蜜。其中，遠離煩惱障、精勤修行、圓修波羅蜜三者，所代表的為入地心、住地心、出地心三個階段，是依澄觀釋文之三心科來說明，但圓修波羅蜜之實際內容，大多在住地心，只有少部分在入地心、出地心。

第一節　通釋六門

六門，是指來意、釋名、斷障、證理、成行、得果。澄觀在《華嚴經疏・十地品》的每一地釋文前，皆先說明此六門，即是對每一地做一個概略性的介紹，包括：入地的目的、解釋十地名稱、斷除障礙、證得真理、修行成就、獲得果報，以顯示每一地的修行過程是有其先後次第關係。

一、來意

「來意」，是指菩薩進入十地修行所欲達成的目的。澄觀在「來意」中，前三地所引用的經論，不具有系統性：初地未引用經論，二地引用《十地經論》，三地引用《解深密經》。

初地的來意，是指「十地之中，最初斷障、證理，得聖性故。」〔註7〕初地已脫離凡夫之異生性，入聖者之境域，攝於如來的種族中，只要繼續用功，將會證得無上正覺。就果位來說，初地是十地中最初斷除障礙、證得真理，已入見道位，是凡聖的分水嶺，也是獲得聖位的第一階段。

二地的來意，《華嚴經疏》云：

> 所以來者，論云：「如是已證正位，依出世間道，因清淨戒，說第二菩薩離垢地。」言正位者，即初地見道，是出世間，依此修於三學，戒最在初，故先來也。前地雖證真有戒，未能無誤，又以十度明義，前施此戒，故次明之。〔註8〕

澄觀先引《十地經論》的說法，初地已證得聖位中的正位，為出世間的見道位；再依出世間道勤修三學的戒學，受持清淨戒行，遠離煩惱垢染，故名離垢地。二地已入修道位，其內容偏重戒律，有三種意涵：一為戒是三學之首，故先言戒；二為初地已證遍行真如，粗戒已遠離但微細戒仍會毀犯，二地則圓具淨戒，諸犯戒垢已遠離；三則從十度來說，初地是布施，二地是持

〔註7〕《華嚴經疏》卷33，《大正藏》冊35，頁756上。
〔註8〕《華嚴經疏》卷35，《大正藏》冊35，頁770下～771上。

戒。所以二地的來意，強調了離垢名稱的由來，與修行法門相結合，即是要遠離煩惱之垢穢，嚴持清淨戒行。

三地的來意，《華嚴經疏》云：

> 所以來者，前戒此定，義次第故。又前三地，寄同世間施戒修法，前二施戒竟，今此顯修。故《深密》云：「前位能持微細戒品，未得圓滿世間等持等至，及圓滿聞法總持，爲令得此，因說此地，令勤修學。」此則具前二意。〔註9〕

前三地仍寄位在世間法，以修世間的福慧爲主，修布施、持戒、修法，乃依據《俱舍論》而來。〔註10〕修法，即是修定，「定名修者，頌云：『等引善名修，極能熏心故。』謂離沈掉名之爲等，引生功德名之爲引，此定地善，極能熏心，令成德類，故獨名修。」〔註11〕三摩呬多（samāhita），意譯爲等引，有離昏沉、掉舉等平等能引，或引平等，或平等所引發等三義。三地的內容偏重修定，有二種意涵：一、依三學之次第而修，二地修戒，三地修定，四地以上修慧；二、約寄位而言，初地爲布施，二地爲持戒，三地爲修法。所以三地的來意，強調其修行法門爲修定。

二、釋名

「釋名」，即是解釋十地的名稱。澄觀在「釋名」中，引用的經論相當多，但十地皆引用的論書爲《成唯識論》、《攝大乘論》，故以下探討釋名中，將以此二部論書爲主，其餘經論爲輔。

初地歡喜地，又作極喜地、喜地、悅豫地。菩薩歷經十住、十行、十迴向等三賢位的修行，進入菩薩初地，初證聖性，心生歡喜。《華嚴經疏》云：

> 《唯識》第九云：「初獲聖性，具證二空，能益自他，生大喜故。」
> 此有三義：一、得位；二、證理；三、成行，由此三故，名極歡喜。
> 《攝大乘論》第七云：「由此最初得能成辦，自他義利勝功德故。」
> 此唯依第三成行義說。〔註12〕

〔註9〕《華嚴經疏》卷36，《大正藏》冊35，頁779上。
〔註10〕《俱舍論》卷18：「契經說，有三福業事：一、施類福業事；二、戒類福業事；三、修類福業事。」《大正藏》冊29，頁95中。
〔註11〕《演義鈔》卷60，《大正藏》冊36，頁480中。
〔註12〕《華嚴經疏》卷33，《大正藏》冊35，頁756上。

菩薩至此位已捨離凡夫性，根據《成唯識論》極喜地之名，具有三義：一、得位，初得聖性入見道位，斷異生之性，獲聖人之性。二、證理，具證人法二空之遍行眞如。三、成行，能自利與利他之二利行，度諸眾生。其中證理、成行二義，揀異於二乘。在《攝大乘論》中，極喜地只具有利益自他的功德，故只具第三義。所以，《成唯識論》極喜地之名稱意義較廣，具有三義；《攝大乘論》的意義較狹，只具一義。

二地離垢地，又作無垢地、淨地。《華嚴經疏》云：「言離垢者，慈氏云：『由極遠離犯戒垢故』，謂性戒成就，非如初地思擇護戒。《唯識》亦云：『具淨尸羅，遠離微細毀犯煩惱垢故。』」〔註13〕二地的釋名，結合《攝大乘論》的論本，〔註14〕與世親的釋本。性戒，又稱性重戒、性罪戒，如五戒之殺、盜、淫、妄四波羅夷，從犯罪之果報而言，屬於本質之罪惡行爲，不論佛陀制定與否，也不論在家、出家，受戒、不受戒，若犯之，未來必定受報。初地菩薩，粗重的犯戒垢已遠離，但微細戒仍會毀犯；二地菩薩，由於性戒成就，圓具淨戒，諸犯戒垢已極遠離，不必作意，任運自然而不會誤犯。所以初地已離故犯，二地則離誤犯。尸羅，根據《一切經音義》云：「尸羅云清涼，順古名淨戒。」〔註15〕尸羅一詞，有清涼之義，即身、口、意三業之罪，能使修行者焚燒熱惱，而戒則能止息熱惱，令得安適，故稱清涼。所以具淨尸羅，即是具足清淨戒，連微細之誤犯皆已遠離。世親的釋本著重於性戒成就，《成唯識論》則強調具淨尸羅，而能遠離諸犯戒垢。

三地發光地，又作明慧、明地、光地、有光地、興光地。《華嚴經疏》云：

> 總有三義，立發光名：一、以初住地十種淨心爲能發，勝定、聞持爲所發光，以安住地竟，方始聞法，修得定故。……既言由内心淨能發，明知以十淨心爲能發也，《攝論》、《金光明經》，意皆同此。二、以聞持爲能發，勝定爲所發，以聞法竟，靜處修行，方發定

〔註13〕《華嚴經疏》卷35，《大正藏》冊35，頁771上。

〔註14〕《華嚴經疏》卷35：「言離垢者，慈氏云：『由極遠離犯戒垢故。』」《演義鈔》卷59：「疏：言離垢下，二釋名，先引《瑜伽》。」澄觀此處說法有誤，不是引用《瑜伽師地論》，而是引用《攝大乘論本》卷3：「何故二地說名離垢？由極遠離犯戒垢故。」《探玄記》卷11亦云：「《攝大乘》云：由極遠離犯戒垢。」參見《大正藏》冊36，頁470上；《大正藏》冊31，頁145下；《大正藏》冊35，頁316上。

〔註15〕《一切經音義》卷27，《大正藏》冊54，頁491中。

故。《瑜伽》亦說：「等持爲光明故」，此約地中釋之。三、以勝定總持並爲能發，彼四地證光明相以爲所發。……《唯識》亦云：「成就勝定大法總持，能發無邊妙慧光故」，謂由得勝定，發修慧光，由得總持教法，發聞思光，彼無邊慧，即是三慧。故上本分論云：「隨聞思修，照法顯現。」謂就此慧中，四地證法爲所照，三慧光明爲能照，三慧是彼證智光明之相。〔註16〕

三地之釋名，各經論之說法各異，澄觀將其歸納爲三義：入地釋、地中釋、地滿釋，配合入心、住心、滿心。一、入地釋，以初住地十種淨心爲能發，勝定、聞持爲所發光。欲入第三地，當發起十種淨心，《華嚴經》稱爲十種深心，即三地十心爲入地心，稱爲能發。菩薩安住第三地後，開始修習三慧，即聽聞正法、依法思惟、修行禪定，故三慧之勝定及聞持陀羅尼即是所發。澄觀並沒有直接引用《攝論》，而說《攝論》、《金光明經》，意皆同此。《攝大乘論本》：「由無退轉等持等至所依止故，大法光明所依止故。」〔註17〕等持、等至皆是定，於此地中證希有定，此定即是修慧，發出大法光明。二、地中釋，以聞持爲能發，勝定爲所發，即是將第一義的「所發」，又分爲能、所。澄觀引用《瑜伽師地論》來證成，以聞思二慧爲能發；修慧即是等持光明，勝定爲所發。三、地滿釋，以勝定、總持爲能發，四地證光明相爲所發，即以第一義的「所發」爲「能發」。澄觀引用《成唯識論》來證成，勝定發修慧光，總持教法發聞思光，故稱勝定總持能發三慧光；隨聞思修而四地照法顯現，故四地證智光明爲所發。

第三地發光地的釋名，法藏只引用了諸部經論的說法，並沒有分類及具體的說明；澄觀則較具系統性，將其釋名歸納爲三義，擅於使用能所來釋義，而且能所的用法又能活潑的運用。例如：十淨心只有能發，證光明相只有所發，勝定、聞持，通能發、所發，所以此地偏得定名。〔註18〕

三、斷障

「斷障」，即是說明十地所要斷除的障礙。《成唯識論》云：「雖初地所斷實通二障，而異生性障意取所知。……故說菩薩得現觀已，復於十地修道位中，唯修永滅所知障道，留煩惱障助願受生，非如二乘速趣圓寂。故修道位

〔註16〕《華嚴經疏》卷36，《大正藏》冊35，頁779上。
〔註17〕《攝大乘論本》卷下，《大正藏》冊31，頁145下。
〔註18〕參見《華嚴經疏》卷36，《大正藏》冊35，頁779中。

不斷煩惱，將成佛時方頓斷故。」〔註19〕初地見道位，實際上是應斷除分別煩惱障、分別所知障，但異生性障只斷除分別所知障的現行、種子、粗重；二地以上之修道位亦如此，只斷除俱生所知障的現行、種子、粗重，而不斷其煩惱障的種子，留下餘習，才能在三界受生，直到金剛道即將成佛時才頓斷。而二地至十地，每一地所需斷除之障礙，都是從上一地之住心、滿心開始斷，直至該地的入心斷盡其粗重，並證得該地的解脫。〔註20〕澄觀在「斷障」中，十地全部引用《成唯識論》的說法。

初地的斷障，《華嚴經疏》云：

> 所斷障者，《唯識》第九中，異生性障，是此所斷，謂二障中分別起者，依彼種立異生性故。二乘見道現在前時，唯斷一種，名得聖性；菩薩見道現在前時，具斷二種，名得聖性。此言異生，即是凡夫；《梁攝論》中，名凡夫性；此論本分中，名凡夫我相障。此障障於初地，上來就能起煩惱是根本故，說斷二障，若具說者，亦斷惡趣諸業果等。由斯初地，說斷二愚及彼麁重：一、執著我法愚，即異生障；二、惡趣雜染愚，即惡趣諸業果等。此業果等，雖非是愚，愚品類故。〔註21〕

二乘與菩薩，其見道位之斷障有所不同：二乘見道位，只斷除煩惱障的種子，而獲得聖性；菩薩見道位，則斷除煩惱、所知二障種子，而獲得聖性。初地斷障的名稱，《成唯識論》名為異生性障，《梁釋論》名為凡夫性無明，《十地經論》名為凡夫我相障。異生性障的「異生性」，即是凡夫性；「障」，即執著我法，障於初地功德。根據《成唯識論》卷九的說法，二十二種愚癡相當於十地所斷的十重障，以及第十地的滿心金剛喻定現前時所斷的惑障。〔註22〕初地能斷除二愚及其粗重：「執著我法愚」，是利障品俱起愚，即異生性障，對我（煩惱障）、法（所知障）二執所起之愚，是粗重的業因。「惡趣雜染愚」，是鈍障品俱起愚，即三惡道中的各種業果，業是愚所引起的，果是愚所感招的，所以業果也是愚的同類，總稱為愚。粗重有二類：種子性的粗重，即以上二愚；非種子性的粗重，即由二種愚所引起的無堪任性，即

〔註19〕《成唯識論》卷9，《大正藏》冊31，頁52下。

〔註20〕參見林國良：《成唯識論直解》（上海：復旦大學出版社，2000年4月），頁693。

〔註21〕《華嚴經疏》卷33，《大正藏》冊35，頁756中。

〔註22〕參見《成唯識論》卷9，《大正藏》冊31，頁52中～53下。

低劣無能性。〔註23〕異生性障乃障礙初地無漏之聖性，入初地見道位就能永遠斷除。

二地的斷障，《華嚴經疏》云：

> 言邪行障者，謂所知障中俱生一分，及彼所起誤犯三業，能障二地。
> 由斯二地說斷二愚及彼麁重：一、微細誤犯愚，即上俱生一分，此能起業；二、種種業趣愚，即彼所起誤犯三業。〔註24〕

邪行障是指俱生所知障的一部分，以及所產生的誤犯之身口意三業共十惡行。二地能斷除二愚及其粗重：「微細誤犯愚」，即俱生所知障的一部分，是起業之愚；「種種業趣愚」，即俱生所知障所產生的誤犯之三業，非所發業，是不了業愚。邪行障乃障礙二地極其清淨的戒律，入二地就能永遠斷除。

三地的斷障，《華嚴經疏》云：

> 《唯識》名闇鈍障，謂所知障中俱生一分，令聞思修法忘失，彼障三地勝定總持，及彼所發殊勝三慧，入三地時，便能永斷。由斯三地說斷二愚及彼麁重：一、欲貪愚，此障勝定，及彼修慧；二、圓滿陀羅尼愚，此障聞思慧，及障彼圓滿陀羅尼故。〔註25〕

闇鈍障是指俱生所知障的一部分，能使聞思修三法忘失，無法達到總持記憶不忘，照法不能顯現，障礙三地的殊勝禪定和總持陀羅尼，以及其所引發的三種慧，入三地就能永遠斷除。三地能斷除二愚及其粗重：「欲貪愚」，欲貪故多住散亂，障礙禪定及修禪定所得的智慧；「圓滿陀羅尼愚」，障礙總持聞慧和思慧。

四、證理

「證理」，即是說明十地所證得的真理。澄觀在「證理」中，十地全部引用《成唯識論》的說法。

初地的證理，「所證理者，由斷前障，證遍行真如，謂此真如，二空所顯，無有一法而不在故。」〔註26〕初地斷異生性障，而證得遍行真如。真如乃遠離虛妄分別之人法二執，相當於三性中之圓成實性。凡夫執著我法，不見二

〔註23〕參見林國良：《成唯識論直解》，頁685。
〔註24〕《華嚴經疏》卷35，《大正藏》冊35，頁771上。
〔註25〕《華嚴經疏》卷36，《大正藏》冊35，頁779中。
〔註26〕《華嚴經疏》卷33，《大正藏》冊35，頁756中。

空，若證二空，則其二障即斷，所以斷證二義乃相輔相成。遍行眞如，即普遍萬有的事物，所顯二空之理。

二地的證理，「言最勝者，謂此眞如具無邊德，於一切法最爲勝故。此亦由翻破戒之失，爲無邊德。」〔註27〕二地斷邪行障，證得最勝眞如。最勝眞如，戒爲最勝，受持具戒所悟之眞如，能斷除破戒的過失，其具足無邊的功德，故稱最勝。

三地的證理，「若約所證，唯就總持，名證勝流眞如。《唯識》云：『謂此眞如所流教法，於餘教法，極爲勝故。』」〔註28〕約所證而言，三地是由聞思修三慧照法顯現，獲得殊勝禪定及總持陀羅尼，證得勝流眞如，此教法是從眞如所流出，較其他教法更爲殊勝，其教之根本即是眞如。

五、成行

「成行」，即是說明十地修行之成就。澄觀在「成行」中，十地皆沒有引用經論來證成。在《成唯識論》中，十地菩薩所修的十種勝行，即十波羅蜜，此處的成行比《成唯識論》的範圍更廣，並不局限於十波羅蜜。

初地的成行，「所成行，略有四種：一、約增勝，修成施行。二、約所成，起十大願。三、約修成，謂信等十行。四、約實行，謂十度等行，無不皆修。」〔註29〕初地修行的成就，有四項：一、增勝，十度中初地特別強調加行布施。二、所成，菩薩往昔曾發十種大願，於初地時依發願而去實踐。三、修成，初地不只修十願，還修十種淨諸地法。〔註30〕四、實行，十地中每一地皆修十度。

二地的成行，「是以成於戒行。」〔註31〕二地修行的成就，即是成就戒行，連微細戒也不再誤犯，具足三聚淨戒及十善行，故稱戒波羅蜜增勝。

三地的成行，「其所成行，亦唯禪及求法。」〔註32〕三地修行的成就，即是禪定行、求法行。禪定行，即四禪、四空定；求法行，即聞思修三慧。

〔註27〕《華嚴經疏》卷35，《大正藏》冊35，頁771上。
〔註28〕《華嚴經疏》卷36，《大正藏》冊35，頁779中。
〔註29〕《華嚴經疏》卷33，《大正藏》冊35，頁756中。
〔註30〕八十《華嚴》卷34：「佛子！菩薩如是成就十種淨諸地法，所謂：信、悲、慈、捨、無有疲厭、知諸經論、善解世法、慚愧堅固力、供養諸佛、依教修行。」《大正藏》冊10，頁183上。
〔註31〕《華嚴經疏》卷35，《大正藏》冊35，頁771上。
〔註32〕《華嚴經疏》卷36，《大正藏》冊35，頁779中。

六、得果

「得果」，即是說明十地修行所獲得之果報。澄觀在「得果」中，十地皆引用《梁釋論》來證成。

初地的得果，《華嚴經疏》云：

> 所得果，略有四種：一、得當地滿時，調柔等四果。二、得檀行，成大財果。三、依《攝論》，通達障空，得一切障滅果。四、通論，得唯識三性、三無性理智，及奢摩他、毘鉢舍那等果。〔註33〕

初地所獲得的果報，有四種：一、《十地經論》所說，於地滿時，果利益校量勝有四種，調柔果、發趣果、攝報果、願智果。二、行檀波羅蜜，獲得大財果。三、依《梁釋論》，初地斷除煩惱、所知二障，為人法二空所攝，通達障空，得一切障滅果。四、唯識所說，依三性三無性，得止觀等果。

二地的得果，「得於最勝無等菩提之果，並寄於戒，顯地相別。」〔註34〕二地證得最勝真如，具足最勝功德，故獲得出世間的最勝無等菩提果。

三地的得果，「其所得果，亦法及禪。《梁攝論》云：『通達勝流法界，得無邊法音果。』《金光明》云：『三地發心，得難動三昧果。』」〔註35〕澄觀引《梁釋論》證明得法，引《金光明經》證明得禪。得法是指《華嚴經》所說的十種求法行：「日夜唯願聞法、喜法、樂法、依法、隨法、解法、順法、到法、住法、行法。」〔註36〕十種求法行，即是聞思修三慧，初三法是聞慧，四五六法通聞思二慧，第七法是思慧，後三法是修慧。〔註37〕三地菩薩證得勝流真如，由十種求法行三慧照法顯現，大悲心流露，得無邊法音果。

第二節　遠離煩惱障

《大智度論》云：「障道法，名諸有漏業，及一切煩惱，惡道報障。」〔註38〕障道法，即是入地的障礙，包括入地前，或初入地之障礙，為煩惱、所知二障，能障礙涅槃不能脫離生死輪迴，以及障礙菩提不能證得佛果，故

〔註33〕《華嚴經疏》卷33，《大正藏》冊35，頁756中。
〔註34〕《華嚴經疏》卷35，《大正藏》冊35，頁771上。
〔註35〕《華嚴經疏》卷36，《大正藏》冊35，頁779中。
〔註36〕八十《華嚴》卷35，《大正藏》冊10，頁187下。
〔註37〕參見《演義鈔》卷60，《大正藏》冊36，頁484上。
〔註38〕《大智度論》卷25，《大正藏》冊25，頁243中～下。

應遠離。上文曾說到「十地寄乘」，初至三地，寄世間人天乘；四至七地，寄出世間三乘；八地以上，出出世間一乘法。其中初至三地為世間行，唯斷除煩惱障故配於世間；四至七地斷除所知障，故配於出世間；入八地斷除體障，八地以上至如來地斷除治想，故配於出出世間。〔註39〕所以，十地之障道法，包括前三地之煩惱障，四至七地的所知障，八地的體障，以及八至十地的治想。四至十地，皆是斷除智障，智障又依斷除之粗細分為三門：智障、體障、治想，其中智障最粗，體障居中，治想最細，治想亦為智障之一。

　　何謂煩惱障呢？根據《成唯識論》云：「煩惱障者，謂執遍計所執實我薩迦耶見而為上首百二十八根本煩惱，及彼等流諸隨煩惱，此皆擾惱有情身心，能障涅槃，名煩惱障。」〔註40〕煩惱障是由我執為首的一百二十八種根本煩惱，以及等流等二十種隨煩惱為其體，其能產生發業潤生的作用，擾亂有情，使其流轉生死，能障涅槃之果，故名煩惱障。初至三地的菩薩，寄位在世間人天乘，斷除煩惱障：「初地，斷除凡夫我障。凡夫我，是見一處住地；第二地中，斷除能起犯戒煩惱。犯戒煩惱，即是欲愛、色愛、有愛三種住地；第三明地，斷除闇相聞思修等諸法妄障。闇相，即是無明住地。」〔註41〕根據《勝鬘師子吼一乘大方便方廣經》所說，有五種住地煩惱：見一處住地、欲愛住地、色愛住地、有愛住地、無明住地。〔註42〕二障與五住地煩惱之關係有三種，此處則是指第二種，將五住地煩惱歸為煩惱障。〔註43〕

　　前三地遠離煩惱障，指初地斷除異生性障，證得我法二空，已入見道位，故遠離世間的五種怖畏；二地斷除邪行障，遠離十惡業，此二地皆與身口意三業有關；三地斷除闇鈍障，達到甚深的禪定，遠離妄想因，即是厭離有為法的煩惱行。

〔註39〕參見《大乘義章》卷5，《大正藏》冊44，頁563下～564上。《演義鈔》卷69，《大正藏》冊36，頁551中～下。

〔註40〕《成唯識論》卷9，《大正藏》冊31，頁48下。

〔註41〕《大乘義章》卷5，《大正藏》冊44，頁563下～564上。

〔註42〕《勝鬘師子吼一乘大方便方廣經》，《大正藏》冊12，頁220上。

〔註43〕《大乘義章》卷5：「言別障者，障別有三：一、四住煩惱，為煩惱障，無明住地，以為智障；二、五住性結，為煩惱障，事中無知，以為智障；三、五住性結及事無知，同為煩惱，分別緣智，以為智障。」《大正藏》冊44，頁561下。

一、初地：遠離五怖畏

要進入初地，必須從初發心一直經歷十住直心、十行深心、十迴向大悲心等三種菩提心才能進入聖位。澄觀也說，四十句明住分又分為四：依何身、為何義、以何因、有何相。《華嚴經疏》云：

> 初、謂深種善根，為所依身；次、為得佛果，為所緣境義，上二皆發心緣。三、以大悲為發心之因；四、以過凡得聖，為發心福利之相。……又此四事，即三種菩提心：深種善根是深心，次為求菩提是直心，三即大悲心，具此三心，成後入地之相。又此四段，各具含三心，可以思準。〔註44〕

菩薩從初發心，歷經十住、十行、十迴向，所發的三種心，與四十句明住分的三種菩提心，皆是相同的：依何身之深種善根是深心，為何義之為求菩提是直心，以何因之大悲為首是大悲心，有何相之總具以上三心之後，才能入位，進入初地。從總體分析，此四十句之住分具有三心；若從個別而論，依何身、為何義、以何因、有何相的每一段之十句中，各含直心、深心、大悲心等三心。〔註45〕所以此三心，是未入地行之方便，為初地的入地心，此時已斷除初地見道位的異生性障，是進入初地的關鍵。

進入初地，即是超越凡夫境界，邁入菩薩聖位的開始，此時得到前所未有的歡喜，菩薩心中所憶念的，皆是與佛法相應之事，如：念諸佛、念佛法、念佛菩薩、念佛行、念佛淨、念佛勝、念佛不壞、念佛教化、念佛利益、念佛入、轉離一切世間境界、親近一切佛、遠離凡夫地、近智慧地、永斷一切惡趣、與一切眾生作依止處、見一切如來、生佛境界中、入一切菩薩平等性中、遠離一切怖畏毛豎等事。〔註46〕

「畏」之相反是「喜」，所以五怖畏是初地歡喜地之障礙。怖畏，其梵語為 vibhīṣaṇa，五怖畏，即五種怖畏，又稱五恐怖、五怖、五畏，其具體內容為：不活畏、惡名畏、死畏、惡道畏、大眾威德畏。五恐怖，於《雜阿含經》中就已出現：「若比丘成就此四力者，得離五恐怖。何等五？謂不活恐怖、惡名恐怖、眾中恐怖、死恐怖、惡趣恐怖，是名五恐怖。」〔註47〕在《雜阿含

〔註44〕《華嚴經疏》卷33，《大正藏》冊35，頁756下～757上。
〔註45〕參見《演義鈔》卷57，《大正藏》冊36，頁454上。
〔註46〕參見八十《華嚴》卷34，《大正藏》冊10，頁181中。
〔註47〕《雜阿含經》卷26，《大正藏》冊2，頁185中。

經》之「五恐怖」，與〈十地品〉之「五怖畏」，不活、惡名、死，名稱相同，惡趣與惡道、眾中恐怖與大眾威德畏，其意思相同，雖二者名稱稍有差異，但名異而實同。

　　初地菩薩由於通達人法二空，已遠離五種怖畏，「此菩薩得歡喜地已，所有怖畏，悉得遠離，所謂不活畏、惡名畏、死畏、惡道畏、大眾威德畏，如是怖畏，皆得永離。」〔註48〕五怖畏，是指見道以前所起的五種怖畏，也是進入初地的障礙，所以從五怖畏之有無，可以判斷凡聖之差別，亦即有怖畏者尚未脫離凡夫之域，無怖畏者則已達聖者之域。〔註49〕五怖畏仍在凡夫境域，離五怖畏則進入初地歡喜地，已是聖者的境域，決定證成無上菩提。

　　茲分述五怖畏如下：

（一）離不活畏

　　不活畏，又稱不活恐怖，指初學者雖行布施，但因恐懼缺乏修行的衣食住等外緣，無法維持生活，故常積聚資財，不能盡己所有而行布施。《華嚴經》云：「此菩薩離我想故，尚不愛自身，何況資財，是故無有不活畏。」〔註50〕凡夫是愛自身、愛資財，稱為不活畏；初地菩薩，已證得人法二空，故沒有我法二執，對於頭、目、肢節、手足等內身尚且可捨，更何況是身外之資財等外物，稱為離不活畏。

（二）離惡名畏

　　惡名畏，又稱惡名恐怖，指初學者為度化眾生而同入酒肆等處，卻無法安行自若，仍畏懼他人之譏謗。《華嚴經》云：「不於他所，希求供養，唯專給施一切眾生，是故無有惡名畏。」〔註51〕凡夫希求名聞利養，所以畏懼他人譏謗而名譽受損，稱為惡名畏；初地菩薩，並不追求別人的供養，而是以利益眾生為己任，故眾生對他的中傷毀謗，破壞聲譽，他都不畏懼，稱為離惡名畏。

（三）離死畏

　　死畏，又稱死恐怖或命終畏，指雖起廣大之心而施與財物等，但仍畏懼

〔註48〕八十《華嚴》卷34，《大正藏》冊10，頁181中。
〔註49〕參見神林隆淨著，許洋主譯：《菩薩思想的研究‧下》，頁264。
〔註50〕八十《華嚴》卷34，《大正藏》冊10，頁181中。
〔註51〕八十《華嚴》卷34，《大正藏》冊10，頁181中。

死，而不能捨棄身命。《華嚴經》云：「遠離我見，無有我想，是故無有死畏。」〔註52〕凡夫雖對於身外之資財能行布施，但對於我愛我見等我執仍執著不捨，故畏懼死亡，稱為死畏。初地菩薩，已證得我法二空，不再對假我戀戀不捨，故對於死也不畏懼，稱為離死畏。死畏是對生命欲的執著不捨，是從生命欲所生，若沒有生命欲，也就沒有死畏。〔註53〕

　　不活畏與死畏，有些相似，如何分辨兩者之不同呢？《華嚴經疏》云：「懼無資緣，身不存於朝夕，名不活畏。懼其因盡，正捨報時，名為死畏。大怖之極，無過死故，又不活通於三業，死唯約身。」〔註54〕不活畏是畏懼沒有日常生活的衣、食、住、行等資財外緣，則生命將朝夕難保，受到威脅，包括身、語、意三業。死畏是指一期的生命即將結束，面臨死亡的恐懼，三業中只涉及身業，故有所不同。不活畏包括了三業，意義較廣；而死畏只涉及身業，意義較狹。

（四）離惡道畏

　　惡道畏，又稱惡趣恐怖、惡趣畏、墮惡道畏，指害怕造作不善業而死後失去人身、墮入三惡道，故恆處於怖畏之中。《華嚴經》云：「自知死已，決定不離諸佛菩薩，是故無有惡道畏。」〔註55〕凡夫畏懼死後墮入三惡道，稱為惡道畏；初地菩薩，已遠離貪瞋癡三毒，故遠離三惡道之因，不會再受三惡道之業果，而且平常發菩提心，日常行持即是佛作佛行，進入諸佛菩薩之行列，故不會感召三惡道之果，稱為離惡道畏。

（五）離大眾威德畏

　　大眾威德畏，又稱眾中恐怖、大眾畏、怯眾畏、處眾怯畏，指於大眾中，或有威德者之前，恐懼自己言行有失，而不能善解法義，作獅子吼。《華嚴經》云：「我所志樂，一切世間無與等者，何況有勝，是故無有大眾威德畏。」〔註56〕一般凡夫，在權勢、學者、大眾及有威德者面前說法，無自信常感到內心畏懼、不得自在，稱為大眾威德畏。初地菩薩為度化眾生，已成就四無礙辯，於大眾面前猶如獅子吼，出廣長舌相自在說法無所畏懼，稱為離大眾

〔註52〕八十《華嚴》卷34，《大正藏》冊10，頁181中。
〔註53〕參見神林隆淨著，許洋主譯：《菩薩思想的研究・下》，頁264。
〔註54〕《華嚴經疏》卷33，《大正藏》冊35，頁759下。
〔註55〕八十《華嚴》卷34，《大正藏》冊10，頁181中。
〔註56〕八十《華嚴》卷34，《大正藏》冊10，頁181中。

威德畏。

根據《十地經論》的說法，以上五怖畏果中，第一、二、五怖畏，皆依身口意三業；第三、四怖畏，只依身業。死畏，是喜愛善道，是愛好外資財布施之善道，而畏懼捨棄身命；惡道畏，則是憎恨惡道，畏懼此身墮入三惡道，故三業中只依身業。〔註 57〕法藏則將第一、二、五怖畏，分為別、通二義。別義，是不活畏依身業、惡名畏依口業、大眾威德畏依意業；通義，則是第一、二、五怖畏，皆依身口意三業。〔註 58〕所以，法藏異於《十地經論》之處，即是增加了「別義」。

五怖畏雖有五種，《十地經論》將其歸納為二因：「一、邪智、妄取想、見愛著故；二、善根微少故。」〔註 59〕世親並未進一步做說明。法藏則對此二因做了詮釋：初為三畏因，此三皆是惡法，合為一因；後為二畏因，此二俱是善少，合為一因。〔註 60〕澄觀在法藏的基礎上，又有新的突破，將五怖畏之因，分為通說與別說，別說是法藏的舊說，通說則是澄觀的新創見。別說，與法藏的說法相同，「若取相顯，初一為前三畏因，後一為後二畏因。」〔註 61〕前因是不活畏、惡名畏、死畏之因；後因則是惡道畏、大眾威德畏之因。前因中，邪智即是不活因，由邪智產生恐懼不能過活，而執著財利，積聚資財；妄取想是惡名因，由妄想獲取美名，著名兼利；見愛著是死畏因，由見我故，愛著自身，而懼怕死亡。後因中，又分為福智、二世善二種來對治。「福智」，即是福德與智慧，由於功德善少而畏懼墮入三惡道，以及智慧善少而畏懼於大眾中說法；「二世善」，即是過去因現在果、現在因未來果，由於過去善少而現在畏懼於大眾中說法，以及現在善少而畏懼將來會墮入三惡道。故離我、我所，是初三之離因，即二空智；具福智、二世善，是後二離因，即二莊嚴。〔註 62〕

通說，是指二因通五怖畏。「善根少者，亦乏資財，懼不活等故。有愛著者，未能忘懷，畏大眾等故。」〔註 63〕善根少，不只是福德智慧不足，還包

〔註 57〕參見《十地經論》卷 2，《大正藏》冊 26，頁 137 上。

〔註 58〕參見《探玄記》卷 10，《大正藏》冊 35，頁 304 下。

〔註 59〕《十地經論》卷 2，《大正藏》冊 26，頁 137 上。

〔註 60〕參見《探玄記》卷 10，《大正藏》冊 35，頁 304 下～305 上。

〔註 61〕《華嚴經疏》卷 33，《大正藏》冊 35，頁 760 上。

〔註 62〕參見《華嚴經疏》卷 33，《大正藏》冊 35，頁 760 上。

〔註 63〕《華嚴經疏》卷 33，《大正藏》冊 35，頁 760 上。

括賴以維生的資財外物缺乏，生命遭受威脅的不活畏，及惡名畏與死畏。有愛著，不只是對我、我所的執著，還包括未能於大眾中自在說法的大眾威德畏，及惡道畏。

綜上分析得知，世親的五怖畏果只有通義，法藏則添增了「別義」，澄觀則依循世親之說法。世親將五怖畏歸納爲二因，法藏進一步詮釋爲初是三畏因，後是二畏因，爲別說；澄觀又增加了通說，二因通五怖畏，顯現其對於義理的詮釋更加的圓融與無礙。可見，澄觀的注疏中，雖參考世親、法藏的說法，但並不是一成不變，而是不拘一格，顯示其注疏的視野寬廣，對於佛法的運用也具有活潑性、圓融性。

二、二地：遠離十惡業

初地菩薩已修習圓滿，欲入第二地，當發起十心，它是住於初地後得智中所要進修的十心。雖是後得智，若望於二地即爲方便智，所以方便智又稱爲加行智。十種深心，也是二地發起淨所依之心，亦是入地心：正直心、柔軟心、堪能心、調伏心、寂靜心、純善心、不雜心、無顧戀心、廣心、大心。〔註64〕《十地經》、六十《華嚴》稱爲十種直心，八十《華嚴》則稱爲十種深心。深心與直心，雖然名異而其義同。深心，即是深契理事，於事於理皆能深入契合之心；直心，即是在發起淨中，能順理事持戒純熟，則令自體淨中性戒成就。所以，直心戒淨，自然成就正地性戒，不待思擇。以上所述，深心與直心，名異而實同，皆能理事雙存，但《大乘起信論》亦有深心與直心，其意義則有所不同，只具有理或事之其中一義。〔註65〕

二地菩薩，發起十種深心，而能性戒成就。性戒有二種：一、久積成性；二、眞如性中無破戒垢。〔註66〕久積成性，即是菩薩歷經長期之累積修行，而成就自體淨中的性戒成就。眞如性戒，即是發起淨中順理事持戒，斷邪行障，證得最勝眞如，遠離犯戒垢。澄觀在詮釋二地之性戒時，提出了大乘戒體說，以心法爲戒體，也就是眾生本具之清淨本性，於受戒時領納於心，具有防非止惡的功能。《四分律刪繁補闕行事鈔》云：「若依通論，明其所發之

〔註64〕八十《華嚴》卷34，《大正藏》冊10，頁185上。
〔註65〕契理，即是《大乘起信論》所說的直心，正念眞如法；契事，即是《大乘起信論》所說的深心，樂集一切諸善行。參見《大乘起信論》，《大正藏》冊32，頁580下。《演義鈔》卷59，《大正藏》冊36，頁470中。
〔註66〕《華嚴經疏》卷35，《大正藏》冊35，頁771中。

業體；今就正顯，直陳能領之心相。」〔註67〕若依各宗派之理論通說，戒體來自於業體；若簡明直接而論，則戒體是一種能領受戒法的心理狀態。所以，澄觀之戒體觀是持戒而證得最勝真如，遠離犯戒垢。

　　法藏於《梵網經菩薩戒本疏》提出其戒體觀：「初離色心者，謂此真戒性非質礙又非緣慮，故云非色心。又釋，戒於思種而建立，故用思種為體，故云非青等色也；於思種上假立為色，故云非心也。」〔註68〕戒體是無形質，故非色；無緣慮，故非心，即依《成實論》之主張，是非色非心法。思種為體，即南山宗的「種子戒體說」，以本識之善種子為戒體。所以法藏之戒體觀，乃是承襲道宣的心法戒體。綜上所述，法藏、澄觀之戒體觀皆是依道宣之說法，但法藏是依通論，而澄觀則是依正顯，故二者詮釋的角度不同。

　　菩薩已發起十心進入二地，住於此地即遠離一切殺生、偷盜、邪婬、妄語、兩舌、惡口、綺語、貪欲、瞋恚、邪見等十惡業。攝律儀戒，為三聚淨戒之一，又作律儀戒、自性戒、一切菩薩戒、離戒淨、正受戒淨，為七眾弟子所受之戒，乃捨斷一切諸惡，含攝諸律儀之止惡門，為一種自利的行為。攝律儀戒著重在防非止惡，是消極的止持戒，但澄觀又依據《百論》、《十地經論義記》的說法，提出「律儀通於止作」，止作，即是止行與作行。〔註69〕這二種說法中，澄觀所批判的是《百論》之「惡止善行法」，在攝律儀戒中有止作，止行即惡止，作行即善行，作行同於攝善法，則攝律儀戒與攝善法戒二者之間，難以區分。〔註70〕澄觀所說的作持，即是《四分律》所說的二十犍度，戒律作持門的二十種分類，如持衣說淨，不作有罪，而非「布施、忍辱」等善行，故不同。慧遠提出攝律儀戒具有「隱顯相成」義，通於止作，稱為「舉作助止」，亦即以止惡之止行為正行，以行善之作行為助行，以正行、助行分為二聚。在三離中，因離、果離是止行，亦即殺生等十惡止息不作；對治離是作行，還要生起慈念心等利益眾生之善行。〔註71〕遠離十惡業，不僅止於不作十種惡業，而且必須遵行以慈悲愍哀之心利益廣大的眾生，這已不是素樸的十善法，而是菩薩行的菩薩戒了。〔註72〕所以，遠離十惡業，其

〔註67〕《四分律刪繁補闕行事鈔》卷1，《大正藏》冊40，頁4下。
〔註68〕《梵網經菩薩戒本疏》卷1，《大正藏》冊40，頁607下。
〔註69〕止行、作行，與一般所說的止持、作持意思相同。
〔註70〕參見《演義鈔》卷59，《大正藏》冊36，頁471中～下。
〔註71〕參見《華嚴經疏》卷35，《大正藏》冊35，頁771下。
〔註72〕參見釋聖嚴：〈十善業道是菩薩戒的共軌論〉，《中華佛學學報》第8期，1995

積極的意義就成了放生、布施、梵行（淨行）、誠實語、和諍語、愛軟語、質
直語、不淨觀、慈悲觀、因緣觀。〔註73〕

澄觀基本上是認同慧遠之攝律儀戒具有「隱顯相成」義，但是攝律儀戒
之正義只是消極的止持戒，故仍然依傳統的方式來詮釋〈十地品〉之經文，
助成別相。〔註74〕

遠離十惡業，又可分為身業三種、口業四種、意業三種，茲說明如下：

（一）不殺生

何謂殺生呢？即是殺害其他眾生的生命。關於殺戒在諸戒之次第，各經
論之說法不同：在五戒、十善、八關齋戒、十波羅夷中，皆置於第一位；在
比丘之四波羅夷中，則置於第三位。而比丘之四波羅夷中，以婬戒為首。《大
智度論》云：「佛說十不善道中，殺罪最在初，五戒中亦最在初。若人種種修
諸福德，而無不殺生戒，則無所益。……以是故知，諸餘罪中，殺罪最重；
諸功德中，不殺第一，世間中惜命為第一。」〔註75〕所以，殺生之罪最重，
故置於十不善業之首。《大智度論》又云：「戒律為今世取涅槃故，婬欲雖不
惱眾生，心繫縛故為大罪。以是故，戒律中婬欲為初；白衣不殺戒在前，為
求福德故。」〔註76〕修諸功德中，以不殺生為第一，在家眾為求福德，故以
不殺戒為首；聲聞為了求得現世的解脫，了生死、證涅槃，故以心受繫縛之
婬戒為首。

澄觀於《演義鈔》云：在十善中，先離殺生，亦即不殺生為首；在小乘
四條重戒中，以婬戒為首。所以，十善道、十惡業、菩薩十重戒，皆以殺業
為首。〔註77〕《華嚴經》云：

> 性自遠離一切殺生，不畜刀杖，不懷怨恨，有慚有愧，仁恕具足，
> 於一切眾生有命之者，常生利益慈念之心，是菩薩尚不惡心惱諸眾
> 生，何況於他起眾生想，故以重意而行殺害？〔註78〕

年 7 月，頁 31。

〔註73〕 參見勞政武：《戒律學原理》，《中國佛教學術論典》98（高雄：佛光山文教基
　　　　金會，2004 年 4 月），頁 267。

〔註74〕 參見《華嚴經疏》卷 35，《大正藏》冊 35，頁 771 下。

〔註75〕 《大智度論》卷 13，《大正藏》冊 25，頁 155 中～下。

〔註76〕 《大智度論》卷 46，《大正藏》冊 25，頁 395 下。

〔註77〕 參見《演義鈔》卷 59，《大正藏》冊 36，頁 471 下。

〔註78〕 八十《華嚴》卷 35，《大正藏》冊 10，頁 185 上。

離殺生可分為二：性自遠離一切殺生，為總明；「不畜」下，別顯。性自遠離一切殺生等十惡業，即自性成就十善業道，為自性戒。如何遠離此十惡業呢？則視眾生根機的深淺而有異，《華嚴經疏》謂有三種離，即要期離、方便離、自體離，其中凡夫是要期離，二乘是方便離，菩薩是自體離，自體已達清淨無染。菩薩雖同修自體離，但諸地也有所差異：地前離現行諸過，初地可除犯戒種子，二地可除誤犯而顯自性清淨。〔註79〕在別顯中，澄觀引用《十地經論》的說法，來詮釋十善戒。《十地經論》卷四中，三種身業（不殺生、不偷盜、不邪婬）皆有三種離：因離、對治離、果行離，以擇發十善戒的理趣。〔註80〕「因離」，是指離殺生因緣，可分為離受畜因、離起因。受畜因，即是畜刀杖、呪藥而行殺，能令眾生墮於畜生因。起因，即是三毒，不懷怨恨是離瞋因，有慚有愧離貪財利、仁恕具足離貪眾生，故是離貪因。「對治離」，是指離殺法，以利益心、慈念心，對治殺心、遠離殺業。生利益心，使眾生得世間、出世間二種樂因；生慈念心，令眾生得人天報涅槃果，則離愚癡心，遠離殺生祭祠。「果行離」，指離殺業。招引因而成殺，業因產生業果，今不正殺，故名果離，又可分為微細、麁重二種。微細，即是心念惱害，不生起殺心的念頭；麁重，即是身行惱害，也不以刀杖等去殺害眾生使其斷命。〔註81〕

　　根據《十地經論》，殺戒之犯相，具五緣成殺，澄觀亦承襲其說法：身，即「於他」，他是所殺之體，此揀自身；事，即「眾生」，此揀非情；想，即「起眾生想」，此揀瓦木等想；行，即「故以重意」，重意是思，即意業，是行體，此揀錯誤；體，即「身行加害」，斷其命是殺業，揀前四之方便。〔註82〕構成殺生需具五緣，其對象為他人或一切有情、眾生、眾生想，起殺心，而究竟命斷，即成殺罪。法藏則結合了《雜集論》與《十地經論》二論，通具七緣成殺：於他、眾生、眾生想、起殺心、興方便、起貪瞋癡三毒等、究竟命斷。〔註83〕法藏之七緣中，《十地經論》則無加刀杖之「興方便」，及「起貪瞋癡三毒等」煩惱，此二項在上文之因離的受畜因、起因中已說明，故澄觀予以抉擇，依據《十地經論》之五緣成殺，而不採用法藏之七

〔註79〕　參見《華嚴經疏》卷35，《大正藏》冊35，頁771下。
〔註80〕　參見《十地經論》卷4，《大正藏》冊26，頁146上。
〔註81〕　參見《華嚴經疏》卷35，《大正藏》冊35，頁772上。
〔註82〕　參見《華嚴經疏》卷35，《大正藏》冊35，頁772上～中。
〔註83〕　參見《探玄記》卷11，《大正藏》冊35，頁317下。

緣成殺。

（二）不偷盜

何謂偷盜呢？即是非理損財，不與而取。《華嚴經》云：「性不偷盜。菩薩於自資財，常知止足，於他慈恕，不欲侵損。若物屬他，起他物想，終不於此而生盜心，乃至草葉，不與不取，何況其餘資生之具？」〔註84〕「因離」，菩薩能止足，亦即能少欲知足，故無盜因。止足有二義：內心止足不貪，像廉貞之士，寧渴死而不飲盜泉，即離起因；二地具無盡財，故不會盜取財物，而墮於畜生道，離受畜生。「對治離」，即生起慈心、恕心。慈心，即布施給眾生，於自身資財捨而不著；恕心，即我物被盜則憂慮百端，若他物被盜同我憂苦，故不侵損他人財物。「果行離」，有麁細二種，不取草葉爲細，其餘資生之物爲粗。〔註85〕

根據《十地經論》，偷盜戒之犯相，具五緣成犯，法藏、澄觀亦承襲其說法，但六十《華嚴》缺第三、四緣，〔註86〕故法藏說：「論經五緣，此中略無三四。」〔註87〕八十《華嚴》缺第二緣，故澄觀說，經闕此（第二）句。茲說明《華嚴經疏》之偷盜戒五緣成犯：身，即「若物屬他」，此揀於自，是他物體；事，即《十地經》之「他所用事」，〈十地品〉闕此句；想，即「起他物想」；行，即「翻終不盜心」；體，即「舉離本處」。〔註88〕構成偷盜需具五緣，其對象爲他物、他所用事、他物想，起盜心取，舉離本處，即成盜罪。

（三）不邪婬

何謂邪婬呢？乖禮曰邪，染愛曰婬，即是違背禮法，與配偶之外的人行婬。《華嚴經》云：「性不邪婬。菩薩於自妻知足，不求他妻。於他妻妾、他所護女、親族媒定，及爲法所護，尚不生於貪染之心，何況從事，況於非道？」〔註89〕「因離」，謂自妻知足，有二意：內心知足，無貪心，離於起因；自足妻色，〔註90〕不行邪婬，離受畜因。「對治離」，現在梵行清淨，不

〔註84〕八十《華嚴》卷35，《大正藏》冊10，頁185上。

〔註85〕參見《華嚴經疏》卷35，《大正藏》冊35，頁772中。

〔註86〕六十《華嚴》卷24：「離諸劫盜，資生之物，常知止足。若物屬他，他所受用，於是物中，不與不取。」《大正藏》冊9，頁548下。

〔註87〕《探玄記》卷11，《大正藏》冊35，頁317下。

〔註88〕參見《華嚴經疏》卷35，《大正藏》冊35，頁772中。

〔註89〕八十《華嚴》卷35，《大正藏》冊10，頁185上～中。

〔註90〕六十《華嚴》、《十地經》爲「自足妻色」；八十《華嚴》則爲「自妻知足」。

求他妻、未來妻色。根據《十地經論》,「果行離」分爲微細、麁重二種。麁重,即是身相,又分爲不正、非時、非處三種。澄觀對於「果行離」,亦分爲細、麁二種。麁是指邪境,爲不正、非時、非處,非處在後況中。不正者,「他所護女」爲總句,分爲二種:不共護,即「他妻妾」;共護,即「親族、媒定」。非時,爲戒法所護,修梵行時。非處,即非道行婬。細是指以細況麁,又有二種:不生染心,況於正道從事;不生染心及正道,何況非道。澄觀之以細況麁,比《十地經論》多了第二種。其中「非道」具有二義:雖是夫妻,亦須避免口道、大便道等非處行婬;「以人況於餘類」,與一切鬼神、畜生等非人類而行婬。《十地經論》之「非道」只有前義,不具後義。至於婬境,《十地經論》不作他女想,故「無想疑」,不具緣,不與境合。若約邪婬,亦有想疑,二地爲顯示此中自妻正境亦定無犯,故不於邪婬,而說具緣。〔註91〕

法藏對於「果行離」,亦分爲微細、麁重二種,但將麁重之意義擴大爲麁、細二門,此二門皆有不正、非時、非處三種。〔註92〕二地菩薩寄位在世間人天乘,感報做轉輪聖王,故有妻室,顯然是對在家菩薩所說之戒;法藏爲了區分在家菩薩與出家菩薩的不同,故將麁重又分爲麁、細二門,以做區隔。

(四)不妄語

何謂妄語呢?指違想背心,即是違境不順心,欺誑前境,令他虛解。《華嚴經》云:「性不妄語。菩薩常作實語、眞語、時語,乃至夢中,亦不忍作覆

澄觀區分「自足妻色」與「自妻知足」的不同。「自足妻色」,只具有離受畜因,登地以上的菩薩,行梵行斷婬欲,但由寄報示有妻子,沒有夫妻之欲行。「自妻知足」,具有離起因、離受畜因二種,知足約心,亦不妨梵行。知足,離起因,無貪心;不妨梵行,是於心中知足,非於事上知足,正同《淨名》示有妻子,常修梵行,離受畜因。故兩者比較,以八十《華嚴》的「知足」更妙,能離二因。參見《演義鈔》卷 59,《大正藏》冊 36,頁 472 下。

〔註91〕參見《華嚴經疏》卷 35,《大正藏》冊 35,頁 772 下。

〔註92〕關於婬戒,在家與出家之不同:在家不邪婬,出家不婬。麁門爲在家菩薩,不正有五,他女、他妻、己親、姓護、標護;非時,梵行護、有孕、乳兒時;非處,口道、大便道二處非道。細門爲出家菩薩,不正爲非己妻妾,菩薩不畜妻妾,故不婬;非時,修戒時,菩薩無時不修戒,故究竟不婬;非處,是過麁鄙,菩薩永斷不爲。參見《探玄記》卷 11,《大正藏》冊 35,頁 318 上。

藏之語，無心欲作，何況故犯？」〔註93〕以上所探討的三種身業，各具三種離；接著介紹的四種口業，則只有二離。何以故？「對治離」，即是因離，有二義：無外事，無刀杖妻財之外事，故無受畜因；無起因，殺生因貪瞋癡等起因而產生，而妄語因是誑他之思心，離此即實語，實語即是對治誑心。對治離有三種：實語，又稱隨想語，不違自心，隨心想故；真語，又稱諦語、事語，審善思量，如事而語；時語，又稱隨時語、隨語，發語心事俱實，合乎當時的實際情況而說。「果行離」，有麁細二種：夢中是細，夢中亦不忍作覆藏之語，「覆藏」又分為覆相妄語（非真語）、覆心妄語（非實語）；故犯是麁。〔註94〕

（五）不兩舌

何謂兩舌？即是立於兩者之間撥弄是非，乖離兩者，傳此向彼，傳彼向此，令和合者起鬥諍。《華嚴經》云：

> 性不兩舌。菩薩於諸眾生，無離間心、無惱害心，不將此語為破彼故而向彼說，不將彼語為破此故而向此說。未破者不令破，已破者不增長，不喜離間，不樂離間，不作離間語，不說離間語，若實若不實。〔註95〕

依據《十地經論》，不兩舌之「對治離」約心，「果行離」即是差別，分為身壞、心壞、業壞三種，澄觀亦承襲其說法。由於六十《華嚴》的經文不同，故法藏只有「對治離」這一部分與《十地經論》相同，「果行離」則不同。茲說明《華嚴經疏》不兩舌之二離如下：「對治離」，此唯約心，《十地經》為無破壞心，〈十地品〉為無離間心。傳說者必於心中憶持惡言，欲將破壞兩頭，方成離間。「果行離」，通心及事，即是差別，又分三種：身壞，未破、已破是離間體；心壞，隨喜他、自心樂；業壞，細則實有惡言，麁則不實虛搆。〔註96〕

（六）離惡口

何謂惡口呢？即是不說麁俗鄙陋的話。《華嚴經》云：

> 性不惡口。所謂毒害語、麁獷語、苦他語、令他瞋恨語、現前語、

〔註93〕八十《華嚴》卷35，《大正藏》冊10，頁185中。

〔註94〕參見《華嚴經疏》卷35，《大正藏》冊35，頁772下～773上。

〔註95〕八十《華嚴》卷35，《大正藏》冊10，頁185中。

〔註96〕參見《華嚴經疏》卷35，《大正藏》冊35，頁773上～中。

不現前語、鄙惡語、庸賤語、不可樂聞語、聞者不悅語、瞋忿語、如火燒心語、怨結語、熱惱語、不可愛語、不可樂語、能壞自身他身語，如是等語，皆悉捨離。常作潤澤語、柔軟語、悅意語、可樂聞語、聞者喜悅語、善入人心語、風雅典則語、多人愛樂語、多人悅樂語、身心踊悅語。〔註97〕

在《十地經》「果行離」所離有十六語，六十《華嚴》只有四語，八十《華嚴》有十七語。《十地經論》則說此十六語，不出前四語，前四語體一名異，澄觀承襲其說法，總顯惡言體用：云何獨（毒）害？以麁惡獷戾故。云何麁獷？苦他故。如何苦他？令他瞋恨故。〔註98〕能離是前面十七語，皆悉捨離。至於「對治離」，《十地經》有十二語，六十《華嚴》則無，八十《華嚴》有十語。澄觀則將「對治離」之十種善語，對治「果行離」之麁惡之語，其中現前語、不現前語，無別體故不翻，〔註99〕故只有十五種，茲列表說明如下：〔註100〕

表5-1：十種善語與十五種麁惡語對照表

十種善語	十五種麁惡之語
潤澤語	苦他語、令他瞋恨語
柔軟語	毒害語、麁獷語
悅意語	瞋忿語
可樂聞語、聞者喜悅語	不可樂聞語、聞者不悅語
善入人心語	如火燒心語、怨結語、熱惱語
風雅典則語	鄙惡語、庸賤語
多人愛樂語、多人悅樂語	不可愛語、不可樂語
身心踊悅語	能壞自身他身語

〔註97〕八十《華嚴》卷35，《大正藏》冊10，頁185中。

〔註98〕參見《華嚴經疏》卷35，《大正藏》冊35，頁773中。

〔註99〕演義鈔卷59：《十地經論》復有相對語、不相對語、麁惡語、常行語故，如經：「現前語、不現前語、鄙惡語、不斷語故。」於中現前語者，麁而不斷；不現前語者，微而不斷。亦即現前語即相對語為麁，不現前語為不相對語為微，不斷語通二者。今〈十地品〉無「不斷語」，別有「庸賤語」，故更不舉。參見《大正藏》冊36，頁73中。

〔註100〕參見《華嚴經疏》卷35，《大正藏》冊35，頁773下。

（七）不綺語

何謂綺語呢？即是言辭不正，一切婬意不正之言詞，其猶綺文，從喻立稱。《華嚴經》云：「性不綺語。菩薩常樂思審語、時語、實語、義語、法語、順道理語、巧調伏語、隨時籌量決定語。是菩薩乃至戲笑尚恒思審，何況故出散亂之言？」〔註101〕在《十地經》「對治離」有九語，六十《華嚴》只有四語，八十《華嚴》有八語。《十地經論》將此九語，分為教化語（思語、時語）、教授語（實語、義語、法語）、教誡語（順道語、毗尼語）、攝受語（隨時籌量語、善知心所樂語）；法藏亦承襲《十地經論》之說法，將四語分為四種。澄觀對於「對治離」之八語，以第一語「常樂思審語」為總，菩薩常樂三思而後言，則無散亂；其餘七語是別，時語之「時」為亦總亦別。時語為「總」，第一語之思審，再配合時機，達到說話或沈默皆能得宜；「別」分為三種：教化時語（時語）、教授時語（實語、義語、法語）、教誡時語（順道理語、巧調伏語、隨時籌量決定語）。〔註102〕所以，澄觀對於不綺語「對治離」之八語，以總別來表示，別中三語，比《十地經論》少了「攝受語」一項，其主要的原因是澄觀引用了《菩薩地持經》之說法，而將《十地經論》之教誡語、攝受語，合為「教誡時語」一項，使得別中三語，具有修行之次第關係：教化生信→教授生解→教誡成行之三階段。在《菩薩地持經》有教誡五語：制、聽、舉、折伏、令喜，〔註103〕澄觀以三句攝之：有罪者制，無罪者聽，為「順道理語」；於制聽有缺，如法舉之，數數毀犯，折伏與念，為「巧調伏語」；有實德者，稱揚令喜，為「隨時籌量決定語」，此句總結以上四語，謂若制、若聽、若舉、若折，皆須適時。〔註104〕「果行離」，有麁細二種，戲笑是細，故作是麁。

（八）不貪欲

何謂貪欲？即是對於他人的財物資用，生起求欲心。《華嚴經》云：「性不貪欲。菩薩於他財物，他所資用，不生貪心，不願不求。」〔註105〕以下三種意業，只有對治離，沒有其它二離。何以故？因為貪等是業有之本，更無

〔註101〕八十《華嚴》卷35，《大正藏》冊10，頁185中。
〔註102〕參見《華嚴經疏》卷35，《大正藏》冊35，頁773下。
〔註103〕參見《菩薩地持經》卷3，《大正藏》冊30，頁905下。
〔註104〕參見《華嚴經疏》卷35，《大正藏》冊35，頁773下～774上。
〔註105〕八十《華嚴》卷35，《大正藏》冊10，頁185中。

所依，故非果行，所以沒有果行離；以非果，故不可更立起因，所以沒有因離。「對治離」，依據《十地經論》分爲事、體、差別三種，法藏、澄觀承襲其說法，澄觀將其歸納爲意業具五緣成業道：事，指「於他財物」，爲他人所攝。體，指「他所資用」，爲所貪物體，即金銀財寶、飲食等。差別，指「生起貪心」，又分爲三：欲門行，始欲名求，即他物想；得門行，以種種方便，希得屬己爲願，即是樂欲；奪門行，終起奪想爲貪，即究竟。構成貪欲需具五緣，其對象爲他人財物、他所資用、他物想，希得屬己，起奪想，即成貪欲。若五緣中闕究竟，只名爲煩惱。〔註106〕

（九）不瞋恚

何謂瞋恚呢？即忿怒含毒，而令身心熱惱，不得平安之精神作用。《華嚴經》云：「性離瞋恚。菩薩於一切眾生，恒起慈心、利益心、哀愍心、歡喜心、和潤心、攝受心，永捨瞋恨、怨害、熱惱，常思順行，仁慈祐益。」〔註107〕「對治離」，《十地經論》分爲三部分，但沒有具體名稱，法藏則將其命名爲「初攝治，二離障，三起行」三部分；〔註108〕六十《華嚴》只有攝治；八十《華嚴》具足此三部分，澄觀則將其名稱改爲別顯能治、總顯所治、類通治益三種，名異而實同。在攝治中，《十地經論》有六心爲五種眾生；《探玄記》有四心爲四種眾生；《華嚴經疏》有六心爲六種眾生。茲說明《華嚴經疏》不瞋恚之「對治離」如下：別顯能治，即爲六種眾生起六種治，於怨仇者生慈心，於惡行者生利益心，於貧窮者生哀愍心，於憂苦者生歡喜心，於著樂者生和潤心，於發菩提心者生攝受心。總顯所治，慈等六心有六種障，但兩者並非分別對應關係，是通障及通治。六障分爲三對：瞋恨、怨害、熱惱，皆悉捨離。類通治益，以上略論對六種眾生起慈等六心，未論及之一切眾生，也對他們生起常思慈祐之心。〔註109〕

（十）不邪見

何謂邪見呢？即乖理推求，爲乖謬不合理而撥無因果的見解。《華嚴經》云：「又離邪見。菩薩住於正道，不行占卜，不取惡戒，心見正直，無誑無

〔註106〕參見《華嚴經疏》卷35，《大正藏》冊35，頁774上。
〔註107〕八十《華嚴》卷35，《大正藏》冊10，頁185中。
〔註108〕《探玄記》卷11，《大正藏》冊35，頁318下。
〔註109〕參見《華嚴經疏》卷35，《大正藏》冊35，頁774上～中。

諂，於佛、法、僧，起決定信。」〔註110〕「對治離」，《十地經論》有七種邪見，六十《華嚴》有五種邪見，八十《華嚴》有七種邪見。茲說明《華嚴經疏》不邪見之「對治離」對治七種邪見如下：住於正道，對治異乘見；不行占卜，對治虛妄分別見；不取惡戒，對治戒取見；心見正直，對治見取見；無誑，對治覆藏見；無諂，對治詐現不實見；於佛、法、僧起決定信，對治非清淨見。〔註111〕

以上已探討了十善業，其中的三種身業，各具因離、對治離、果行離；四種口業，則具對治離、果行離；三種意業，只具對治離。貪、瞋、癡為身口等七支的起因，起因又分遠因（貪、瞋、癡）與近因（思心）二種。身業難起，彰顯貪等遠因，隱藏思心之近因；口業易發，彰顯思心之近因，隱藏貪等遠因，故不明因離。所以，在身業中只論及貪等遠因，口業中只討論思心之近因。〔註112〕身口意三業中，意業三種只有一離，是思之造作，最易生起；口業四種有二離，彰顯思心之近因，較易生起；身業三種有三離，彰顯貪等遠因，最難生起。十惡業中，三毒為身口等七支的起因，它是毒害出世善心的三種煩惱，能令有情長劫於三界受苦而不得出離，故應遠離。菩薩住於二地，遠離十惡業，常護十善業道，可除誤犯之垢，顯現自性清淨，成就增上戒。

在二地中，《華嚴經疏》異於《十地經論》、《探玄記》的部分，有五處：遠離十惡業之方法，因眾生根器有所不同，凡夫為要期離，二乘為方便離，菩薩為自體離，此部分於《十地經論》、《探玄記》皆沒有探討。此外，遠離十惡業中，法藏異於《十地經論》有二處：對於殺戒之犯相，通具七緣成殺；不邪婬之「果行離」，分為微細、麁重二種，法藏為了區隔在家戒與出家戒之不同，於麁重中又增加了出家菩薩之「細門」。澄觀異於《十地經論》、《探玄記》有四處：非道行婬，還有第二義，不與一切鬼神、畜生等非人類而行婬；將離惡口「對治離」之十種善語，對治「果行離」之十五種麁惡之語；對於不綺語「對治離」之八語，以總別來表示，其中第一語為總，其餘七語為別，別中三語，比《十地經論》少了「攝受語」一項，此三語之修行次第關係：信→解→行；不貪欲之「對治離」，分為事、體、差別三種，澄觀將其歸納為意業具五緣成業道。

〔註110〕八十《華嚴》卷35，《大正藏》冊10，頁185中。
〔註111〕參見《華嚴經疏》卷35，《大正藏》冊35，頁774中。
〔註112〕參見《演義鈔》卷59，《大正藏》冊36，頁473上。

二地攝律儀戒是遠離十惡業，即以十善戒爲內容，可共通於在家、出家，但第三條不邪婬或不婬，在家戒或出家戒則有所不同，如上文之不邪婬：「性不邪婬。菩薩於自妻知足，不求他妻。」顯然是在家戒，不與配偶之外的人行婬。出家戒則爲「不婬欲」，行梵行而斷淫欲。所以，〈十地品〉之十善戒是在家戒，與二地菩薩寄位在世間人天乘，感報做轉輪聖王，故有妻室，可互相配合。在離垢地，除了十善戒之外，並沒有出家獨自的戒。〈十地品〉是屬於初期大乘佛教經典，其戒法已不是素樸的十善法，而是出世間的菩薩戒，通於出家、在家共通的立場，也是華嚴的基本戒。

三、三地：遠離妄想因

二地菩薩已修習圓滿，欲入第三地，當發起十種深心，亦即三地的入地心：清淨心、安住心、厭捨心、離貪心、不退心、堅固心、明盛心、勇猛心、廣心、大心。〔註113〕三地之十心，諸經名稱不同，《十地經》名爲深念心，六十、八十《華嚴》皆名爲深心。三地的深心，澄觀解釋爲：「更以十心念前十深心」。以三地初之十種深心爲能念，欲於禪定中求得更深；又憶念二地初之十種深心爲所念，欲求禪定卻念淨戒的原因，是因戒能生定，由持戒清淨而得禪定。〔註114〕其主要的目的，是爲了進入三地能達到甚深的禪定，所以再憶念二地的持戒功德而產生禪定。

《十地經論》云：「依第三明地差別有四分：一、起厭行分；二、厭行分；三、厭分；四、厭果分。起厭行者，謂十種深念心；厭行者，觀一切行無常乃至未入禪。」〔註115〕三地修禪，厭伏煩惱，亦厭於禪，故名厭地。入第三地的十種深念心，爲起厭行分。三地的入地心觀修無常乃至未入禪，名爲厭行分。厭行分可分爲三種：修行護煩惱行、修行護小乘行、修行方便攝行，其中修行護煩惱行，爲厭離有爲法，此節主要探討遠離諸障道法，故只對修行護煩惱行這一部分做討論。遠離妄想因，又可分爲觀無常、觀無救二種，茲說明如下：

（一）觀無常

修行護煩惱行，總共有二十句，是厭離有爲法，前十句是觀無常，後十

〔註113〕八十《華嚴》卷35，《大正藏》冊10，頁187中。
〔註114〕參見《演義鈔》卷60，《大正藏》冊36，頁481上～中。
〔註115〕《十地經論》卷5，《大正藏》冊26，頁153上。

句是觀無救。觀一切有爲法如實相，是總辨所觀，其中「如實相」，具有二義：事實，謂無常；理實，謂不生。〔註116〕前十句，是觀無常，即有爲法之體性是無常、無自性。《華嚴經》云：「佛子！菩薩摩訶薩住第三地已，觀一切有爲法如實相：所謂無常、苦、不淨、不安隱、敗壞、不久住、刹那生滅、非從前際生、非向後際去、非於現在住。」〔註117〕澄觀指出，三住修行住之十種無常，〔註118〕大同於三地發光地之十種無常。〔註119〕以上十句中，「無常」是總括來說，即《十地經論》的「命行不住」。命行是所無常法，〔註120〕命指相續，爲內正報的生命，行指遷流，爲外依報的生存環境；不住是無常義。無常具體分別則有九種：前五句「云何此無常」，即是命行，或稱所無常法；後四句「何者是無常」，即是不住，或稱無常。茲分述如下：

1. 云何此無常。「苦」，即《十地經論》所說：「依身轉時力，生三種苦。」〔註121〕內報遷流名身轉，即是一期之生命結束繼續輪迴，從觸生三受、從三受生三苦，故依身轉方能生苦，即是無常。「不淨」，飲食可以資養色身，依於飲食之好惡之力，令其形色有增有損，增損不定，即是無常。「不安隱」，即《十地經》之「無常」，不護諸惡力，橫夭長壽，強涉危險，飡服毒藥，令身夭喪，即是無常。「敗壞」，依世界成力，成必滅壞，故名敗壞無常。「不久住」，此句依無我，謂資生之財無有定主，屬於王、賊、火、水、惡子等五家所共有，非一處住，不定我所。以上五句中，前三句是顯正報，指凡聖能依之身，眾生世間是苦、不淨、不安隱；後二句是顯依報，指凡聖所依之國土，國土世間是敗壞、不久住。其中，苦、不淨、不安隱、敗壞等四句，共顯無常；不久住，則顯無我。〔註122〕

〔註116〕參見《華嚴經疏》卷36，《大正藏》冊35，頁780上～中。

〔註117〕八十《華嚴》卷35，《大正藏》冊10，頁187中。

〔註118〕八十《華嚴》卷16：「此菩薩以十種行，觀一切法，何等爲十？所謂觀一切法無常、一切法苦、一切法空、一切法無我、一切法無作、一切法無味、一切法不如名、一切法無處所、一切法離分別、一切法無堅實，是爲十。」《大正藏》冊10，頁84中。

〔註119〕參見《華嚴經疏》卷18，《大正藏》冊35，頁636下。

〔註120〕《演義鈔》卷60：「命行二字，是所無常法者，即經有爲字，此同《涅槃》：我觀諸行，悉皆無常。」《大正藏》冊36，頁481中。

〔註121〕《十地經論》卷5，《大正藏》冊26，頁153中～下。

〔註122〕《華嚴經疏》卷36：「初五句，云何此無常，即前命行，……初中有二義：一、隨事：前三內報以顯無常，後二外報以顯無常；二、據義：五句以苦等

2. 何者是無常。《十地經論》將無常分爲二種：少時無常、自性不成無常。
〔註123〕「刹那生滅」，爲少時無常，以念念生滅，無暫時停止。「非從
前際生」，過去已滅；「非向後際去」，指現在即滅，無法從現在轉至未
來；「非於現在住」，指念念遷謝，住相了不可得。以上三句，即自性
不成無常，三世緣生俱無自性，不成實體。以上之三世，是約相續門，
約三時以辨一法，如因前身而有今身，三世遷滅，求生等相，皆不可
得，即入不生不滅，是無常義。〔註124〕

三地遠離妄想因中，前十句觀無常，法藏、澄觀皆依《十地經論》的說
法，以「命行不住」爲總明無常觀，具體分別則有九句：前五句「云何此無
常」，即是命行；後四句「何者是無常」，即是不住。六十《華嚴・十地品》
觀無常共有十一句，〔註125〕多了「無我」一句，除了總觀外，還有十句，法
藏又將前六句區分爲前四句是顯內正報，後二句是顯外依報；澄觀則分爲前
三句是顯內報，後二句是顯外報，亦是承襲法藏之分法。

（二）觀無救

修行護煩惱行的後十句，是觀無救，約人顯其生老病死之變易。《華嚴經》
云：「又觀此法，無救、無依、與憂、與悲、苦惱同住、愛憎所繫、愁感轉多、
無有停積、貪恚癡火熾然不息、眾患所纏，日夜增長，如幻不實。」〔註126〕
又觀「此法」，即上述的無常。以上十句中，「無救」是總括來說，不出眾生
的生老病死四種，如四方山來無逃避處，無能救護。無救具體分別則有九種，
前四句約死以顯無救，五、六句約資生事以顯無救，七句約老以顯無救，後
二句約病以顯無救，茲分述如下：

1. 約死以顯無救。「無依」，少壯時無常未至，望於後死則無所依怙而得
其免，故無所依止。「與憂」，年衰將死，無常既至，無能救者，以無
常死臨，故多憂苦。「與悲」，即眾生五陰轉壞，死相現前，中間憂念
轉增。「苦惱同住」，即正捨壽時，四大分散，於五根苦惱事中，其力

四觀共顯無常。」《大正藏》冊35，頁780中。
〔註123〕參見《十地經論》卷5，《大正藏》冊26，頁153下。
〔註124〕參見《華嚴經疏》卷36，《大正藏》冊35，頁780中。
〔註125〕六十《華嚴》卷24：「菩薩住明地，能觀一切有爲法如實相，所謂無常、苦、
無我、不淨、不久、敗壞、不可信相、不生不滅、不從前際來、不去至後際、
現在不住。」《大正藏》冊9，頁551中。
〔註126〕八十《華嚴》卷35，《大正藏》冊10，頁187中。

虛弱，更以憂悲隨逐，則憂苦轉增，心生熱惱。以上四句，是從四個面向來描述死亡時的種種現象。

2. 約資生事以顯無救。「愛憎所繫」，於順違境，產生愛憎妄想，常轉不捨。「愁感轉多」，於受用時，苦多樂少，故憂惱轉多。

3. 約老以顯無救。「無有停積」，於身老時，盛年壯色，不可復得。

4. 約病以顯無救。「貪恚癡火熾然不息」，是指少時病，於少壯時，樂受生貪欲、苦受生瞋恚、不苦不樂受生愚癡，依三受起三毒，故貪等常燒善根，不容法水，熾然難救。「眾患所纏」，是指老時病，於年衰時，眾多病苦所纏，如樹將朽，日夜增長，無能令免。「如幻不實」，是總結前九句，有為法皆是幻化不實的。〔註127〕

以上介紹了三地厭行分的修行護煩惱行，即是遠離妄想因，包括二十句的經文，前十句是觀有為法無常，厭離有為；後十句是觀眾生的生老病死無能救護，倍增厭離，讓眾生了解有為法的實相是「由緣起而有的一切存在現象」，是流轉變遷，幻化不實，空不可得，故應趣向佛智。如《金剛般若波羅蜜經》云：「一切有為法，如夢幻泡影，如露亦如電，應作如是觀。」〔註128〕一切有為造作之生滅法，以六種譬喻來引證，夢、幻、泡、影、露、電，此六相皆是虛妄不實，為妄想因。三地菩薩修行的目的，不只是厭離有為法的煩惱行，遠離妄想因達到甚深的禪定，其最終的歸趣是策勵眾生能精進修行，趣佛智慧，速證菩提。

三地遠離妄想因中，後十句觀無救，《十地經論》只有將最後三句，歸為身患事。六十《華嚴・十地品》觀無救共有十句，〔註129〕與《十地經》相比，少了「憂惱轉多」一句，法藏將其補上，故共有十一句。初四句歸為死時無救，次二句為外愛求事中過患無救，後四句身苦無救；澄觀只有初四句與法藏相同為死時無救，次二句資生事無救，次一句老無救，後二句病無救，總歸為生老病死四種無救，也顯示了澄觀在注疏標題之設立上，亦別具用心，運用一般較通俗且連續的名稱來命名。

〔註127〕參見《華嚴經疏》卷36，《大正藏》冊35，頁780下。

〔註128〕《金剛般若波羅蜜經》，《大正藏》冊8，頁752中。

〔註129〕六十《華嚴》卷24：「菩薩如是觀一切有為法真實相，知諸法無作、無起、無來、無去，而諸眾生憂，悲，苦惱，憎愛所繫，無有停積，無定生處，但為貪、恚、癡火所然，增長後世苦惱大聚，無有實性猶如幻化。」《大正藏》冊9，頁551中。

第三節　精勤修行

在第二節中，已介紹了初至三地遠離煩惱障，並曾探討初地須具足三心，二地及三地須具足十種深心才能入地，此三心及十心是入地心，故前三地的菩薩要發廣大心，才能入地。精勤，又作精進、勤精進，謂勇猛進修諸善法。依佛教之教義，於修行過程中，必須不懈怠地努力上進。《華嚴經疏》云：「約所修：初地、修願行；二地、戒行；三、禪行；四、道品行；五、四諦行；六、緣生行；七、菩提分行；八、淨土行；九、說法行；十、受位行。」〔註130〕在初地的勤修十大願及二地的勤修十善已進入住地心，三地的厭行分、厭分、厭果分是住分，其中厭分的勤修八定是正住地心。〔註131〕所以前三地的菩薩已歷經了入地心、住地心的階段，接著還要精勤修行，才能證得佛果。前三地的精勤修行中，初地菩薩勤修十大願；二地菩薩勤修十善，分為五重十善；三地菩薩勤修八定，分為四禪及四空。

一、初地：勤修十大願

十大願之名稱，乃是依據《梁釋論》而來：一、供養願；二、受持願；三、轉法輪願；四、修行願；五、成熟願；六、承事願；七、淨土願；八、不離願；九、利益願；十、正覺願。〔註132〕但其中有三願的名稱，澄觀增添了一、二字。〔註133〕此十大願乃是菩薩往昔所發的大願，初地願勝，即是十願彰自勤行，初地時依所發之十願而去精勤修行。

（一）供養願

供養願，依據《梁釋論》是指供養勝緣福田、師，及法主，〔註134〕〈十地品〉則是以清淨心供養一切諸佛。《華嚴經》云：「所謂生廣大清淨決定解，以一切供養之具，恭敬供養一切諸佛，令無有餘。廣大如法界，究竟如虛空，盡未來際，一切劫數，無有休息。」〔註135〕《十地經論》將初願分為六種大，六十《華嚴・十地品》的經文不同，法藏以義添加了「願大」為七

〔註130〕《華嚴經疏》卷31，《大正藏》冊35，頁735中。
〔註131〕參見《華嚴經疏》卷36，《大正藏》冊35，頁779下。
〔註132〕參見《梁釋論》卷10，《大正藏》冊31，頁225下。
〔註133〕第四願修行願，澄觀增添為「修行二利願」；第五願成熟願，增添為「成熟眾生願」；第十願正覺願，增添為「成正覺願」。
〔註134〕《梁釋論》卷10，《大正藏》冊31，頁225下。
〔註135〕八十《華嚴》卷34，《大正藏》冊10，頁181下。

種大，〔註 136〕澄觀分爲六種大。澄觀將十願分爲四義：總標起願、顯願行相、彰願德能、明願分齊。十願之中，總標起願，即是每一願的前四字「又發大願」，十願中只有初地缺總標起願，此名稱乃澄觀之創見，《十地經論》、法藏的著作皆無；〔註 137〕顯願行相、彰願德能，相當於《十地經論》的六種大；明願分齊，《十地經論》不列入六種大，法藏將其接在七種大之後，列爲「八、立誓自要」，〔註 138〕而且諸願之中皆有三義，〔註 139〕第八種亦不列入三義。澄觀則認爲「一切劫數無有休息」屬於十願的經文，《十地經論》之六種大獨缺此句，故將其列入四義之一。法藏之分類，乃是依據《十地經論》的分法，以義添加爲七種大，爲諸願之三義，《十地經論》沒有論述的「一切劫數」等，他於七種大之後再添加第八種「立誓自要」，但不列入諸願之一義；澄觀則是依據經文之文脈來分類，不局限於前人之說法，突顯其思想更加活潑與圓融。

　　澄觀將每一願分爲四義，但供養願關起願，茲分爲三義說明如下：

1. 顯願行相，又分爲三大義：「心大」，即「生廣大清淨決定解」，亦名淨心，增上敬重，迴向菩提，淨信無疑；「供具大」，即「以一切供養之具」，是行緣；「福田大」，即「恭敬供養一切諸佛，令無有餘」。令無有餘，是總相。無餘有三：一切佛無餘，是行境；一切供養無餘、一切恭敬無餘，是行體。以豎論一切，佛有三身、供養有三、恭敬有三；以橫論一切，則佛有十方無盡，餘二亦十方無盡。

2. 彰願德能，又分爲三大義：「攝功德大」，即「廣大如法界」，所有善根中最殊勝；「因大」，即「究竟如虛空」，無常愛果，無量因故；「時大」，即「盡未來際」，此因得涅槃常果。以上三義爲六決定中的勝善決定、因善決定。

〔註 136〕六十《華嚴》卷 23：「我當以清淨心，供養一切諸佛，皆無有餘，一切供具隨意供養，發如是大願，廣大如法界，究竟如虛空，盡未來際盡，供養一切劫中所有諸佛，以大供養具無有休息。」《大正藏》冊 9，頁 545 中。

〔註 137〕《十地經》的經文，也是二至九地皆爲「又發大願」，但《十地經論》只將初願分爲六種大，並無「總標起願」，所以是澄觀之創見。六十《華嚴》由於版本不同，在每一願之開頭並無「又發大願」，但於中間增加了「發如是大願」。

〔註 138〕《探玄記》卷 11，《大正藏》冊 35，頁 307 中。

〔註 139〕《探玄記》卷 11：「諸願之中皆有三義：一、舉所作事，即行體也；二、發如是大願，明對行興願；三、廣大等，顯願分齊。」《大正藏》冊 35，頁 307 上。

　　3.明願分齊，即「一切劫數無有休息」，盡未來際而行供養諸佛。〔註140〕

　　澄觀十願中，每一願皆有顯願行相、彰願德能、明願分齊三義。其中顯願行相，簡稱爲「行相」，指別願，每一願所作之事，故十願皆不同；其餘二義，則是通願，是十願共通的，故以下九願予以省略，不再重述。總標起願，除了第一願供養願以近標文而闕，其餘九願皆有。

表5-2：《十地經論》、法藏、澄觀初願之六種大、七種大之比較

《十地經論》		福田大	供事大	心大	攝功德大	因大	時大		
法藏		福田大	供事大	供心大	攝功德大	因大	時大	願大	立誓自要
		行體			顯願分齊			對行興願	
澄觀		福田大	供具大	心大	攝功德大	因大	時大		
	總標起願	顯願行相			彰願德能				明願分齊

（二）受持願

　　受持願，亦名護法願，《瑜伽師地論》則結合二者而爲「攝受防護願」，願受持、護持諸佛之教、果、行、理而不失。《華嚴經》云：「又發大願：願受一切佛法輪，願攝一切佛菩提，願護一切諸佛教，願持一切諸佛法。」〔註141〕起願，從第二願至第十願皆有，即是每一願的前四字「又發大願」。行相共四句，通自利的攝護、利他的救濟二種。受持願又可分爲始修、終成二種。始修，澄觀分別從能受的主體而言，「受」即受領，「攝」即攝屬，故《勝鬘經》云：「攝受正法」；「護」即防護，「持」即任持，故《勝鬘經》云：「護持正法」。若從所受的對象而言，此四句依次爲：教、果、行、理。《十地經論》只有三句，依次爲：教法、證法、修行法。終成，《十地經論》只有三成就，澄觀爲了配合四句，而添加爲四成就：法輪不斷成就、證智成就、修行成就、入理成就。〔註142〕

　　《十地經》之經文只有三句，六十《華嚴·十地品》之經文有四句，〔註143〕但法藏卻依據《十地經論》之解釋，而說「於中經有三句爲二釋」；

〔註140〕參見《華嚴經疏》卷34，《大正藏》冊35，頁762中。
〔註141〕八十《華嚴》卷34，《大正藏》冊10，頁181下。
〔註142〕參見《華嚴經疏》卷34，《大正藏》冊35，頁762下。
〔註143〕六十《華嚴》卷23：「又一切諸佛所說經法皆悉受持，攝一切諸佛阿耨多羅

〔註144〕八十《華嚴・十地品》則有四句。《十地經論》將第二大願，只區分爲三種法、三種成就；法藏則改爲始修有三法、終成有三法；澄觀將始修分爲能受、所受二個面向，並將終成之三成就，以義添加爲四成就。

（三）轉法輪願

轉法輪願，亦名攝法上首願，先攝法後轉法輪，願於一切諸佛八相成道時，皆能前往供養，並聽聞佛陀說法。《華嚴經》云：「又發大願：願一切世界，佛興于世，從兜率天宮沒、入胎、住胎、初生、出家、成道、說法、示現涅槃，皆悉往詣，親近供養，爲眾上首，受行正法，於一切處，一時而轉。」〔註145〕行相分爲四義：「轉法處」，指一切世界應化身佛，往彼應感成道處。「轉法時」，指從兜率天下生至入涅槃的八個階段。「攝法方便」，又分爲二種助菩提法：集功德方便，指對眾生說法皆悉前往，親近供養；集智慧方便，指受持正法。「轉法頓周」，《十地經》爲一切處一時成一時轉，表示三者非前後關係，而是同時頓成，故名爲三時轉，亦名三請轉，即轉法處、轉法時、轉法輪三者是同時圓具。〔註146〕

關於轉法輪願，《十地經論》並沒有區分四義，但對於轉法處、轉法時，則以六組自設問答方式，來說明八相之從兜率天宮沒、入胎、初生、成道、示現涅槃等五相；〔註147〕法藏則分爲四義：明攝法處、明攝法時、成攝法行、明其頓成；澄觀亦承襲法藏之分法，但名稱做了修改。

（四）修行二利願

修行二利願，亦名心得增長願，願以菩薩所修諸行教化一切眾生，令心增長。《華嚴經》云：「又發大願：願一切菩薩行，廣大無量，不壞不雜，攝諸波羅蜜，淨治諸地，總相、別相、同相、異相、成相、壞相，所有菩薩行，皆如實說，教化一切，令其受行，心得增長。」〔註148〕行相分爲二義：能增

三藐三菩提，一切諸佛所教化法悉皆隨順，一切諸佛法皆能守護。」《大正藏》冊9，頁545中。
〔註144〕《探玄記》卷11，《大正藏》冊35，頁307中。
〔註145〕八十《華嚴》卷34，《大正藏》冊10，頁181下。
〔註146〕參見《華嚴經疏》卷34，《大正藏》冊35，頁762下。
〔註147〕《十地經論》卷3：「何故示現彼處住，不在色、無色處？……何故不住他化自在天等？……何故人中，捨上天樂？……何故處胎？……何故自成正覺？……何故示入大涅槃？」《大正藏》冊26，頁139上。
〔註148〕八十《華嚴》卷34，《大正藏》冊10，頁181下。

長行、所增長心。能增長行，又分四義：「行相」，分爲世間行、出世間行，今隨義分地，則教道爲世間行，證道爲出世間行。廣大無量爲世間行，「廣」是從初地至六地，「大」指七地，「無量」指八地以上；不壞不雜爲出世間行，不雜世間有漏法，不壞者冥同眞性。「行體」，即攝十種波羅蜜。「行業」，即淨治諸地之助道法，以十度行淨十地蔽，助眞如觀，淨十障故。「行方便」，又分爲二：自行方便，以六相圓融，巧相集成，一具一切，而不壞相；化他方便，不違實道以教化眾生。所增長心，即心得增長，化他令自心、他心得以增長。〔註149〕

　　修行二利願，《十地經論》是約成益，名心增長，區分爲四義：種種、體、業、方便。法藏則分爲二義：正顯菩薩所行、以化物令心增長，又將前者區分四義，名稱與《十地經論》相同。澄觀則是承襲法藏的分法，只是名稱做了改變。

（五）成熟眾生願

　　成熟眾生願，亦名教化眾生願，願知一切所化眾生之差別，隨其所知教化，令生信入三乘道。《華嚴經》云：「又發大願：願一切眾生界，有色、無色、有想、無想、非有想、非無想、卵生、胎生、濕生、化生，三界所繫，入於六趣，一切生處，名色所攝，如是等類，我皆教化，令入佛法，令永斷一切世間趣，令安住一切智智道。」〔註150〕行相中，分爲二義：初明所化眾生，後明彰化所爲。所化眾生中，「願一切眾生界」爲總，「有色」下，分爲六種差別：「麁細差別」，此明報相差別，欲界、色界是有色界爲麁，無色界爲細；有色界中，有想天爲粗，無想天爲細；無色界中，非有想爲細，非無想爲粗。「生依止差別」，此明報之所依託，卵、胎、濕等三生，可依卵殼、胎藏、濕氣而生，化生是依業染而生；四生攝盡六趣，化生通於六趣，胎生不通地獄諸天二趣，濕生、卵生唯局於人畜二趣。「淨不淨處差別」，就果以明，欲界爲不淨處，上二界爲淨處；就因以說，三界皆爲繫處。「苦樂差別」，亦名受生差別，下三塗爲苦，上天爲樂，人及修羅兼於苦樂。「自業差別」，此是以因釋果，由業異故，生處不同。「自體差別」，有體唯名，謂無色界，彼處有色非業果；有體唯色，謂無想天，彼所有想不可知。彰化所爲，又分爲三：爲未信入者，令信入佛法；已信入者，令其離惡，爲二乘涅槃因；已

〔註149〕參見《華嚴經疏》卷34，《大正藏》冊35，頁762下～763上。
〔註150〕八十《華嚴》卷34，《大正藏》冊10，頁181下～182上。

入二乘菩提者，令修無上菩提道。〔註151〕成熟眾生願的最終目的，就是令眾生能生信而入三乘道。

成熟眾生願，《十地經論》分為何者是眾生、為何義故化，前者又分六種差別，後者又分為三義；法藏、澄觀亦承襲《十地經論》的分法，只是名稱有所改變，法藏之二法改為所化眾生、化所成益，澄觀改為所化眾生、彰化所為。所以三種版本，名異而實同。

（六）承事願

承事願，指一切世界皆能示現，〔註152〕故又名為「知世界願」。承事願，願前往諸佛國土，常見諸佛，恆常敬事，聽受正法。《華嚴經》云：「又發大願：願一切世界，廣大無量，麁細、亂住、倒住、正住，若入、若行、若去，如帝網差別，十方無量種種不同，智皆明了，現前知見。」〔註153〕行相分為二：所知、能知。所知中，「願一切世界」為總，「廣大」下，分為三種相：1.一切相，指界相不同，又分為三：分量不同，小中大等三千，依次為廣、大、無量；粗細不同，細的是意識身，粗的是意識色身；安立不同，即依住的分別，「亂」則不依行伍，「倒」即覆剎，如蜂巢，「正」即仰剎。《十地經》缺「若入、若行、若去」，含有二意：成前安立，謂前三類世界，於道路往來；順後，如帝網，正喻於此。2.真實義相，「如帝網差別」，土土同體不守自性，互相涉入，如彼帝珠。3.無量相，「十方」下，前二相周遍十方，又上說不盡，故云無量。能知，真實義相，唯智者能知，其餘二相，可現眼見即知。〔註154〕

承事願，《十地經論》分為一切相、真實義相、無量相等三種相，最後再詮釋三種相之能知；法藏將行體分三：世界形類、世界分齊相遍、世界數多十方無量，相當於《十地經論》的三種相，每一相又分為所知、能知；〔註155〕澄觀則分為所知、能知，是依據《十地經論》的分法，只是將《十地經論》的三種相稱為所知，最後再說明三種相之能知。法藏與澄觀的分類其實是相同，法藏的分類顯得複雜，澄觀則顯得更簡單明了，將三種相之能知放在最

〔註151〕參見《華嚴經疏》卷34，《大正藏》冊35，頁763上～中。
〔註152〕《瑜伽師地論》卷45，《大正藏》冊30，頁543中。
〔註153〕八十《華嚴》卷34，《大正藏》冊10，頁182上。
〔註154〕參見《華嚴經疏》卷34，《大正藏》冊35，頁763中～下。
〔註155〕參見《探玄記》卷11，《大正藏》冊35，頁308下。

後才說明。

（七）淨土願

　　淨土願，願清淨自土，安立正法，及能修行眾生。《華嚴經》云：「又發大願：願一切國土入一國土，一國土入一切國土，無量佛土普皆清淨，光明眾具以爲莊嚴，離一切煩惱，成就清淨道，無量智慧眾生充滿其中，普入廣大諸佛境界，隨眾生心而爲示現，皆令歡喜。」〔註156〕總顯立意，只要略具三淨，即能攝於淨土：「清淨自土」，即是第三淨相淨；「安立正法」，即是第七淨法門流布淨；「及能修行眾生」，即是第五淨住處眾生淨。只要顯此三淨即是淨土意，自他受用及變化土，皆悉具足。

　　行相分爲七淨，即初地菩薩願求淨土的七種清淨相：1.同體淨，「願一切國土」下，一切報應土皆以法性土爲體，故一多互相即入。2.自在淨，「無量佛土」下，如摩尼寶珠之體淨，能自在顯現美醜，淨染圓通，法界齊等。3.莊嚴淨，「光明眾具」下，又稱相淨，指神變自在、莊嚴淨土，又常具光明，照破癡闇，且積集眾寶而爲莊嚴。4.受用淨，「離一切」下，謂受用此土，證離過斷德、證成行德，如受用香飯，滅諸身惑，入於正位。5.住處眾生淨，「無量智慧」下，智慧具德之人，充滿淨土。6.因淨，「普入」下，淨因有二：生因，謂施戒等，當得淨土果，如《淨名》說。依因，此復有二：鏡智淨識爲土所依；後智通慧爲依，如下第十地入佛國土體性三昧，現淨土等。7.果淨，「隨眾生」下，亦有二種：所生果，即前相淨；所示現果，即臨機示現，今依此義，故云隨眾生心等。以上七淨中，前四淨當相明土，次一就人顯勝，後二舉因顯果。前四淨中，約體相用而言，亦即初二是土體的無別、清淨，第三是土相，後一是土用。故具此七淨，則淨土之義更加周備。〔註157〕

　　淨土願，《十地經論》分爲七淨；六十《華嚴》缺「自在淨」，〔註158〕故法藏的詮釋只有淨土六義；澄觀亦分爲七淨，但又有其特殊的創見，即約總顯立意，只須具三淨，即能攝於淨土。

〔註156〕八十《華嚴》卷34，《大正藏》冊10，頁182上。

〔註157〕參見《華嚴經疏》卷34，《大正藏》冊35，頁763下～764上。

〔註158〕六十《華嚴》卷 23：「又一切佛土入一佛土，一佛土入一切佛土，一一佛土無量莊嚴，離諸垢穢具足清淨，智慧眾生悉滿其中，常有諸佛大神通力，隨眾生心而爲示現。」《大正藏》冊9，頁545下。

（八）不離願

不離願，亦名心行願，願於一切生處，恆不離佛、菩薩，不離一乘，得同意行。《華嚴經》云：「又發大願：願與一切菩薩，同一志行，無有怨嫉，集諸善根，一切菩薩，平等一緣，常共集會，不相捨離，隨意能現種種佛身，任其自心，能知一切如來境界威力智慧，得不退如意神通，遊行一切世界，現形一切眾會，普入一切生處，成就不思議大乘，修菩薩行。」〔註159〕行相共有十二句：初總、後結、中十，別明菩薩行。總者，同志一乘，同修萬行；「無有怨嫉」下，十句為別，又分為前五修行同，後五德用同。前五修行同，初二自分行：福善同集、智觀一如。後三勝進分：初一攝法方便，聚集解說，談論佛法；後二依法起行，初一利他，隨意現身，後一自利，自發勝心，念如來法身。後五德用同，初一通體，如意所成，無能退屈；餘四通業，前三如意通業：本身往餘世界、現多異身，於一切佛會、示同類生，名一切生處，後一法智通業。結者，即「修菩薩行」，總結中間之十句。〔註160〕

不離願，《十地經論》最初一句，歸於不念餘乘，屬於總說，別說又分為十種菩薩行，後句「具足行菩薩行」則納入第十句；法藏則分為初句為總，次十為別，後句為結；澄觀亦承襲法藏的分類。所以，《十地經論》比法藏、澄觀之分類，少了總結句。

（九）利益願

利益願，願於一切時，恆作利益眾生事，無有空過故，亦名三業不空，《瑜伽師地論》云：「所有一切無倒加行，皆不唐捐。」〔註161〕《華嚴經》云：「又發大願：願乘不退輪，行菩薩行，身、語、意業，悉不唐捐，若暫見者，則必定佛法，暫聞音聲，則得實智慧，纔生淨信，則永斷煩惱，得如大藥王樹身，得如如意寶身，修行一切菩薩行。」〔註162〕行相分二：先總明，後別顯。總明，謂乘不退輪，有二義：乘念不退圓滿教輪，三業皆益，此三業不空是輪之用。又三業皆不唐捐，即是不退，摧障圓德，所以名輪，此三業不空是輪之體。別顯，分為二不空：一為「作業必定不空」，三業能安樂，

〔註159〕八十《華嚴》卷34，《大正藏》冊10，頁182上。
〔註160〕參見《華嚴經疏》卷34，《大正藏》冊35，頁764上。
〔註161〕《瑜伽師地論》卷45，《大正藏》冊30，頁543下。
〔註162〕八十《華嚴》卷34，《大正藏》冊10，頁182上。

謂見身所行，能知佛法，聞口說法，能生智慧，念意實德，諸惑不生。二為「利益不空」，二喻皆喻拔苦，大藥王樹身能治種種諸苦，如意寶身能拔貧窮苦。〔註163〕

　　利益願，《十地經論》分為不退輪行菩薩行、不空行菩薩行，後者又分為作業必定不空、利益不空；法藏、澄觀亦承襲《十地經論》的說法。但法藏在詮釋「不退輪行菩薩行」時，「身等三輪，是起行所依，故名為乘；成行必然，故名不退。」〔註164〕法藏是對「乘不退」的解釋，說明三業不空的因果作用；澄觀則偏於「不退輪」的解釋，說明三業不空是「輪」之體用關係。

（十）成正覺願

　　成正覺願，願與一切眾生，同時得無上菩提，恆作佛事。《華嚴經》云：「又發大願：願於一切世界，成阿耨多羅三藐三菩提，不離一毛端處。於一切毛端處，皆悉示現：初生、出家、詣道場、成正覺、轉法輪、入涅槃，得佛境界大智慧力，於念念中，隨一切眾生心，示現成佛，令得寂滅。以一三菩提，知一切法界，即涅槃相；以一音說法，令一切眾生，心皆歡喜；示入大涅槃，而不斷菩薩行；示大智慧地，安立一切法；以法智通、神足通、幻通、自在變化，充滿一切法界。」〔註165〕行相分為二種：「成菩提體」，自運已圓；菩提作業，即「不離」下，運他不息。菩提作業又分為七種業：「示正覺業」，一一毛端處，示現八相成道，成正覺。「說實諦業」，說苦集滅道四種真諦，令悟實故。「證教化業」，以一極之菩提是能證，契差別之性淨涅槃是所證，證成上義，令眾生於此法生信解。「種種說法業」，一音頓演，故名種種，稱機故令心歡喜。「不斷佛種業」，亦名得果不捨因，於雙林示入涅槃，既非永滅，常作佛事，故佛種不斷。「法輪復住業」，為《法華經》的於一佛乘，分別說三。「自在業」，共有三通：法智通，觀一切法無性相；神足通，自身現生住滅，修短隨心自在；幻通，轉變外事，無不隨意。法智通見理捨相，故不住世間；後二通，有自在事用，故不住涅槃。〔註166〕

　　成正覺願，《十地經論》分為大菩提、作業又分七種；法藏則將行體分為所成菩提、菩提作用又分為七；澄觀分為成菩提體、菩提作業又分為七，故

〔註163〕參見《華嚴經疏》卷34，《大正藏》冊35，頁764上～中。
〔註164〕《探玄記》卷11，《大正藏》冊35，頁309中。
〔註165〕八十《華嚴》卷34，《大正藏》冊10，頁182上～中。
〔註166〕參見《華嚴經疏》卷34，《大正藏》冊35，頁764中～下。

三種版本名異而實同。

以上十願以眞如爲體，於初地時斷異生性障，而證得遍行眞如，故登初地時即得成立。《華嚴經》云：「佛子！菩薩住歡喜地，發如是大誓願，如是大勇猛，如是大作用，以此十願門爲首，滿足百萬阿僧祇大願。」〔註167〕十願中之總願，即「大誓願、大勇猛、大作用」等三行，即始起要期、方便起行、願遂行成，此三行非一時故，是知此願亦即是行，又稱爲願行。〔註168〕十願中，每一願各有百萬阿僧祇大願以爲眷屬，故十願攝無不盡，如成正覺願則攝藥師十二上願，淨土願則攝彌陀四十八願等，故此經他經，所有諸願皆不出此十願。十願，不只攝諸願，亦攝十地菩提分法，以七地念念中皆悉圓滿爲最勝。〔註169〕

初地勤修十願，還要配合十無盡句才能成就，《華嚴經》云：「若眾生界盡，我願乃盡；若世界乃至世間轉、法轉、智轉界盡，我願乃盡。而眾生界不可盡，乃至世間轉、法轉、智轉界不可盡故，我此大願善根，無有窮盡。」〔註170〕菩薩發十大願，化盡十法界的眾生，若此十界有盡，則我願亦盡，此十界無盡，故我願亦無盡，十界共有十句，名爲十無盡句。十界，即眾生界、世界、虛空界、法界、涅槃界、佛出現界、如來智界、心所緣界、佛智所入境界界、世間轉法轉智轉界。第十句略攝前九句，而爲三轉示現：世間轉，輾轉攝前之眾生界、世界、虛空界；法轉，輾轉攝前之法界、涅槃界、佛出現界；智轉，輾轉攝前之如來智界、心所緣界、佛智所入境界界。以上世間、法、智三轉，輾轉互攝前九句無有窮盡，故言無盡。〔註171〕十無盡願配合十無盡句，說明了光有願力是不行的，還要有十無盡界的眾生，菩薩才能依願而行，以救度無量無邊的眾生。所以，此十無盡句是與眾生共，前十願皆爲度化眾生而發願，要有十無盡界的眾生，才能成就十大願。

十願與十界之關係，可分爲總相、別相來說明。總相，即前十願，不出此十界；別相，即十願與十界的對應關係，但不全然是一願對應一界，有的是二願對應一界，或一願對應二界，甚至第十願對應四界，故說「此四界皆第十願中」。其中十願中的第一「供養願」、第九願「利益願」，沒有與十

〔註167〕八十《華嚴》卷34，《大正藏》冊10，頁182中。
〔註168〕參見《華嚴經疏》卷34，《大正藏》冊35，頁762上。
〔註169〕參見《華嚴經疏》卷34，《大正藏》冊35，頁764下～765上。
〔註170〕八十《華嚴》卷34，《大正藏》冊10，頁182中。
〔註171〕參見《華嚴經疏》卷34，《大正藏》冊35，頁765上。

界之對應關係；十界中的第十界「世間轉法轉智轉界」，亦沒有與十願之對應
關係。

表 5-3：十界與十願之對應關係〔註 172〕

十　　　界	十　　　　　願
眾生界	第五「成熟眾生願」所度
世界	第六「承事願」所知、第七「淨土願」所淨
虛空界	第六「承事願」之「十方無量」
法界	第二「受持願」、第三「轉法輪願」
涅槃界	第十「成正覺願」之「示入大涅槃，而不斷菩薩行」
佛出現界	第十「成正覺願」之「不離一毛端處、「成正覺」
如來智界	第十「成正覺願」之「得佛境界大智慧力」、「示大智慧地」
心所緣界	第八「不離願」之「平等一緣」
佛智所入境界界	第十「成正覺願」之「以一三菩提，知一切法界，即涅槃相」、第四「修行二利願」之「六相」為所入

　　十願是自利或利他呢？法藏分為別論、通論二種，澄觀亦承襲之。若約
別論，初、二是「自利行」，初願功德行滿足，第二願智慧行滿足；次五是「利
他行」，以何身、以何心、何者眾生、眾生住何處、自身住何處能教化眾生；
後三「俱三義」，初義是不定為古疏意，八是自利、九是利他、十是二利；第
二義俱自利；第三義俱利他，二、三義是依《十地經論》的說法。若約通論，
十願皆是自利，亦是利他，故是二利。〔註 173〕

　　從以上十大願之分析，法藏之一、二願，主要依據《十地經論》的說法，
顯得呆板而沒有變化；澄觀雖然也承襲《十地經論》、法藏之說法，能依據文
脈而有所變化，不局限於前人之說法，又將法藏不合理之處予以修改，顯得
其注疏更加活潑與靈活運用。此外，澄觀第六願的分類比法藏更簡單、直捷；
第七願淨土願，詳備須具七淨，但約總顯立意，只要略具三淨，即能攝於淨
土。所以，綜觀十大願中，澄觀的貢獻有二：每一願以四義來詮釋，意義完

〔註 172〕參見《演義鈔》卷 58，《大正藏》冊 36，頁 462 中～下。
〔註 173〕參見《探玄記》卷 11，《大正藏》冊 35，頁 306 下。《華嚴經疏》卷 34，《大正藏》冊 35，頁 761 下～762 上。

整；《十地經論》之六種大、法藏之七種大＝三義，皆只有四義中之二義，故不完整。從六、七願，可看出澄觀能將複雜的分類或義理，予以簡單化，更可看出其注疏之用心。

此外，初地之十大願與普賢十大願之「十願」，是同或異呢？兩者之關係為何呢？在四十《華嚴》之卷四十，最後的偈頌中就包括了普賢十大願、會通初地十大願兩者。普賢十大願之偈頌：「所有十方世界中，三世一切人師子，……唯願久住剎塵劫，利樂一切諸眾生。」〔註174〕共十一偈，是十大願的第一願「禮敬諸佛」至第七願「請佛住世」。緊接著一偈是總標迴向：「所有禮讚供養福，請佛住世轉法輪，隨喜懺悔諸善根，迴向眾生及佛道。」〔註175〕在普賢十大願的後三願皆屬於迴向部分，但八、九願是迴向別義：第八願「常隨佛學」有二偈，「我隨一切如來學，修習普賢圓滿行，……我願普隨三世學，速得成就大菩提。」〔註176〕以上二偈是迴向菩提，通於自他二利。第九願「恆順眾生」有二偈，「所有十方一切剎，廣大清淨妙莊嚴，……獲得甚深正法利，滅除煩惱盡無餘。」〔註177〕以上二偈是迴向眾生，只是利他，故此三門不相捨離。

第十願「普皆迴向」共三十偈，從「我為菩提修行時，一切趣中成宿命，……我今迴向諸善根，隨彼一切常修學。」〔註178〕又分為二十二偈別發大願，八偈總結大願。其中二十二偈之別發大願，可以會通初地之十願，但與初地十願之順序有所不同：受持願、修行二利願、成熟眾生願、不離願、供養願、利益願、轉法輪願、淨土願、承事願、成正覺願。澄觀提出了「迴向」與「願」這二個詞是大同小異，迴向是總，發願是別，迴向必兼發願，發願則未必迴向：相異處，「迴向」必須先有所修善根，方以此願迴向此善根。「發願」，則未必有善根，亦可自發要期，或但願自利之事，故不必有迴向；大同者，第十願之迴向位是以發十大願為體，則總願、別願皆可以迴向，今此即是迴向十大願，故合迴向與發願為一。〔註179〕所以，在四十《華

〔註174〕四十《華嚴》卷40，《大正藏》冊10，頁847上。

〔註175〕四十《華嚴》卷40，《大正藏》冊10，頁847上。

〔註176〕四十《華嚴》卷40，《大正藏》冊10，頁847上。

〔註177〕四十《華嚴》卷40，《大正藏》冊10，頁847中。

〔註178〕四十《華嚴》卷40，《大正藏》冊10，頁847中。

〔註179〕參見《華嚴經行願品疏》卷10，《卍續藏》冊5，頁196中。《華嚴經行願品疏鈔》卷3，《卍續藏》冊5，頁266中。

嚴》之卷末，初地之十大願，含攝於第十願「普皆回向」內，它只是普皆回向所發的十大願。

　　雖然在四十《華嚴》中，初地之十願是合在普賢十願之回向內，但一般皆將二種十願視爲獨立的關係，這兩種十願其發願的內容不同，但兩者之精神，非常相似。初地勤修十願，還要配合十無盡句才能成就；普賢菩薩勤修十願，則是配合四無盡句，今舉「禮敬諸佛」爲例：「虛空界盡，我禮乃盡；而虛空界不可盡故，我此禮敬，無有窮盡。如是乃至眾生界盡、眾生業盡、眾生煩惱盡，我禮乃盡；而眾生界乃至煩惱無有盡故，我此禮敬無有窮盡。」〔註180〕在初地十願有十無盡界，在普賢十願則只有虛空界、眾生界二界，又從眾生界開出眾生業、眾生煩惱，故有四界。

二、二地：勤修十善

　　攝善法戒，爲三聚淨戒之一，又作受善法戒、攝持一切菩提道戒、接善戒。攝善法戒，即修習諸善，以一切善法爲戒。二地菩薩的攝善法戒，即是勤修十善，它是報身之因，是一種積極的作持戒，爲自利利他的行爲。眾生若不修十善業，死後會墮入三惡趣，觀十惡不善是所治，具有苦集，果有三塗，因亦有三品。攝善法中，十善業是世間善行的總稱，也是出世間善行的基礎，它是生人天乃至成就佛果的五乘共因，所以應當發起大悲心，後起願自修十善正行，亦勸他人修正行。

　　五重十善的內容，在晉譯的六十《華嚴》就已存在，〔註181〕但名稱的確立，則來自智儼：「十善者，翻前十惡，成十善也。善義不同，有其五種：一、人天十善；二、聲聞十善；三、緣覺十善；四、菩薩十善；五、佛十善。」〔註182〕法藏及澄觀亦承襲其說法。

　　同樣是修持十善戒之因，爲何所得果報有五重呢？主要是依修持者根機之深淺及用功程度而有所不同。二地的攝善法戒，即是五重十善，茲依其果報，由淺至深，依次論述如下：

（一）人天十善

　　人天十善，皆是世間之善法，故合而說之。《華嚴經》云：「十善業道，

〔註180〕四十《華嚴》卷40，《大正藏》冊10，頁8434下。
〔註181〕參見六十《華嚴》卷24，《大正藏》冊9，頁549上。
〔註182〕《華嚴經孔目章》卷3，《大正藏》冊45，頁565中。

是人天乃至有頂處受生因。」〔註183〕修世間十善是因，死後往生人天二道是果，故此五重十善之名稱，乃是依往生後之果報而立名。《華嚴經疏》云：「攝觀十善，具諸法門，然通相而辨，善皆能治，以順理益物，正反惡故；若隨相分，人天之善，猶為所治，是苦集故。」〔註184〕十善可從多個面向來詮釋其義理，若通相而觀，十善是能治，順理益物為善，乖背損物為惡；若隨相而觀，則人天十善是所治，有漏善是苦集。澄觀則是從隨相的角度來詮釋，則人天十善為所治，是苦集，四諦中苦集是有漏世間法已成（苦果集因）。根據《大智度論》的說法，人天十善所招感的果報，又可分為下中上三品：下品持戒，往生為人；中品持戒，往生六欲天；上品持戒，又修行四禪、四空定，往生色界、無色界天。〔註185〕下中上三品之果報，又可從三時之心、境之勝劣、心之輕重、自作教他等四重來說明。〔註186〕

　　十善十惡中，法藏只區分所治為十惡，能治為五重；〔註187〕澄觀則有所不同，不善是所治，十善業通能所治，〔註188〕五重十善中，若隨相而觀則人天十善是所治，其餘四種十善是能治。可見澄觀之說法，更加多元與活潑。人天十善中，《十地經論》與法藏皆未說明，澄觀則將其果報分為下中上三品，以及從四重來說明。

（二）聲聞十善

　　人天十善是世間善，從聲聞十善開始之三重善法，皆為上品十善業道，屬於出世間善，包括聲聞、獨覺、菩薩，故稱三乘。《華嚴經》云：「又此上品十善業道，以智慧修習，心狹劣故，怖三界故，闕大悲故，從他聞聲而解了故，成聲聞乘。」〔註189〕以智慧修習，是對前彰勝，聲聞以實相智修，勝於人天無智善。《十地經論》將聲聞乘分為別顯五種相，法藏、澄觀亦承襲之，今舉《華嚴經疏》說明如下：「因集」，聲聞修行少善，只能自利。「畏苦」，怖畏輪迴苦，急於出三界。「捨心」，闕大悲心，唯求自度，而捨諸眾生，不願濟度有情。以上三種相，劣於菩薩。「依止」，必藉師教，指從善知

〔註183〕八十《華嚴》卷35，《大正藏》冊10，頁185下。
〔註184〕《華嚴經疏》卷35，《大正藏》冊35，頁774下。
〔註185〕參見《大智度論》卷13，《大正藏》冊25，頁153中。
〔註186〕此四重之說明，參見《演義鈔》卷60，《大正藏》冊36，頁475上。
〔註187〕參見《探玄記》卷11，《大正藏》冊35，頁319中。
〔註188〕參見《華嚴經疏》卷35，《大正藏》冊35，頁774下。
〔註189〕八十《華嚴》卷35，《大正藏》冊10，頁185下。

識聽聞正法音聲。「觀」，謂聞人無我法聲，心已通達。以上二種相，劣於菩薩兼獨覺。

　　聲聞乘能治十善及與智慧，即是道諦；惡因果滅，善因果中使滅，即是滅諦。四諦中苦集是有漏世間法已滅（苦果集因），滅道是無漏出世法已成（滅果道因），故聲聞乘義含道滅二諦。〔註190〕澄觀之說法簡捷易懂，直接說明聲聞乘是四諦中的道滅二諦。但《十地經論》、法藏之說法如下：智慧觀者，實相觀故。實相，總觀十惡、人天十善，皆具四諦之理。聲聞觀諦之智與十善道和合，名為「智慧同觀修行無分別」，亦即聲聞以智慧心修十善。〔註191〕智慧觀是實相觀，指四諦之理，卻沒有直接說明聲聞十乘是屬於道滅二諦，只在四諦中之滅道二諦云：「彼離是滅，彼對治是道」，讓閱讀者有點像霧裏看花，無法了解其所要表達的意旨。所以，澄觀於注疏時，也發現祖師注解的弊端，故盡量以最簡捷的方式來呈現。

（三）獨覺十善

　　上品十善業道共有三重善法，其中聲聞十善最劣，獨覺十善居中，菩薩十善最為殊勝。《華嚴經》云：「又此上品十善業道，修治清淨，不從他教，自覺悟故，大悲方便，不具足故，悟解甚深因緣法故，成獨覺乘。」〔註192〕獨覺之「修治清淨」是總明，以能修習名修清淨，未能圓修不名具足。《十地經論》將獨覺乘分為別顯三種相，法藏、澄觀亦承襲之，今舉《華嚴經疏》說明如下：「自覺」，異於聲聞，不假佛說及菩薩說，唯自覺悟，顯依止勝。「不能說法」，大悲不具，指不起心說法；方便不具，不堪說法，是指獨覺出世無九部經，此無所依，故不能說法。〔註193〕「觀少境界」，少有二義：對前顯勝，獨覺勝於聲聞；對後彰劣，獨覺劣於菩薩。〔註194〕

　　聲聞十善與獨覺十善之不同：聲聞是觀苦集滅道四聖諦，獨覺則是順、逆觀十二因緣的流轉與還滅；聲聞是聽聞佛陀之聲教而證悟者，獨覺則是獨自覺悟者，故獨覺比聲聞更加殊勝。

〔註190〕參見《華嚴經疏》卷35，《大正藏》冊35，頁775上。

〔註191〕參見《十地經論》卷4，《大正藏》冊26，頁148中～下。《探玄記》卷11，《大正藏》冊35，頁319下。

〔註192〕八十《華嚴》卷35，《大正藏》冊10，頁185下。

〔註193〕參見《演義鈔》卷60，《大正藏》冊36，頁476上。

〔註194〕參見《華嚴經疏》卷35，《大正藏》冊35，頁775上。

（四）菩薩十善

三種上品十善業道中，聲聞十善、獨覺十善是屬於小乘，菩薩十善爲大乘，故更爲殊勝。《華嚴經》云：「又此上品十善業道，修治清淨，心廣無量故，具足悲愍故，方便所攝故，發生大願故，不捨眾生故，希求諸佛大智故，淨治菩薩諸地故，淨修一切諸度故，成菩薩廣大行。」〔註195〕《十地經論》將菩薩十善分爲四種相，法藏、澄觀亦承襲之，今舉《華嚴經疏》說明如下：「因集」，修治清淨（具足），〔註196〕心廣無量爲行因。依一切善根起行，而生起利他心與大乘心之二利行體。「用」，具足悲愍是菩薩之用。「彼力」，即以四攝法攝眾生，是彼悲力。用、彼力二者，爲行相。「地」爲行位，地雖有十，今略舉三祇滿處之三地以攝餘七：發生大願，即初地淨深心；不捨眾生，即八地不退轉地；希求諸佛大智，即十地受大位地，又可分爲三句：觀求行證智度滿、盡淨諸地障、盡淨諸度蔽。觀求行證智度滿，即是求證佛廣大智；盡淨諸地障，即是斷二十二愚，十地已斷二十愚，唯剩下如來地之二愚；盡淨諸度蔽，即是每一地皆有一度清淨，十地有十度清淨，除十種障蔽。〔註197〕

大乘菩薩十善比小乘十善更爲殊勝，其心廣無量、具足悲愍、方便所攝等，不僅能自利又能利他，慈悲度眾生，只伏惑而不斷惑，爲了在三界受生行菩薩道。不像二乘人觀四諦、十二因緣，雖具有出世間智慧，但只爲了個人的自我解脫，急於出三界、了生死、證涅槃，而不願濟度有情。

（五）佛十善

佛十善，爲上上品的十善，故超越前四種十善。《華嚴經》云：「又此上上十善業道，一切種清淨故，乃至證十力、四無畏故，一切佛法皆得成就。是故我今等行十善，應令一切具足清淨。」〔註198〕「上上」是總明，《十地經論》將佛乘分爲別顯四種相，法藏、澄觀亦承襲之，今舉《華嚴經疏》說明如下：「滅」，不善業道共習氣滅，故種智清淨。「捨」，證十力、四無畏，捨二乘故。「方便」，於菩薩乘、一切佛法，皆善巧成就。以上三種相，屬佛。「菩

〔註195〕八十《華嚴》卷35，《大正藏》冊10，頁185下。
〔註196〕在菩薩十善中，「修治清淨」與獨覺十善相同，爲了做區隔，則參考《十地經》加上「具足」二字。
〔註197〕參見《華嚴經疏》卷35，《大正藏》冊35，頁775上～中。
〔註198〕八十《華嚴》卷35，《大正藏》冊10，頁185下。

薩求無厭足」，我今等行十善。二地菩薩尚未修習佛十善，故今發願修行，才能於一切智中，自在純熟，方為具足，亦滅一切習氣，故云清淨。此相為菩薩見賢思齊，發願學習。〔註199〕

五重十善中，佛十善是上上清淨的，二地菩薩應生起增上心，求學修行攝善法戒，而生清淨行。〔註200〕佛十善，是五乘共因中的最高層次，已成就無上佛果，故超越前四者，是攝善法戒五重中最為殊勝。

表5-4：四聖中修善、用功、結成自乘之同異〔註201〕

同異 四聖	所修善同	所用功異	結成自乘
聲聞	上品十善	彰勝：以智慧修習 別顯：因集、畏苦、捨心、依止、觀	成聲聞乘
獨覺	上品十善	總明：修治清淨 別顯：自覺、不能說法、觀少境界	成獨覺乘
菩薩	上品十善	別顯：因集、用、彼力、地	成菩薩廣大行
佛	上上品十善	總明：上上 別顯：滅、捨、方便、菩薩求無厭足	成無上佛果

以上列舉了五重十善，同樣是修十善戒，但因眾生之根機以及用功程度不同而分為五種。人天十善，雖修善但缺乏智慧，故稱無智善，只為了自利，為世間的善法。聲聞、獨覺、菩薩皆屬於上品十善，為出世間善法。聲聞十善，以實相智修十善，以出三界、了生死、證涅槃的出世解脫法為主，偏於自利。獨覺十善，對於十善能修治清淨，不從他教而能自悟，但大悲不具，不起心說法，亦偏於自利。菩薩十善，對於十善則能修治清淨具足，依一切善根起行，而生起自利與利他的廣大行。佛十善，為上上品十善，亦屬出世間善法，它超越前面四種十善，證得佛的十力、四無畏，成就無上佛果。所以，十善通於世間及出世間，端看修行者的根器及用功程度，而決定其受生之處：鈍根無智者修十善，可得人天十善；中根少智者，可得上品十善；利根大智者，可得上上品十善。

〔註199〕參見《華嚴經疏》卷35，《大正藏》冊35，頁775中。
〔註200〕參見《華嚴經疏》卷35，《大正藏》冊35，頁774下。
〔註201〕參見《華嚴經疏》卷35，《大正藏》冊35，頁775上～中。

三、三地：勤修八定

三地之精勤修行，指勤修禪定，包括八定、四無量、五神通等，此處只以八定為代表來說明。在原始佛教時期，這些禪法就已存在，到了東漢末年，中國開始了漢譯佛典的翻譯工作，安世高翻譯小乘禪經，支婁迦讖則翻譯大乘三昧經典。姚秦時期，佛教的禪法基本上是鳩摩羅什（343～413）和佛馱跋陀羅（覺賢）（359～429）二家。其中「三論師、成實師大多歸宗羅什系，涅槃師、楞伽師、地論師等主要宗奉覺賢系所譯的經典。從禪法上說，羅什僧團與覺賢僧團都講小乘『五門禪法』，但羅什僧團融入了大乘的般若思想，而覺賢僧團融入了大乘的唯心思想。」〔註202〕可見當時兩個禪宗僧團，都興起了大小乘融合的學風。根據 Florin Deleanu 之著作 "A Preliminary Study on Meditation and the Beginnings of Mahāyāna Buddhism." 指出：「早期大乘經中所見之禪觀乃是採取原始佛教之禪法架構，而加以重新詮釋並更靈活運用。」〔註203〕從 Deleanu 的觀點，可以在天台宗的先驅者慧思（515～577）的著作中得到印證，南北朝末年是大乘思想興起之初，慧思正處於此交替時代，其禪觀著作使用許多小乘禪法如「四念處」、「四禪」之名稱，但以大乘經論如《般舟三昧經》、《大般若經》、《大智度論》及《首楞嚴三昧經》等來詮釋其禪觀內容。可見慧思的禪觀思想，是大小乘融通，但主要精神是以大乘為主。〔註204〕澄觀延續了此種說法，雖然八定亦是小乘禪法的名稱，但他以大乘經論如般若思想的諸法實相觀、《瑜伽師地論》的七種作意來闡釋禪觀內容，將於下文介紹。

八定，是指色界天的四禪及無色界天的四無色定，合之而成八定。三地菩薩，勤修四禪、四無色定，名為厭分。厭分即三慧中的修慧，它是五種思得攝生方便的第四種，即禪善巧決定觀察智，位於三地禪定。〔註205〕

〔註202〕李四龍：《天台智者研究──兼論宗派佛教的興起》（北京：北京大學出版社，2003年），頁55。

〔註203〕Deleanu, Florin. "A Preliminary Study on Meditation and the Beginnings of Mahāyāna Buddhism." 收入《創價大學‧國際佛教學高等研究所‧年報》第3號（日本：東京，創價大學國際佛教學高等研究所），1999。

〔註204〕參見拙著：《慧思禪觀思想之研究》（嘉義：南華大學宗教學研究所碩士論文，2008年5月），頁94。

〔註205〕八十《華嚴》卷35：「欲度眾生令住涅槃，不離無障礙解脫智；無障礙解脫智，不離一切法如實覺；一切法如實覺，不離無行無生行慧光；無行無生行慧光，不離禪善巧決定觀察智；禪善巧決定觀察智，不離善巧多聞。」《大正

厭分的內容，澄觀依據八十《華嚴》的經文，將其分爲「經文七相」，此七相爲：依何修、云何修、何處修、何故修、何時修、何所修、何爲修。七相又可分爲三個層次：前四相是關於修行的問題；五、六相是證入，前者爲住此發光地時，後者爲四禪八定；最後一相爲入意，即證入此地的目的。〔註206〕

　　首先，介紹前四相，即修行。《華嚴經》云：「此菩薩得聞法已，攝心安住，於空閑處，作是思惟：如說修行，乃得佛法，非但口言，而可清淨。」〔註207〕《華嚴經》此段經文中，就包括了四相：「此菩薩得聞法已」，即依何修，依據所聽聞的佛法而修，相當於《瑜伽師地論》的了相作意。「攝心安住」，即云何修，收攝散亂心，安住於正法，相當於《瑜伽師地論》的攝樂作意。「於空閑處」，即何處修，空閑通於事理，理之空閑即是道斷，則無處非修，相當於《瑜伽師地論》的遠離作意。「作是思惟：如說修行，乃得佛法，非但口言，而可清淨」，即何故修，必須修行才能證得，相當於《瑜伽師地論》的勝解作意。〔註208〕

　　其次，探討五、六相，即證入。《華嚴經》云：「佛子！是菩薩住此發光地時。」〔註209〕證入分二，此是結前，即何時修，謂在三昧地時是修行時，正修行竟，是證入時。三地菩薩至此證入三地，才是住地。證入的第二項，是何所修，即是修行何所證，爲了證得八定。在三界中，欲界是「散」位，上二界是「定」位；上二界中，色界是「禪」位，無色界是「定」位，所以四禪與八定並舉。色界及無色界之禪定有所不同，色界之禪定是定慧均等，無色界之禪定則定多慧少。茲分別說明八定如下：

（一）四禪

　　四禪，指色界天之四禪，即初禪、二禪、三禪、四禪，又稱四禪定、四靜慮、色界定。禪，即禪那之略稱，意譯作靜慮。

藏》冊10，頁187下。《華嚴經疏》卷36：「思得攝生方便中，方便有五，自古皆將配位，論雖無文，於理無失。言有五者：一、佛無礙智；二、八地如實覺；三、四地無行慧；四、三地禪定；五、亦三地多聞。」《大正藏》冊35，頁781下～782上。

〔註206〕參見《華嚴經疏》卷36，《大正藏》冊35，頁782下～783上。
〔註207〕八十《華嚴》卷3 5，《大正藏》冊10，頁188上。
〔註208〕參見《華嚴經疏》卷36，《大正藏》冊35，頁782下～783上。
〔註209〕八十《華嚴》卷35，《大正藏》冊10，頁188上。

1. 初禪

《華嚴經》云：「即離欲、惡、不善法，有覺有觀，離生喜樂，住初禪。」
〔註210〕《十地經論》將色界四禪的差別分爲四種：離障、修行對治、修行利益、彼二依止三昧。〔註211〕其中修行對治，即是對治支；修行利益，即是利益支。初禪攝覺、觀、喜、樂及心一境性五支。法藏、澄觀亦承襲之，茲舉《華嚴經疏》分述如下：「離障」，即離欲、惡、不善法，各經論大同小異，根據《毘曇》即是離五欲、斷十惡、除五蓋。「修行對治」，即有覺有觀，或稱爲有尋有伺，舊譯爲覺觀，新譯爲尋伺，前粗後細，仍有粗細分別之心理活動，尚須加以對治。「修行利益」，即離生喜樂。初禪已離欲界之惡不善法，而感受到脫離欲界之喜樂感受。「彼二依止三昧」，即住初禪，謂於所緣審正觀察，心一境性，爲彼對治及利益支之所依止，依止定力尋等轉故。〔註212〕四禪之體性爲心一境性，即三摩地，一切的活動及感受，皆於心一境性的禪定狀態中進行，故稱爲自性支，它是對治支及利益支之所依止，故稱彼二依止三昧。

2. 二禪

《華嚴經》云：「滅覺觀，內淨一心，無覺無觀，定生喜樂，住第二禪。」
〔註213〕二禪攝內等淨、喜、樂及心一境性四支。茲分述如下：「離障」，即滅覺觀，覺觀粗動產生眼耳身三識，此三識是動亂之心，於二禪已斷滅。「修行對治」，即內淨一心，無覺無觀。內淨，即內等淨，是至二禪時，初禪的覺觀等心理活動已斷滅，小乘形成信根，能淨心相、離外散動，定等內流；大乘即攬三禪的捨、念、正知爲體。一心，即二禪以上心行一處，唯意識身，緣法塵。〔註214〕「修行利益」，即定生喜樂，二禪已滅覺觀，依此定而生最勝喜樂的感受。「彼二依止三昧」，即住第二禪。

〔註210〕八十《華嚴》卷35，《大正藏》冊10，頁188上。
〔註211〕參見《十地經論》卷5，《大正藏》冊26，頁156中。
〔註212〕參見《華嚴經疏》卷36，《大正藏》冊35，頁784上。澄觀於《華嚴經行願品疏》卷7：「一心不動，即彼二依止三昧。……修第二禪，即彼二依止三昧。唯初禪有一心不動，餘三皆無。即修二禪，當一心支。」《卍續藏》冊5，頁142上。
〔註213〕八十《華嚴》卷35，《大正藏》冊10，頁188上。
〔註214〕參見《華嚴經疏》卷36，《大正藏》冊35，頁784上～中。

3. 三禪

《華嚴經》云：「離喜，住捨、有念、正知。身受樂，諸聖所說：能捨有念受樂，住第三禪。」〔註215〕三禪攝住捨、有念、正知、受樂及心一境性五支。茲分述如下：「離障」，即離喜，二禪利益支的喜心分別，想生動亂，於三禪已捨。「修行對治」，即住捨、有念、正知，指行捨、正念、正慧。住捨，諸經論皆名爲行捨，即三禪已捨去二禪之喜支，住於不苦不樂的境地；有念正知，是說住於正念正知而不耽於自地的喜樂，進而欣求上地的勝法。「修行利益」，即身受樂，指三禪雖已離二禪的喜樂，尚有自地的妙樂，故稱爲離喜妙樂地。「彼二依止三昧」，即住第三禪。

4. 四禪

《華嚴經》云：「斷樂，先除苦，喜憂滅，不苦不樂，捨念清淨，住第四禪。」〔註216〕四禪攝行捨、念清淨、不苦不樂與心一境性四支。茲分述如下：「離障」，即斷樂，先除苦喜憂滅。初禪先滅憂受，二禪除苦受，三禪滅喜受，今四禪斷樂受則滅除四受。「修行利益」，即不苦不樂，指非苦樂受，離三禪之樂而住於非苦非樂之感受。「修行對治」，即捨念清淨，指行捨、念清淨，或捨清淨、念清淨。四禪捨三禪之妙樂，稱爲捨清淨；唯念修養功德，稱爲念清淨。「彼二依止三昧」，即住第四禪。

表5-5：色界四禪的四種差別

色界＼差別	離　　障	修行對治	修行利益	彼二依止三昧
初禪	離欲、惡、不善法	有覺有觀	離生喜樂	住初禪
二禪	滅覺觀	內淨一心，無覺無觀	定生喜樂	住第二禪
三禪	離喜	住捨、有念、正知	身受樂	住第三禪
四禪	斷樂，先除苦喜憂滅	捨念清淨	不苦不樂	住第四禪

（二）四空定

四空，指四種無色界之定，即空無邊處、識無邊處、無所有處、非想非非想處，又稱四無色定、四空處定、四空定、四無色。指超離色法（物質）繫縛之四種境界，是由思惟四無色界所得之定。

〔註215〕八十《華嚴》卷35，《大正藏》冊10，頁188上。
〔註216〕八十《華嚴》卷35，《大正藏》冊10，頁188上。

1. 空無邊處

《華嚴經》云：「超一切色想，滅有對想，不念種種想，入無邊虛空，住虛空無邊處。」〔註217〕空處，又名空無邊處，即觀虛空作無邊行相，能滅色想，心安空定。《十地經論》將無色界四空定的差別分爲四種：離障、修行對治、修行利益、彼二依止三昧，〔註218〕經中本無對治行，論主準義置之。法藏、澄觀亦承襲之，但澄觀將離障與修行對治合爲一項，故只有三項。〔註219〕茲列舉《華嚴經疏》分述如下：「離障兼修行對治」，即超一切色想，滅有對想，不念種種想。離障是厭於色界爲色質所礙，離三種色：超一切色想，眼識想滅，此滅可見有對色，謂眼所見色；滅有對想，耳鼻舌身識和合想滅，此滅不可見有對色，謂耳等四根所對聲等四塵；不念種種想，不念意識和合想，此滅不可見無對色，謂意所緣法。對治支，即是離障中三句「不念」含對治意，即是不分別色、聲香味觸、法塵等六塵境，色無自性，當體即空，故云無我，即法無我。「修行利益」，即入無邊虛空，指三色想絕，則入空理，廓爾無邊。換言之，指滅絕可見有對色、不可見有對色、不可見無對色等三種色想，唯思惟空無邊之相而安住。「彼二依止三昧」，即住虛空無邊處，對治支是加行究竟作意，利益支是勝解作意，彼二依止三昧是加行究竟果作意。〔註220〕

2. 識無邊處

《華嚴經》云：「超一切虛空無邊處，入無邊識，住識無邊處。」〔註221〕識無邊處，是指心緣內識，作無邊行相。茲分述如下：「離障兼修行對治」，即超一切虛空無邊處。離障，離空無邊處的對外攀緣虛空之粗心念。修行對治，見外念粗，知道過患，而除彼想。「修行利益」，即入無邊識，指捨外法緣內法。澄觀引用《阿毘達磨順正理論》來證成：「謂於純淨六種識身，能了別中，善取相已，安住勝解，由假想力思惟觀察無邊識相，由此加行爲先所成。」〔註222〕即依轉心緣識之加行相，與識相應，心定不動，三世之識悉現

〔註217〕八十《華嚴》卷35，《大正藏》冊10，頁188上。

〔註218〕參見《十地經論》卷5，《大正藏》冊26，頁156中。

〔註219〕《華嚴經疏》卷36：「文中三句。初句含二義：一、明離障；二、明對治。」《大正藏》冊35，頁785中。

〔註220〕參見《華嚴經疏》卷36，《大正藏》冊35，頁785中～786上。

〔註221〕八十《華嚴》卷35，《大正藏》冊10，頁188上。

〔註222〕《阿毘達磨順正理論》卷77，《大正藏》冊29，頁758中。

定中，清淨寂靜，而入根本。「彼二依止三昧」，即住識無邊處。〔註223〕

3. 無所有處

《華嚴經》云：「超一切識無邊處，入無少所有，住無所有處。」〔註224〕無所有處，即內外皆無，非外法之空無邊處，非內法之識無邊處，繫心於無所有處。依據《俱舍論》的說法：「空無邊等三，名從加行立。」〔註225〕前三種無色定，乃約加行受名。因其次第修加行時，思惟無邊之空、無邊之識及無所有，故立空、識、無所有等名。茲分述如下：「離障兼修行對治」，即超一切識無邊處。離障，離識無邊處之緣內法事念粗。修行對治，見粗念事，知道過患，而除彼想。「修行利益」，即入無少所有。識無邊處，捨外法緣內法，稱為粗念。無所有處既無所取，能取亦無，故內外俱無，稱為利益。心於所緣，捨諸所有，寂然而住。「彼二依止三昧」，即住無所有處。〔註226〕

4. 非想非非想處

《華嚴經》云：「超一切無所有處，住非有想非無想處。」〔註227〕「非想」是指無下七地（色界四禪，及無色界前三定）明了之想，「非非想」指有昧劣想。此地癡闇不明了、不決定，故稱非想非非想。《俱舍論》云：「非想非非想，昧劣故立名。」〔註228〕第四種無色定，乃約「想」之當體而立名，故與前三種無色定之立名有別。茲分述如下：「離障兼修行對治」，即超一切無所有處。離障，離無所有處之無所有想的粗念。修行對治，無彼無所有，以見粗念，分別過患，故為能治。「修行利益」，《華嚴經》缺此句，即《十地經》云：「知非有想非無想安隱」。〔註229〕有想與無想俱離，不見有無之相貌，心無動搖，怡然清淨，如涅槃相。「彼二依止三昧」，即住非有想非無想處。〔註230〕

〔註223〕參見《華嚴經疏》卷36，《大正藏》冊35，頁786上。
〔註224〕八十《華嚴》卷35，《大正藏》冊10，頁188上。
〔註225〕《俱舍論》卷28，《大正藏》冊29，頁145下。
〔註226〕參見《華嚴經疏》卷36，《大正藏》冊35，頁786上。
〔註227〕八十《華嚴》卷35，《大正藏》冊10，頁188上。
〔註228〕《俱舍論》卷28，《大正藏》冊29，頁145下。
〔註229〕《十地經論》卷5，《大正藏》冊26，頁156上。
〔註230〕參見《華嚴經疏》卷36，《大正藏》冊35，頁786上～中。

表 5-6：無色界四空的三種差別

差別　　　　　　無色界	離障兼修行對治	修行利益	彼二依止三昧
空無邊處	超一切色想，滅有對想，不念種種想	入無邊虛空	住虛空無邊處
識無邊處	超一切虛空無邊處	入無邊識	住識無邊處
無所有處	超一切識無邊處	入無少所有	住無所有處
非想非非想處	超一切無所有處	知非有想非無想安隱	住非有想非無想處

　　澄觀又從大乘般若之第一義諦的角度，略示四空之義：「謂觀色即空，心安於空，是空處定；次知空色不出於心，是識處定；次心境兩亡，爲無所有；次亦亡無所有想，緣無想住，名非想非非想。若不緣此無想，則諸漏永寂。」〔註231〕「色即是空」，是觀一切色法無自性，當體即空，能滅色想，心安於空定，名空處定；「空色」，俗諦是色法，俗諦滅而眞諦生，是爲空色，故虛空爲空色，捨心外法緣心內識，名識處定；「內外俱空」，外境之空無邊處，內識之識無邊處兩亡，名爲無所有；「有想無想俱空」，捨無有處之無所有想，又非如無想及滅盡定一切諸想皆悉滅盡，仍有最細想，故緣無想住，名非想非非想。若不緣此無想，則已出三界。四空是觀虛空，澄觀又從第一義諦（眞諦）的角度來觀四空，更加突顯四空是無實性，悉皆幻化，當體即空無生，入於眞空之諸法實相觀。

　　七相的第三個層次爲「入意」，也是經文七相的第七相「何爲修」。《華嚴經》云：「但隨順法故行，而無所樂著。」〔註232〕入意，即是證入此地的目的，爲了順化眾生，不同凡小有愛味，由此三地說斷二愚。《十地經論》則說發光地菩薩入於四禪、四無色定、五神通，是爲了救度五種眾生。〔註233〕

〔註231〕《華嚴經疏》卷36，《大正藏》冊35，頁786中。

〔註232〕八十《華嚴》卷35，《大正藏》冊10，頁188上。

〔註233〕《十地經論》卷5：「論曰：以何義故，入禪無色無量神通，爲五種眾生故：一、爲禪樂憍慢眾生故，入諸禪；二、爲無色解脫憍慢眾生故，入無色定；三、爲苦惱眾生，令安善處，永與樂故，應解彼苦，令不受故，入慈悲無量。四、爲得解脫眾生故，入喜捨無量。五、爲邪歸依眾生故，入勝神通力，令正信義故，此地得不退禪故，名爲三昧地。」《大正藏》冊26，頁156上～中。

　　澄觀依據《瑜伽師地論》的說法，修行八定皆有七種作意，〔註234〕其中七種作意的分配如下：「上修行中，已攝其四，前修行因中，有觀察作意，後二作意，在證入中。七中前五，通貫八定，下八定中，各有後二。」〔註235〕前四相的修行中，分別爲了相作意、攝樂作意、遠離作意、勝解作意；正修行因，是指《華嚴經》云：「菩薩如是發勤精進，求於佛法。如其所聞，觀察修行。」〔註236〕即是觀察作意。以上五種作意，通貫八定。在八定中，各有加行究竟作意、加行究竟果作意二種，故此二種作意，貫串八定。澄觀將八定配合修行歷程、七相、《瑜伽師地論》七種作意的主要目的，是爲了讓八定的修行次第能更加清楚、明白，使三地菩薩可以由淺至深循序漸進的方式修行。

表 5-7：八定與修行歷程、七相、《師地論》七作意之對照表

修行歷程	七相	〈十地品〉經文	《師地論》七作意
正修行因		菩薩如是發勤精進，求於佛法。如其所聞，觀察修行	觀察作意
修行	依何修	此菩薩得聞法已	了相作意
	云何修	攝心安住	攝樂作意
	何處修	於空閑處	遠離作意
	何故修	作是思惟：如說修行，乃得佛法，非但口言而可清淨	勝解作意
證入	何時修	佛子！是菩薩住此發光地時	加行究竟作意、加作究竟果作意
	何所修	四禪	
		四空定	
入意	何爲修	但隨順法故行，而無所樂著	

　　澄觀在第三地勤修八定中，有別於《十地經論》、《探玄記》部分，也可說是其特殊的創見有二項：一、厭分的內容，依據八十《華嚴》將其分爲「經文七相」，此七相再配合《瑜伽師地論》的修行八定有七種作意，正修行因、

〔註234〕《瑜伽師地論》卷 33：「何等名爲七種作意？謂了相作意、勝解作意、遠離作意、攝樂作意、觀察作意、加行究竟作意、加行究竟果作意。」《大正藏》冊 30，頁 465 中～下。

〔註235〕《華嚴經疏》卷 36，《大正藏》冊 35，頁 783 上。

〔註236〕八十《華嚴》卷 35，《大正藏》冊 10，頁 188 上。

七相之前四相，配合五種作意，通貫八定；加行究竟作意、加行究竟果作意，貫串八定。二、從第一義諦的角度，來詮釋四空之義。澄觀對於八定之詮釋，可說是別有用心，雖然八定是小乘禪法的名稱，但他以般若思想的諸法實相觀、《瑜伽師地論》等大乘經論來闡釋其禪觀，以突顯此非小乘的禪定，與小乘禪法做了區隔。

第四節　圓修波羅蜜

十波羅蜜，其梵文爲 daśa-pāramitā，是菩薩到達大涅槃所必備之十種勝行，全稱十波羅蜜多，又作十勝行，或譯爲十度、十到彼岸。十波羅蜜即是六波羅蜜加方便、願、力、智之四波羅蜜，亦即以六波羅蜜爲中心，後四波羅蜜爲助法。依《成唯識論》卷九，菩薩於十地之間，依次修習此十波羅蜜，而稱十勝行。〔註237〕在《華嚴經》初地，「是菩薩十波羅蜜中，檀波羅蜜增上，餘波羅蜜非不修行，但隨力隨分。」〔註238〕十地菩薩於每一地中，都能修十種波羅蜜，只是每一地中皆有一種波羅蜜較爲殊勝，其餘九種波羅蜜並非不修行，而是隨能力、資質之限度而行，稱爲隨力隨分。例如：在初地歡喜地，以布施波羅蜜特別殊勝；乃至第十地法雲地，以智波羅蜜特別殊勝。

澄觀將十波羅蜜分爲三門來詮釋，突破了傳統之別地門，其意義也擴大了：

> 然十度行，曲復有三：初、別地門，如今文。二、約增勝門，則初地成檀，二地成二度，以戒加檀，前檀已得故，乃至十地加智，十度即圓，謂前已得，後不失故。三、約圓修門，地地之中，皆修十度，初心菩薩尚自圓修，豈況登地，唯施無戒等耶？明知具足，今顯地差，故言各一。〔註239〕

初門爲別地門，也就是每一地皆有一種波羅蜜較爲殊勝；第二門爲增勝門，一地比一地更爲增上，初地只有布施，二地則爲持戒加布施二度，以此類推

〔註237〕《成唯識論》卷 9：「謂十地中修十勝行，……十勝行者，即是十種波羅蜜多，施有三種：謂財施、無畏施、法施。……智有二種：謂受用法樂智、成熟有情智。」《大正藏》冊 31，頁 51 上～中。

〔註238〕八十《華嚴》卷 34，《大正藏》冊 10，頁 183 上。

〔註239〕《演義鈔》卷 52，《大正藏》冊 36，頁 407 中。

十地則有十度圓滿；第三門爲圓修門，於每一地中，都能圓修十種波羅蜜。七地菩薩於念念中，皆悉具足十波羅蜜行，其餘九地菩薩亦是如此，將於第六章第三節「四、七地：圓修一切菩提分法」中介紹。以上所說的十波羅蜜三門中，《華嚴經》主要依據第一種別地門，說明菩薩於每一地中，依次修習一種波羅蜜，故與《成唯識論》之十勝行相同。十波羅蜜三門中，其中第三門圓修門，於初地就已能圓修十種波羅蜜，爲何還要十波羅蜜配合菩薩十地呢？其主要的目的，是爲了說明十地菩薩修行的次第關係。

圓修波羅蜜，所代表的爲出地心的階段。在初地果利益勝分爲四種：調柔果、發趣果、攝報果、願智果；二地至十地之位果或地果，分爲三種：調柔果、攝報果、願智果。其中，「是菩薩十波羅蜜中，檀波羅蜜增上，餘波羅蜜非不修行，但隨力隨分」，是屬於調柔果。澄觀又云：「出心，即調柔果。」〔註240〕所以，出地心之調柔果中，敘述了十波羅蜜，只是於調柔果中只提到「檀波羅蜜增上、持戒偏多、忍波羅蜜偏多」等，並沒有詳細說明十波羅蜜之內容，經筆者考察發現，每一地波羅蜜之實際內容大多在住地心，只有少部分在入地心、出地心。至於攝報果，說明初至三地寄位於世間人天乘，四至七地寄位於出世間三乘，八至十地爲出出世間一乘，約報則現十大天王，往生後感報示現生於人天、三乘、一乘之十王。

一、初地：布施波羅蜜

「布施」，其梵文爲 dāna，音譯爲檀、檀那、柂那。布施是六念之一，根據《雜阿含經》云：「念施功德，自念布施，心自欣慶，捨除慳貪，雖在居家，解脫心施、常施、樂施、具足施、平等施。……於此命終，生彼天中。」〔註241〕佛陀爲缺乏信心的在家信眾，方便說六念法，念布施的功德，命終後可以升天。

初地菩薩寄位在人乘，修布施行，稱爲寄位之行，約報則現十王事相，故往生後感報示現生於世間，作人間的閻浮提王。十地菩薩自行化他，成大功德，感報做十大天王，此十王之果報對十地菩薩而言，稱爲十王華報。華報並非業因正得之果報，乃是果報之前所兼得者。《華嚴經》云：「佛子！菩薩摩訶薩住此初地，多作閻浮提王，豪貴自在，常護正法。能以大施，攝取

〔註240〕《華嚴經疏》卷44，《大正藏》冊35，頁834下。
〔註241〕《雜阿含經》卷20，《大正藏》冊2，頁145中。

－257－

眾生，善除眾生慳貪之垢，常行大施，無有窮盡。」〔註242〕閻浮提王，即鐵輪王。在《仁王經》卷上，及《瓔珞經》卷上，曾以四輪王配列菩薩地前之四行位，亦即以鐵輪王配列十信位、銅輪王配列十住位、銀輪王配列十行位、金輪王配列十迴向位。今在初地，方做十王之鐵輪王，掌管須彌山四大洲之南閻浮洲，故稱寄位。「護法」具有二義：護國正法、護佛正法。《十地經論》將護法視為初義，當閻浮提王，統治南閻浮洲，護國正法，賞罰得宜，屬於身勝。〔註243〕澄觀則視為後義，當閻浮提王，護佛正法，護教理等，興建、擯斥，屬於行勝。〔註244〕閻浮提王又能以布施來攝受眾生，善於去除眾生的慳貪心理，是為上勝果。

初地菩薩的華報為閻浮提王，為什麼菩薩不直接成佛，而要當人王呢？菩薩為了成佛，只伏惑而不斷惑，其目的就是為了在三界受生，才能行化他的事業，廣修六度萬行，稱為留惑潤生。但為何菩薩僅伏惑而不斷惑呢？其原因是為了慈悲度眾生。「不斷煩惱」，是靠惑業才能受生，若斷了惑業則不能在三界受生行菩薩道。所以，在十地的修道位中，只制伏俱生煩惱障的現行，而不斷除俱生煩惱障的種子，幫助菩薩在三界受生，一直到金剛喻定即將成佛時，才頓斷煩惱障的種子。不像聲聞乘修禪定、斷煩惱，而急於出三界、了生死、證涅槃，就不能表現菩薩求無上道的精神。

初地菩薩寄位在人天乘，只是為了成就升天法，做為人王嗎？還是有更深層意涵的出世法呢？《華嚴經》云：「佛子！菩薩摩訶薩，隨順如是大悲、大慈，以深重心住初地時，於一切物無所吝惜，求佛大智，修行大捨。」〔註245〕此段經文，是總明布施行，法藏分五段來詮釋，〔註246〕澄觀亦承襲之，雖名異而實同，茲舉《華嚴經疏》說明如下：

（一）明施所依，即悲心、慈心，因見眾生有苦無樂，故以慈悲心而施福利與人。

〔註242〕八十《華嚴》卷34，《大正藏》冊10，頁183中～下。

〔註243〕《十地經論》卷3：「在家果復有二種：一者、上勝身，閻浮提王等。如經菩薩摩訶薩，住此初地，多作閻浮提王，豪貴自在，常護正法故。」《大正藏》冊26，頁144下。

〔註244〕參見《華嚴經疏》卷34，《大正藏》冊35，頁770上。

〔註245〕八十《華嚴》卷34，《大正藏》冊10，頁182下。

〔註246〕《探玄記》卷11：「初總中句，別有五：一、牒前慈悲；二、深心住地；三、於物不惜；四、重佛妙智；五、盡捨一切，為求彼智故。」《大正藏》冊35，頁312下。

（二）彰其施位，初地菩薩具有深重心，能圓滿檀波羅蜜。何謂「深重心」呢？契合真理，圓滿檀度，稱爲深心；不捨悲願，修行十大願，故稱重心。

（三）明施體相，初地菩薩已證得人法二空，故布施時能住於空觀，不執著於能施、所施及施物三輪，又稱無相布施。三輪爲：「施空」，能施之人體達我身本空，知無我，則無希求福報之心。「受空」，體達無能施的人，亦無受施者，故不起慢想。「施物空」，了達資財珍寶所施物品本來皆空，故不起貪惜心。行布施時，能「施空」即無自；能「受空」即無他；能「施物空」即無所得，達到三輪體空，稱爲「檀波羅蜜」。菩薩已證得三輪體空，故布施財物時，不會生起吝惜心。

（四）顯施所爲，即布施的目的，是修出世間的善法，利益眾生，證得佛智。

（五）結施行名，即修行大捨，大捨成就，能盡捨一切財物，爲了證得諸佛的廣大智慧。〔註247〕所以初地菩薩修布施行，其最終的目的是修出世間善法，證得佛智。

根據《成唯識論》：「施有三種，謂財施、無畏施、法施。」〔註248〕財施，指以自己之財物施與他人；法施，指爲人說法，使其開悟得道；無畏施，令一切眾生離諸怖畏，心生喜樂。《演義鈔》云：「財施拔現貧苦，與現富樂；法施拔其當苦，與出世樂；無畏拔現恐怖，與安隱樂。」〔註249〕所以，三施之樂各不相同，財施是世間外在的富樂，法施是出世間的法樂，無畏施是世間眾生內心的安穩樂。

在八十《華嚴・十地品》初地中，探討財施、法施、無畏施等三施。財施，又可分爲內財、外財兩種。外財，是指資財等身外之物，如財穀、倉庫、金銀、摩尼、眞珠、瑠璃、珂貝、璧玉、珊瑚等物，珍寶、瓔珞、嚴身之具，象馬、車乘、奴婢、人民、城邑、聚落、園林、臺觀、妻妾、男女、內外眷屬，及餘所有珍玩之具；內財部分，是指自己的身體，如頭目、手足、血肉、骨髓，一切身分。〔註250〕在初地中，布施應有三施，爲何只列舉財施呢？雖然十波羅蜜中，初地以檀波羅蜜增勝，但這三施中又以財施增

〔註247〕參見《華嚴經疏》卷34，《大正藏》冊35，頁768上。
〔註248〕《成唯識論》卷9，《大正藏》冊31，頁51中。
〔註249〕《演義鈔》卷59，《大正藏》冊36，頁467下。
〔註250〕八十《華嚴》卷34，《大正藏》冊10，頁182下。

勝，故只列舉財施，所以澄觀認爲在初地中，只有財施，因而引用《般若論》的觀點：二、三地中，方行無畏施；四地以上，乃行法施。〔註251〕但在第二節中，初地遠離五怖畏，使眾生無有恐怖內心安穩快樂，應該也算是一種無畏施。此外，〈十地品〉云：「以前二攝，攝取眾生，謂布施、愛語」，〔註252〕四攝法之前二攝，布施是財施，愛語是法施。〔註253〕所以，初地的布施波羅蜜，是三施具足。

此外，人天、菩薩皆有布施行，十地屬於高層次的菩薩行，初地菩薩布施波羅蜜之殊勝性爲何呢？初至七地的菩薩因位，已進入第二僧祇劫，修布施等十波羅蜜，其勢力漸增，不被煩惱所伏，而能伏止煩惱，然以故意令煩惱起現行而修行，而非任運無功用之修行，稱爲近波羅蜜多。〔註254〕初地已得聖性，入見道位，並證得人法二空，故布施時能住於「諸法畢竟空」、「諸法無所得」的空觀，與空慧相應，或無分別智相應，達到能施、所施、施物之三輪體空。

二、二地：持戒波羅蜜

「持戒」，其梵文爲 śīla，音譯爲尸羅。持戒是六念之一，根據《雜阿含經》云：「比丘住在學地，求所未得，上昇進道，安隱涅槃，修六隨念，乃至疾得安隱涅槃。……復次，聖弟子自念淨戒：不壞戒、不缺戒、不污戒、不雜戒、不他取戒、善護戒、明者稱譽戒、智者不厭戒。聖弟子如是念戒時，不起貪欲、瞋恚、愚癡，乃至念戒所熏，昇進涅槃。」〔註255〕比丘修六念法，能快速證得涅槃。持戒清淨，指心對外境不起染著，離貪、瞋、癡三毒，內心清淨，故能速證涅槃。

二地菩薩寄位在欲天乘，修十善行，往生後感報作轉輪聖王。《華嚴經》云：「菩薩住此地，多作轉輪聖王，爲大法主，具足七寶，有自在力。能除一切眾生慳貪破戒垢，以善方便，令其安住十善道中，爲大施主，周給無盡。」〔註256〕轉輪聖王，是佛教政治理想中之統治者，擁有七寶（輪、象、馬、珠、

〔註251〕參見《華嚴經疏》卷34，《大正藏》冊35，頁768中。
〔註252〕八十《華嚴》卷34，《大正藏》冊10，頁183上。
〔註253〕參見《華嚴經疏》卷34，《大正藏》冊35，頁769上。
〔註254〕參見《成唯識論》卷9，《大正藏》冊31，頁52中。
〔註255〕《雜阿含經》卷33，《大正藏》冊2，頁237下～238上。
〔註256〕八十《華嚴》卷35，《大正藏》冊10，頁186下。

女、居士、主兵臣），具足四德（長壽、無疾病、容貌出色、寶藏豐富），統一須彌四洲，以正法治世，其國土豐饒，人民和樂。二地菩薩轉生爲轉輪聖王，以十善業來引導眾生，善於去除眾生慳貪破戒等垢，成就布施持戒清淨，爲上勝果。

　　菩薩在初地已圓滿布施波羅蜜，在二地則圓滿持戒波羅蜜，行六波羅蜜爲主的菩薩戒法，大多以十善爲其內容，通於在家與出家，或生於有佛之世或無佛之世，都當遵守。〔註257〕十善之正行，總攝爲三聚淨戒，如《瑜伽師地論》說：「云何菩薩一切戒？謂菩薩戒略有二種：一、在家分戒，二、出家分戒，是名一切戒。又即依此在家出家二分淨戒，略說三種：一、律儀戒，二、攝善法戒，三、饒益有情戒。」〔註258〕根據《成唯識論》：「戒有三種，謂律儀戒、攝善法戒、饒益有情戒。」〔註259〕此地所說的持戒，包括三聚淨戒：攝律儀戒、攝善法戒、攝眾生戒（饒益有情戒）。攝律儀戒，即斷諸惡，遠離十惡業；攝善法戒，即修諸善，勤修十善；攝眾生戒，即慈悲利益眾生，度一切眾生。其中，攝律儀戒是一種自利的行爲，是消極的止持戒，即「諸惡莫作」；攝善法戒、攝眾生戒，是一種自利利他的行爲，是積極的作持戒，即「眾善奉行」。

　　於第二節已介紹了攝律儀戒（遠離十惡業）、第三節之攝善法戒（勤修十善），接著說明攝眾生戒，此三部分皆與戒律有關，所以二地被視爲華嚴學的戒律觀。攝眾生，顯戒增上，《十地經論》依大悲利益眾生戒增上，有五義：智、願、修行、集（因）、集果，法藏、澄觀亦承襲之，茲列舉《華嚴經疏》分述如下：

　　（一）智，是指善知眾生苦因果，又分爲總明知因、別顯知果、結成苦因。《華嚴經》云：「佛子！此菩薩摩訶薩又作是念：十不善業道，上者地獄因，中者畜生因，下者餓鬼因。於中殺生之罪，能令眾生墮於地獄、畜生、餓鬼，若生人中，得二種果報：一者短命，二者多病。……邪見之罪，亦令眾生墮三惡道，若生人中，得二種果報：一者生邪見家，二者其心諂曲。佛子！十不善業道，能生此等無量無邊眾大苦聚。」〔註260〕總明知因，即三惡

〔註257〕《大智度論》卷 46：「有二種戒，有佛時，或有或無：十善，有佛無佛常有。」《大正藏》冊 25，頁 395 下。

〔註258〕《瑜伽師地論》卷 40，《大正藏》冊 30，頁 511 上。

〔註259〕《成唯識論》卷 9，《大正藏》冊 31，頁 51 中。

〔註260〕八十《華嚴》卷 35，《大正藏》冊 10，頁 185 下～186 上。

道的因，上品爲地獄因，中品爲畜生因，下品爲餓鬼因。別顯知果，十不善道中各有二果差別：「報果差別」，即墮於三惡道之果報；「習氣果差別」，即轉生爲人之二果報，是正報之餘。習氣果之內報爲等流果，其中前重即正惡等流，後輕即方便等流。例如：短命是正惡等流，多病即方便等流。〔註261〕結成苦因，指十不善業道，能生無量無邊的苦聚。

表5-8：十惡業與二果差別對照表〔註262〕

三業	十惡業	報果差別	習氣果差別
身業	殺生	地獄、畜生、餓鬼	短命、多病
	偷盜	地獄、畜生、餓鬼	貧窮、共財不得自在
	邪婬	地獄、畜生、餓鬼	妻不貞良、不得隨意眷屬
口業	妄語	地獄、畜生、餓鬼	多被誹謗、爲他所誑
	兩舌	地獄、畜生、餓鬼	眷屬乖離、親族弊惡
	惡口	地獄、畜生、餓鬼	常聞惡聲、言多諍訟
	綺語	地獄、畜生、餓鬼	言無人受、語不明了
意業	貪欲	地獄、畜生、餓鬼	心不知足、多欲無厭
	瞋恚	地獄、畜生、餓鬼	恒被於他之所惱害、常被他人求其長短
	邪見	地獄、畜生、餓鬼	生邪見家、其心諂曲

（二）願，是指依智起願，願爲眾生自修善法。亦即觀眾生苦因苦果而發願，離十惡業，行十善道。《華嚴經》云：「是故菩薩作如是念：我當遠離十不善道，以十善道爲法園苑，愛樂安住。」〔註263〕消極的遠離十惡業，是止持；積極的勤修十善，是作持。所以，二地菩薩的願，不只是止息十惡法，還要修行十善法，故爲止作二持並用。

（三）行，是指依願起行，如誓而修。《華嚴經》云：「自住其中，亦勸他人令住其中。」〔註264〕不只自己修善行，也要正攝眾生，勸他人修善行。

（四）集因，是指依增上悲，念眾生故，生十種心：「佛子！此菩薩摩訶

〔註261〕參見《華嚴經疏》卷34，《大正藏》冊35，頁775下。
〔註262〕參見八十《華嚴》卷35，《大正藏》冊10，頁185下～186上。
〔註263〕八十《華嚴》卷35，《大正藏》冊10，頁186上。
〔註264〕八十《華嚴》卷35，《大正藏》冊10，頁186上。

薩，復於一切眾生，生利益心、安樂心、慈心、悲心、憐愍心、攝受心、守護心、自己心、師心、大師心。」〔註265〕《十地經論》以其別相分爲八種眾生，亦即以十種心而救度八種眾生，其中後三心攝爲一菩提，故唯有八。〔註266〕「自己心、師心、大師心」，分爲下中上三等：下劣於己者，攝如己心；等於己者，推如師心；勝於己者，同於諸佛。澄觀指出，治地住之十心，〔註267〕大同於離垢地之集義中釋，〔註268〕故兩者間有共通之處。

（五）集果，是指依悲心起勝上欲，欲救攝十類眾生。對於此十類眾生，每一類眾生皆以「集因」之十心來救拔。此十類眾生，以「作是念言」或「又作是念」開頭，先觀所治；後面接「我應」或「我當」以下，〔註269〕則是生起濟拔心，觀能治。集果之十類眾生，又可分爲四種：化顛倒眾生、化欲求眾生、化有求眾生、化梵行求眾生。1.化顛倒眾生，即化度四顛倒之邪見，解除其邪見；餘九類，即化度行邪之眾生。2.化欲求眾生，向外追求五欲，共有五類：前三類化現得五欲受用生過，即受不共財、受無厭足財、受貯積財；後二類化未得五欲追求時過，即造業眾生，追求現報造諸惡行、追求後報造有漏善業。3.化有求眾生，求三有中正報之果，有二類：道差別，謂五趣流轉；界差別，謂三界繫閉。4.化梵行求眾生，求出道故，有二類：化邪梵行求，令捨邪歸正；化同法小乘，令捨權歸實。〔註270〕攝眾生戒，即是慈心攝受利益一切眾生，此爲利生門，其最終的目的是爲了攝化三界十類眾生，令其護持

〔註265〕八十《華嚴》卷35，《大正藏》冊10，頁186上。

〔註266〕《華嚴經疏》卷35：「論就別相，爲八種眾生：一、於惡行眾生，令住善行，故名利益；二、爲苦眾生，令得安樂；三、於怨憎眾生，慈不加報；四、於貧苦者，悲欲拔之；五、於樂眾生，愍其放逸；六、於外道，攝令正信；七、於同行者，護令不退；八、於攝一切菩提願眾生，取如自己，以願同故，後之二心，亦約此類，但後勝於前；九、觀彼眾生乘大乘道，進趣之者，敬之如師；十、觀集具足功德者，敬如大師。」《大正藏》冊35，頁776上～中。

〔註267〕八十《華嚴》卷16：「此菩薩於諸眾生發十種心，何者爲十？所謂利益心、大悲心、安樂心、安住心、憐愍心、攝受心、守護心、同己心、師心、導師心，是爲十。」《大正藏》冊10，頁84中。

〔註268〕參見《華嚴經疏》卷18，《大正藏》冊35，頁636下。

〔註269〕八十《華嚴》卷35：「作是念言：眾生可愍，墮於邪見、惡慧、惡欲、惡道稠林。我應令彼住於正見，行真實道。……又作是念：一切眾生，其心狹劣，不行最上一切智道，雖欲出離，但樂聲聞、辟支佛乘。我當令住廣大佛法、廣大智慧。」《大正藏》冊10，頁186上～中。

〔註270〕參見《華嚴經疏》卷35，《大正藏》冊35，頁776中～778中。

淨戒，增長慈悲心。

　　至於二地菩薩持戒波羅蜜之殊勝爲何呢？二地已入修道位，勤修三學的戒學，由於性戒成就，圓具清淨戒，能持微細戒亦不會毀犯，諸犯戒垢已極遠離，故不必作意，任運自然而不會誤犯。二地菩薩之持戒波羅蜜果位的殊勝處，即是已達到八地無相無功用行，任運自在的境地。此外，二地菩薩的淨戒，以無所得的空慧爲方便，對於持戒與犯戒，都要不著相。能達到持戒、犯戒不可得，就是三輪體空的淨戒波羅蜜多。〔註271〕

三、三地：忍辱波羅蜜

　　「忍辱」，其梵文爲 kṣānti，音譯屬提、屬底、乞叉底，意譯安忍、堪忍，爲六波羅蜜、十波羅蜜之一。其原意是指令心安穩，堪忍外在之侮辱、惱害等，亦即凡加諸身心之苦惱、苦痛，皆悉堪忍。根據《成唯識論》：「忍有三種，謂耐怨害忍、安受苦忍、諦察法忍。」〔註272〕「耐怨害忍」，即受他人之怨憎毒害，而能安心忍耐無反報之心。「安受苦忍」，即爲疾病、水火、刀杖、天災等眾苦所逼，能安心忍受，恬然不動。「諦察法忍」，又稱觀察法忍，即諦察諸法不生不滅之眞理，心無妄動，安然忍可。其中，前二忍相當於《大智度論》所說之生忍，後者相當於法忍。

　　三地菩薩寄位在色界無色界天乘，明修八定行，往生後感報作忉利天王。《華嚴經》云：「菩薩住此地，多作三十三天王，能以方便，令諸眾生捨離貪欲。」〔註273〕三十三天，又名忉利天，此天位於欲界六天之第二重天，係帝釋天所居之天界，位於須彌山頂；山頂四方各八天城，加上中央帝釋天所止住之善見城（喜見城），共有三十三處，故稱三十三天。根據諸經論之記載，帝釋天原爲摩伽陀國之婆羅門，由於修布施等福德，遂生於忉利天，且成爲三十三天之天主。三地菩薩轉生爲三十三天王，常以種種權巧方便，令一切眾生捨離貪欲，行四攝等法，爲上勝果。

　　在十波羅蜜中，三地發光地以忍辱波羅蜜特別殊勝。《華嚴經》云：

> 菩薩如是勤求佛法，所有珍財，皆無吝惜，不見有物難得可重，但於能說佛法之人，生難遭想。是故菩薩於內外財，爲求佛法，悉能捨施。無有恭敬而不能行，無有憍慢而不能捨，無有承事而不能作，

〔註271〕參見釋印順：《成佛之道》，頁 295。
〔註272〕《成唯識論》卷 9，《大正藏》冊 31，頁 51 中。
〔註273〕八十《華嚴》卷 35，《大正藏》冊 10，頁 188 下。

　　無有勤苦而不能受。……若有人言：我有一句佛所說法，能淨菩薩
　　行，汝今若能入大火院，受極大苦，當以相與。菩薩爾時作如是念：
　　我以一句佛所說法，淨菩薩行故，假使三千大千世界大火滿中，尚
　　欲從於梵天之上，投身而下，親自受取，況小火院而不能入？然我
　　今者爲求佛法，應受一切地獄眾苦，何況人中諸小苦惱！〔註274〕

三地的第二分爲厭行分，又分爲修行護煩惱行、修行護小乘行、修行方便攝
行，此段經文爲修行方便攝行的一部分，是菩薩重法而起求法行，乃是求行
因之常勤求因。〔註275〕其主要意涵是總明輕財寶重佛法，爲了佛法包括內外
財、種種人天位皆悉能捨。在三地中，耐怨害忍、安受苦忍、諦察法忍等三
忍皆有所探討。耐怨害忍，是指菩薩爲了聽聞佛法，雙捨內外財：內財敬
事，願意精勤敬事傳法者，心則恭敬捨慢，身則承事忘苦，眾生雖以種種
惡害加之皆悉能忍；捨棄外財王位，爲了聽聞一句一偈未曾聞法，包括三千
大千世界的珍寶、種種人天位皆悉能捨。菩薩能忍耐眾生之加害而不起瞋
恚，是諸有情的成熟轉因。〔註276〕安受苦忍，是指菩薩爲了聽聞一句一偈佛
所說法，即使入大火坑受苦、從梵天投身於三千大千世界的大火、受一切
地獄眾苦皆悉能忍。菩薩安受於大火及地獄刀杖等眾苦而不動心，是成佛
因。〔註277〕

　　至於諦察法忍，則於出地心之調柔果中，《華嚴經》云：「此菩薩觀一切
法，不生不滅，因緣而有。」〔註278〕觀一切法不生不滅，即法性觀。於清淨
法中不見增加，故不生；於煩惱妄想中不見減少，故不滅。因緣而有，共有
二義：一者成上，即隨順觀世諦，而入第一義諦，由淨法從緣生，故無可
增，妄法從緣滅，故無可滅。二約不壞相故，即眞之俗，雖體不生滅，不礙
生滅。依對治因緣，離煩惱妄想，故滅；轉勝清淨，般若現前，故生。以一
切法不生，般若生故；知一切法不滅，妄想滅故。〔註279〕菩薩堪能審諦觀察

〔註274〕八十《華嚴》卷35，《大正藏》冊10，頁187下～188上。
〔註275〕《華嚴經疏》卷36：「求行因中二：初、常勤求因；二、菩薩如是下，正修
　　　　行因。」《大正藏》冊35，頁782中。
〔註276〕《攝大乘論釋》卷7：「耐怨害忍，是諸有情成熟轉因。」《大正藏》冊31，
　　　　頁422上。
〔註277〕《攝大乘論釋》卷7：「安受苦忍是成佛因，寒熱飢渴種種苦事，皆能忍受無
　　　　退轉故。」《大正藏》冊31，頁422上。
〔註278〕八十《華嚴》卷35，《大正藏》冊10，頁188下。
〔註279〕參見《華嚴經疏》卷37，《大正藏》冊35，頁788上～中。

諸法不生不滅，為諦察法忍，由此堪忍甚深廣大法，故為前二忍之所依止處。〔註280〕三地寄位於世間人天乘之滿位，於禪定中證得諦察法忍（無生忍），生起後地之無生行慧，即善巧決定觀察智。

　　三地忍辱波羅蜜之殊勝為何呢？三地勤修禪定，如實觀察一切法皆是無自性、無生滅、無斷常。對於一切法不生不滅之理能透徹的認知，就是菩薩修持的法忍，即三忍的「諦察法忍」。法忍即是觀一切法皆悉空寂，自覺而證悟法空，於禪定中證得無生法忍，證悟諸法實相。三地菩薩之忍辱波羅蜜果位的殊勝處，即是已離心意識，達到八地無生法忍的境地。此外，三地菩薩的忍辱，以無所得的空慧為方便，就是三輪體空的忍辱波羅蜜多。

〔註280〕《攝大乘論釋》卷7：「諦察法忍是前二忍所依止處，堪忍甚深廣大法故。」
　　　　　《大正藏》冊31，頁422上。

第六章　四至七地菩薩之修行特色

在第五章已介紹了初至三地菩薩之修行特色，是寄位在世間人天乘，接著要介紹四至七地菩薩之修行特色，是寄位在出世間三乘：四、五地寄聲聞法，六地寄緣覺法，七地寄菩薩法。

本章為四至七地菩薩之修行特色，分為四節：第一節介紹四至七地之來意、釋名、斷障、證理、成行、得果等六門。第二節探討遠離所知障及其對治法門，包括：十智能除解法慢、如道行能除身淨慢、十種平等法能除染淨慢、十種方便慧能除細相現行障。第三節是精勤修行，包括：四地勤修三十七菩提分、五地勤修四諦、六地勤修十二緣起、七地圓修一切菩提分法。第四節是圓修波羅蜜，包括：四地精進波羅蜜、五地禪定波羅蜜、六地般若波羅蜜、七地方便波羅蜜。

第一節　通釋六門

六門，是指來意、釋名、斷障、證理、成行、得果，澄觀在《華嚴經疏‧十地品》的每一地釋文前，皆先說明此六門。

一、來意

澄觀在「來意」中，四至七地皆引用《瑜伽師地論》來印證。四地的來意，《華嚴經疏》云：

> 所以來者，《瑜伽》七十八引《解深密》，明四種清淨，能攝諸地。
> 前三即意樂戒定增上三清淨訖，此下第四訖於佛地，明慧增上，故次來也。又慧有多種，四地正明覺分相應，增上慧住，故次來也。

又前地雖得世定總持，而未能得菩提分法，捨於定愛及與法愛，今修證彼行，故次來也。若依本論，前三寄世間，今此出世，次第故來。若近望前地，因前定聞，發此證智，故次來也。故論云：「依彼淨三昧聞持，如實智淨顯示故。」〔註1〕

澄觀從《瑜伽師地論》引用《解深密經》的說法，四種清淨能攝諸地：增上意樂清淨攝初地、增上戒清淨攝第二地、增上心清淨攝第三地、增上慧清淨攝第四地至佛地。四地的來意，具有五義，前三義依於三學，後二義依於寄位：一、四種清淨中，四地屬於「增上慧清淨」。二、有多種慧，四地的慧屬於「覺分相應增上慧住」。三、三地雖修世間禪定，仍有定愛、法愛，故須修四地證得菩提分法，才能斷除。四、前三地仍寄於世間人天乘，四地開始進入出世間的三乘。五、依於三地所修之禪定，而證得出世間之智慧。所以四地的來意，比前三地更為殊勝，是另一個修行層次的開始，可從二個面向看出：修習三學之慧學、寄位在出世間三乘。

五地的來意，《華嚴經疏》云：

所以來者，略有四義：一、約寄位，四五六地寄出世間。前寄初果，此寄羅漢，義次第故，雖有四果，舉於始終以攝中間。此依本論，約所觀行相，以後六地既觀緣起，寄同緣覺，故但二地寄於聲聞。……二、前明覺分相應慧，今辨諸諦相應慧故。三、前得出世，未能順世；今能五明攝化，故次明之。四、前得三十七菩提分，今辨方便所攝菩提故，此後三意，出於《瑜伽》。〔註2〕

五地的來意，具有四義，第一種引用《十地經論》的說法，後三種則是引用《瑜伽師地論》的說法。一、約寄位，四五六地是寄出世間三乘法，四地寄於聲聞乘的初果須陀洹乘，五地寄於聲聞乘的四果阿羅漢乘。二、依於三學，四地是與三十七菩提分相應的智慧，五地則與諸諦相應的智慧。三、約出世間，四地雖獲得出世之果，但不能隨順世間行，五地則能隨順世俗，依五明來教化眾生。四、約所得法，四地證得三十七菩提分，五地依五明等方便智攝菩提分法。

六地的來意，《華嚴經疏》云：

所以來者，已說諸諦相應慧，次說緣起流轉止息相應慧，寄緣覺地，

〔註1〕《華嚴經疏》卷37，《大正藏》冊35，頁788下～789上。
〔註2〕《華嚴經疏》卷38，《大正藏》冊35，頁795中～下。

故次來也。又四地出世，未能隨世；五地能隨，而不能破染淨之見；此地觀察無染淨法界，破彼見故。故《瑜伽》云：「前地雖能於生死涅槃棄捨，一向背趣作意，而未能於生死流轉如實觀察，又由於彼多生厭故，未能多住無相作意，爲令此分得圓滿故，精勤修習，令得圓滿。」故次來也。〔註3〕

六地的來意，具有二義：一、依寄位及三學，五地是與四諦相應的智慧，六地則與緣起相應的智慧，寄於緣覺乘。二、依斷障證如，四地證得出世，故是唯淨；五地能隨順世俗，但不能破除染淨兩種分別；六地如實觀察十二緣起，離一切染淨相。根據《瑜伽師地論》的說法，五地不能如實觀察生死流轉，仍然厭惡世間法，要作意修行才能達到無相，故須勤修以圓滿六地。

七地的來意，《華嚴經疏》云：

所以來者，已說緣起相應慧住，寄於緣覺；次說有加行有功用無相住，寄菩薩地，故次來也。《瑜伽》云：「前地雖能多住無相作意，而未能令無相作意無間無缺，多修習住，爲令滿故」，次有此來。又前功用未滿，今令滿故。〔註4〕

七地的來意，具有二義：一、依寄位及三學，六地與緣起相應的智慧，寄於緣覺乘。七地則爲有加行有功用無相住，寄於菩薩法。二、引證約慧，六地雖能住於無相作意，但還不能達到無間無缺，故須再修習才能圓滿七地。

二、釋名

釋名中，澄觀十地皆引用《成唯識論》及《攝大乘論》，故以下釋名將以此二部論書爲主。四地焰慧地，又作焰地、增曜地、暉曜地。《華嚴經疏》云：

言焰慧者，法喻雙舉，亦有三義：一、約初入地釋，初入證智，能燒前地解法慢薪故。本分云：「不忘煩惱薪，智火能燒故。」二、約地中釋，《成唯識》云：「安住最勝菩提分法，燒煩惱薪，慧焰增故。」由住第四地竟，方修菩提分法，明是地中。若唯取此而爲慧者，未修道品，應非焰地。以此地正明菩提分法，中該初後，諸論多依此釋。《攝論》云：「由諸菩提分法，焚燒一切障故。」……三、約地

〔註3〕　《華嚴經疏》卷39，《大正藏》冊35，頁800中～下。
〔註4〕　《華嚴經疏》卷41，《大正藏》冊35，頁814中。

滿，從證智摩尼，放阿含光，故名爲焰。〔註5〕

四地的釋名，焰慧之名，是法喻雙舉，「焰」是喻，「慧」是法，具有三義：一、入地釋，以證智爲焰，即根本智火，能燒三地聞持不忘，恃以成慢之煩惱。〔註6〕能燒之智，喻名爲焰，有如強烈的火焰；所燒從喻名薪，能燒毀有如薪木的煩惱，即是四地的斷障爲解法慢障。二、地中釋，住第四地，才修習三十七菩提分法，故稱「地中」。四地菩薩，安住最勝菩提分法，生起智慧之火焰，燒除一切根本煩惱及隨煩惱爲灰燼。三、地滿釋，以教智爲焰，四地證得的智慧如摩尼寶珠，能展現佛陀教法之光。四地地滿所斷除的煩惱，必須登上五地之後才能成辦，在文中澄觀並未加以說明，故略而不論。

五地難勝地，又作極難勝地。《華嚴經疏》云：

> 《攝大乘》云：「由眞諦智與世間智更互相違，合此難合，令相應故」，《唯識》同此。世親釋云：「由此地中知眞諦智是無分別，知世間工巧等智是有分別，此二相違，應修令合，能合難合令相應故，名極難勝。」〔註7〕

五地的釋名，結合《攝大乘論》的論本與世親的釋本。五地菩薩，能使無分別的眞諦智，與有分別的世間智，原本行相互違的二智互合相應，融然一味，使二智並觀二諦，因爲難爲而菩薩能爲，故稱「難勝地」。

六地現前地，又作現在地、目見地、目前地。《華嚴經疏》云：

> 《攝論》云：「由緣起智，能令般若波羅蜜多現在前故。」此釋正順，今經約地中說。無性釋云：「謂此地中住緣起智，由此智力，令無分別智而得現前，悟一切法無染無淨。」《唯識》同於《攝論》。〔註8〕

六地的釋名，結合《攝大乘論》的論本與世親的釋本，而不是無性釋本，此乃澄觀將論書的名稱搞錯，〔註9〕所以引文中的「無性釋」，應更改爲「世親

〔註5〕《華嚴經疏》卷37，《大正藏》冊35，頁789上。

〔註6〕參見《華嚴經疏》卷31，《大正藏》冊35，頁743中。

〔註7〕《華嚴經疏》卷38，《大正藏》冊35，頁795下。

〔註8〕《華嚴經疏》卷39，《大正藏》冊35，頁800下。

〔註9〕世親釋本：「何故六地名爲現前？謂此地中住緣起智，由此智力，無分別住最勝般若波羅蜜多而得現前，悟一切法無染無淨。」《大正藏》冊31，頁359上。無性釋本：「言現前者，最勝般若到彼岸住現在前故，謂此地中證緣起住，緣起智力令無分別，最勝般若到彼岸住，自在現前，知一切法無染無淨。」《大正藏》冊31，頁424中。

釋」。六地菩薩，如實觀察十二緣起，由緣起智能令般若無分別智現前，通達緣起性空，離一切染淨相。

七地遠行地，又作深行地、深入地、深遠地、玄妙地。《華嚴經疏》云：

> 言遠行者，通有四義：《成唯識》云：「至無相住功用後邊，出過世間二乘道故。」此有三義，同於本分，已如前釋。……《攝大乘》云：「至功用行最後邊者」，但是一義。世親釋云：「雖一切相不能動搖，而於無相猶名有行者」，此解功用之言。謂起功用，住無相故。……雖有四義，然通有二義，立遠行名：一、從前遠來至功用邊；二、此功用行邊，能遠去後位故。〔註10〕

根據《成唯識論》的說法，遠行具有三義：「一、善修無相，到無相邊，故名遠行；二、功用至極，故名遠行；三、望前超過，故名遠行。」〔註11〕此三義，結歸為二義，第一義即是從前遠來至功用邊，是前行義；第二、三義，即是此功用行邊，能遠去後位，是後遠義。《攝大乘論》的論本與世親的釋本，是後遠義，指七地菩薩已到達了有功用行的最後邊際，進入第八地，就是無功用行。此時菩薩修行已進入無相行，遠離世間及二乘的有相行，不為一切相所動搖，但仍是有功用，故稱無相有功用行。七地的地位很特殊，如二國中間的甌脫地帶，七地以前是有相行，有相有功用行；七地是無相有功用行；八地則是無相無功用行。

以上四地的釋名中，法藏與澄觀的差異在四地。法藏只引用了諸部經論的說法，並沒有分類及具體的說明；澄觀則較具系統性，將其釋名歸納為入地、地中、地滿三義，而且此三階段所證得的智慧，與所斷除的煩惱也有所不同。

三、斷障

斷障中，所引用的論書以《成唯識論》為主。四地的斷障，《華嚴經疏》云：

> 然所燒煩惱，即所離微細煩惱現行障，謂所知障中俱生一分，亦攝定愛法愛。菩提分法，特違於彼，故能燒之。由斯四地說斷二愚及彼麁重：一、等至愛愚，味八定故；二、法愛愚，即解法慢。今得

〔註10〕《華嚴經疏》卷41，《大正藏》冊35，頁814中。
〔註11〕《演義鈔》卷68，《大正藏》冊36，頁545上。

無漏定及無漏教，故違於彼。〔註12〕

微細煩惱現行障，即俱生所知障的一部分，也包括所知障對禪定的貪愛與對法的貪愛。定愛與法愛在三地中還在增強，到了四地與菩提分法相違，才能永遠斷除。四地能斷除二愚及其粗重：「等至愛愚」，即是對禪定的貪愛所伴隨之愚；「法愛愚」，對法的貪愛所伴隨之愚。微細煩惱現行障乃障礙四地的菩提分法，入四地就能永遠斷除。

五地的斷障，「故此地中，斷於下乘般涅槃障者，即前四地出世，厭生死苦，樂趣涅槃，此障五地。今入真俗無差別道，便能斷之，此斷欣厭，即是二愚。」〔註13〕於下乘般涅槃障，即俱生所知障的一部分，使人厭惡生死，欣樂涅槃，此障五地的無分別道，入五地就能永遠斷除。五地能斷除二愚及其粗重：「純作意背生死愚」，即是厭惡生死之愚；「純作意向涅槃愚」，即是欣樂涅槃之愚。〔註14〕

六地的斷障，《華嚴經疏》云：

> 故所斷障，亦斷染淨，《唯識》名為麤相現行障，謂所知障中俱生一分，執有染淨麤相現行，彼障六地無染淨道，入六地時，便能永斷，以觀十平等故。由斯六地說斷二愚及彼麤重：一、現觀察行流轉愚，即是此中執有染者，諸行流轉，染分攝故。二、相多現行愚，即是此中執有淨相故，相觀多行，未能多時住無相觀。初愚即執苦集，後愚即執滅道，本分名微細煩惱習者，執細染淨，即是煩惱，形於前地，故說為微，唯識形後，名為麤相。〔註15〕

六地斷障的名稱，《十地經論》稱為微煩惱習障，《成唯識論》稱為麤相現行障。麤相現行障，即俱生所知障的一部分，乃執著於苦集之染及滅道之淨等麤相而現行之障，能障無染淨妙道，進入六地以觀十平等便能永遠斷除。六地能斷除二愚及其粗重：「現觀察行流轉愚」，執著有污染現象之愚，屬於諸行流轉的染分；「相多現行愚」，執著有清淨現象之愚，而不知執取清淨現象是有相觀，稱為「相觀多行」，不能常時安住於無相觀。以四諦而言，現觀察行流轉愚執著於苦集二諦，相多現行愚執著於滅道二諦。

七地的斷障，《華嚴經疏》云：

〔註12〕《華嚴經疏》卷37，《大正藏》冊35，頁789上。
〔註13〕《華嚴經疏》卷38，《大正藏》冊35，頁795下。
〔註14〕參見《成唯識論》卷9，《大正藏》冊31，頁53上～中。
〔註15〕《華嚴經疏》卷39，《大正藏》冊35，頁800下。

然其能遠去行，正是無相，故所離障，離細相現行障，謂六地執
生滅細相現行故，此生滅相，即是二愚：一、細相現行愚，謂執
有緣生流轉細生相故。二、純作意求無相愚，即執有細還滅相故，
以純作意於無相勤求，未能空中起有勝行，至此地中，方能斷之。
〔註16〕
細相現行障，即俱生所知障的一部分，執有生滅之細相現行，此障妙空無相
之道，入七地就能永遠斷除。七地能斷除二愚及其粗重：「細相現行愚」，於
一切法執有生相，執取流轉生死的微細生相；「純作意求無相愚」，於一切法
執有滅相，執取還滅的微細滅相，純於無相作意勤求，不能於無相空理之中
而起有勝行。

四、證理

　　證理中，所引用的論書以《成唯識論》為主。四地的證理，「由此證得無
攝受真如，謂此真如，無所繫屬，非我執等所依取故，得此真如，寧有定法
之愛。」〔註17〕四地證得無攝受真如，無攝受即無所繫屬，對於法、禪定的
執著已經斷除，已不成為執著的對象。

　　五地的證理，「由此證得類無差別真如，一約生死涅槃皆平等故。」〔註18〕
五地證得類無差別真如，即生死與涅槃不二，迷悟一如，無有差別。

　　六地的證理，「由斷此愚，便證無染淨真如，謂此真如本性無染，亦不可
說後方淨故。《攝論》名為無染淨法界。」〔註19〕六地證無染淨真如，即真如
之本性已超越了染淨，不能說修證後才清淨。

　　七地的證理，「以常在無相，故不執生，更不作意勤求無相，故能證得法
無差別真如，以了種種教法，同真無相故。」〔註20〕七地證得法無差別真如，
即是了達種種法，無生滅之相，故稱真如無相，其體為一，而無別相。

五、成行

　　成行中，未引用經論來證成。四地的成行，「便能成菩提分行，及不住道

〔註16〕　《華嚴經疏》卷41，《大正藏》冊35，頁814中～下。
〔註17〕　《華嚴經疏》卷37，《大正藏》冊35，頁789上。
〔註18〕　《華嚴經疏》卷38，《大正藏》冊35，頁795下。
〔註19〕　《華嚴經疏》卷39，《大正藏》冊35，頁800下。
〔註20〕　《華嚴經疏》卷41，《大正藏》冊35，頁814下。

行，精進不退。」〔註21〕四地修行的成就，即是成就三十七菩提分增上慧行，以及不住道行。

五地的成行，「其所成行，亦成二種：謂諸諦增上慧行、五明處教化行。」〔註22〕五地修行的成就，包括自利、利他二種，即自利的諸諦增上慧行，及利他的五明教化眾生。

六地的成行，「後成般若行。」〔註23〕六地修行的成就，十度中屬於般若波羅蜜增勝。

七地的成行，「以能空中起有勝行，故成方便度，二行雙行。」〔註24〕七地斷障證理，能於空中起有勝行，即於真俗二諦，成就雙行無相行。於真觀中，便起俗觀；於俗觀中，便起真觀；亦即於無相空方便中，發起有中殊勝行。七地修行的成就，十度中屬於方便波羅蜜，能於空中起有的雙行無相行，故稱二行雙行。

六、得果

得果中，所引用的論書以《梁釋論》為主。四地的得果，「由達無攝受真如，便得攝生之果。」〔註25〕四地證得無攝受真如，不繫屬任何事物，不是我執等的所依和所取，故得果不為我攝，才能攝化一切眾生。

五地的得果，「此二無礙，故得無差別法身之果，皆義旨相順。」〔註26〕五地證得類無差別真如，生死涅槃不二，故得無差別法身果。

六地的得果，「亦得自他相續無染淨果。」〔註27〕六地證得無染淨真如，通達無染淨法界，故得無染淨果。

七地的得果，「乃至亦得無相之果，故知以純無相不礙起行，為此地別義。」〔註28〕七地證得法無差別真如，通達種種法功德無別，得無相果，故知無相不礙起殊勝行。

〔註21〕《華嚴經疏》卷37，《大正藏》冊35，頁789上。
〔註22〕《華嚴經疏》卷38，《大正藏》冊35，頁795下。
〔註23〕《華嚴經疏》卷39，《大正藏》冊35，頁800下。
〔註24〕《華嚴經疏》卷41，《大正藏》冊35，頁814下。
〔註25〕《華嚴經疏》卷37，《大正藏》冊35，頁789上。
〔註26〕《華嚴經疏》卷38，《大正藏》冊35，頁795下。
〔註27〕《華嚴經疏》卷39，《大正藏》冊35，頁800下。
〔註28〕《華嚴經疏》卷41，《大正藏》冊35，頁814下。

第二節　遠離所知障及其對治法門

何謂所知障呢？所知障，是指對一切所知及菩提的障礙，又名智障或智礙。根據《成唯識論》云：「所知障者，謂執遍計所執實法薩迦耶見而爲上首，見、疑、無明、愛、恚、慢等，覆所知境無顛倒性，能障菩提，名所知障。」〔註29〕所知障是以法執爲首，包括惡見、疑、無明、愛、瞋恚、慢等諸法，此法並無發業潤生之作用，但能遮蔽所知境的眞實性而令其暗昧，障礙菩提妙智。

澄觀依據慧遠之說法，將四至七地的入地障礙，稱爲智障。《大乘義章》云：「云何斷智？四五六地，觀空破有，捨離分別取有之智，故《地論》中廣明：四地觀察諸法不生不滅，捨離分別解法慢心；第五地中，觀察三世佛法平等，捨離分別身淨慢心；第六地中，觀法平等，捨離分別染淨慢心，此皆觀空，破取有心；第七地中，觀諸法如，捨前分別取空之心，離如是等，名斷智障。」〔註30〕四至六地的菩薩，寄位在二乘法，執著法有，故觀空以破有，斷除分別取有之心，應捨離解法慢、身淨慢、染淨慢；七地的菩薩，寄位在菩薩法，執著於般若空，故應遠離細相現行障，斷除分別取無之心。所以，四至七地，斷除分別取有無之心，這些都是屬於所知障，爲入地的障礙，能障菩提妙智，於入地前或初入地斷除。其對治的方法，分別爲：十智、如道行、十種平等法、十種方便慧。

一、四地：遠離解法慢——十智對治

在前三地已介紹了菩薩必須發廣大心，才能入地；但從四地以後，菩薩必須要起而觀行，才能入地。「觀能生慧，成佛不能單靠定，所以菩薩要修觀求慧。」〔註31〕三學中，前三地爲世間人天乘，已修習戒定二學；從四地至佛地，爲出世間三乘、出出世間一乘，開始修習慧學。三地菩薩已修習圓滿，欲入第四地，當生起十種觀法，即是修習十法明門，此十法明門即是入地心：「所謂觀察眾生界、觀察法界、觀察世界、觀察虛空界、觀察識界、觀察欲界、觀察色界、觀察無色界、觀察廣心信解界、觀察大心信解

〔註29〕《成唯識論》卷9，《大正藏》冊31，頁48下。
〔註30〕《大乘義章》卷5，《大正藏》冊44，頁564上。
〔註31〕劉萬然：《十地經導讀》（台北：全佛文化事業有限公司，1999年5月），頁220。

界。」〔註32〕《十地經》稱爲十法明入，六十、八十《華嚴》稱爲十法明門。「門」是通入之義，故與《十地經》的「入」是名異而實同。「明」是能入之門，「法」爲所入之處，《十地經論》云：「法明入者，得證地智光明，依彼智明，入如來所說法中。」〔註33〕證地智，即四地的證智；光明，即三地的慧光。所以在三地中，已證得四地證智之前相；依四地的入地之證智，修習十法明門，才能進入第四地。

依據《十地經論》的分法，四地共有四分：「此地差別有四分：一、清淨對治修行增長因分；二、清淨分；三、對治修行增長分；四、彼果分。」〔註34〕四地的入地心爲十法明門，是趣入四地之方便因，即清淨對治修行增長因分。第二分爲清淨分，已進入住地，爲初入地出障行，攝生貴住。《華嚴經》云：

> 佛子！菩薩住此焰慧地，則能以十種智成熟法故，得彼內法，生如來家。何等爲十？所謂深心不退故、於三寶中生淨信，畢竟不壞故、觀諸行生滅故、觀諸法自性無生故、觀世間成壞故、觀因業有生故、觀生死涅槃故、觀眾生國土業故、觀前際後際故、觀無所有盡故，是爲十。〔註35〕

生貴住，是指十住的第四住，將生於佛家爲法王子，故說「此菩薩從聖教中生」。〔註36〕所以，四地的生如來家，相當於十住的生貴住。〔註37〕清淨分，即《十地經》所說「於如來家轉有勢力」。在清淨分中，總明有三句，十智、內法、生如來家，澄觀分爲三種方式來詮釋：一、按經釋。生如來家爲總相，十智爲能生因，內法爲所生家。「十智」成熟，除滅三地解法智障，攝四地出世勝智；「內法」，契於法體，以證性故；「如來家」，十法即如來所說教化之法，此地寄於出世間之首，故名爲「生」。二、辨家不同。如來家有三種：菩提心家，初住即生；大教家，四住即生；法界家，初地證故生。此處

〔註32〕八十《華嚴》卷36，《大正藏》冊10，頁189下。
〔註33〕《十地經論》卷6，《大正藏》冊26，頁159中。
〔註34〕《十地經論》卷6，《大正藏》冊26，頁159中。
〔註35〕八十《華嚴》卷36，《大正藏》冊10，頁189下。
〔註36〕八十《華嚴》卷16，《大正藏》冊10，頁84下。
〔註37〕釋印順：「『華嚴十住』的影響，仍多少保留在『十地品』裏。……『生如來家』，是十住的『生貴住』。」《初期大乘佛教之起源與開展》，頁1079～1080。
參見釋日慧：《華嚴法海微波‧下》（台北：慧炬出版社，2000年12月），頁370～374。

是指第二種說法攝四住，以智契教法，合於法界。三、會論釋。《瑜伽師地論》、《十地經》皆說，初地已生如來家，再依二三地起修方便，已有勢力，於第四地依前三地所證得之多聞智，而成就出世間智，故云「轉有」，此中智契，即證得無行無生行慧光。〔註38〕在清淨分中「辨家不同」，法藏只有法界家，即初地生在佛家；澄觀則說如來家有三種，這三種中主要突顯第二種「四地的生如來家」，相當於十住的生貴住，故四地的如來家攝四住的生貴住，這是澄觀異於法藏的部分，也是其創見。由上可知，華嚴十住的思想，仍有一部分保留在〈十地品〉中，澄觀又將兩者做了連結，而有四地的如來家攝四住的生貴住。

「十智」，即是十種法智教化成熟，根據《十地經論》之分類，分為四種智教，法藏、澄觀亦承襲之，茲列舉《華嚴經疏》分述如下：

（一）自住處畢竟智：大乘是菩薩住處，深心相應為住，畢竟即是不退。

（二）同敬三寶畢竟智：證得佛法僧三寶同體，信心堅固不再退轉。以上二句，約行德差別，初句約自分，後句三寶在己之上，故約勝進。

（三）真如智：見第一義諦，證二無我。「觀諸行生滅」，證得人空；「觀諸法自性無生」，證得法空。

（四）分別說智：謂是教智，故名為說；知世諦故，名為分別。分別說智，是向眾生權宜說法的智慧，屬於後得世俗智，共有六句，主要詮釋四諦。「觀世間成壞」、「觀因業有生」，隨煩惱染，是四諦之苦諦，初句依報，次句正報，皆隨煩惱集因所生。「觀生死涅槃」有二義：一約《十地經論》，一約〈十地品〉。第一義屬染淨法，為四諦之集諦與滅諦。觀生死，指《十地經論》的「觀世間」，是煩惱染，即集諦；觀涅槃，是所有淨，即滅諦。第二義屬淨法，為四諦之滅諦。因業有生是集諦，生死涅槃雙觀苦滅是滅諦。「觀眾生國土業」、「觀前際後際」、「觀無所有盡」，是隨所淨，為四諦之道諦。初句「觀眾生國土業」，是利他行，《十地經論》為「諸佛世界中，教化眾生，自業成熟故」，〔註39〕若依論意，應翻譯為「觀諸國土化眾生業」較為合理，若翻譯為「明國土由業起故」，就容易與第六句「觀因業有生」搞混。「觀前際後際」約事、「觀無所有盡」約理，是自利行。真如智與分別說智，約智解差別，前

〔註38〕《華嚴經疏》卷37，《大正藏》冊35，頁790上。
〔註39〕《十地經論》卷6，《大正藏》冊26，頁160上。

者爲證道，後者爲教道。〔註40〕在分別說智中，澄觀與法藏之差異，即「觀生死涅槃」，法藏只有第一義染淨法，〔註41〕澄觀則多了第二義淨法，可見其注疏的視野更加寬廣，而不局限於一般的說法，而有其特殊的創見。

綜上所述，四地能除三地的解法慢，可從二處看出：四地的釋名之入地釋，初入四地之證智，能燒三地的解法慢；四地的菩薩，以十智爲能生因，證得如來的教法，入如來之家，能除三地的解法慢，故稱初入地出障行。

二、五地：遠離身淨慢──如道行對治

四地菩薩已修習圓滿，欲入第五地，當以十種平等清淨心趣入，此十種淨心即是入地心：「於過去佛法平等清淨心、未來佛法平等清淨心、現在佛法平等清淨心、戒平等清淨心、心平等清淨心、除見疑悔平等清淨心、道非道智平等清淨心、修行智見平等清淨心、於一切菩提分法上上觀察平等清淨心、教化一切眾生平等清淨心。」〔註42〕此十種淨心，《十地經論》只分爲前三明諸佛法，即三世諸佛之果法；後七明隨順諸佛法，即因法。法藏又將後七之因法，分爲前六自利，後一利他。前六自利，合之則爲戒定慧三學，離之則爲戒、定、見、度疑、道非道、行斷、思量菩提分法上上等七淨，〔註43〕澄觀亦承襲之。故此十種平等清淨心皆是淨法，分爲三世佛法之果法，及七種淨德、教化一切眾生平等清淨心之因法。

依據《十地經論》的分法，五地共有三分：「第五地中分別有三：一、勝慢對治；二、不住道行勝；三、彼果勝。」〔註44〕初分的勝慢對治，包括加行道與初住地的無間道。初分的「勝慢」，澄觀乃依據慧遠之說法，又分爲二種：「一、他地慢，謂四地中得出世智，取其勝相，名爲勝慢，今以十種淨心爲治。二、自地慢，謂於此十心希求勝相，從以爲慢，以隨順如道爲泊。」〔註45〕前三地還是世間智，到了第四地爲出世智更加殊勝。他地慢爲解法

〔註40〕參見《華嚴經疏》卷37，《大正藏》冊35，頁790上。
〔註41〕《探玄記》卷12：「次分別生死涅槃者，是集滅二諦，亦是染淨雙觀。」《大正藏》冊35，頁334下。
〔註42〕八十《華嚴》卷36，《大正藏》冊10，頁191中。
〔註43〕參見《探玄記》卷12，《大正藏》冊35，頁338下。依據慧遠《維摩義記》卷3，大小乘七淨之後二淨名稱有異，以上爲大乘七淨，小乘之後二淨爲：行淨、行斷智淨。《大正藏》冊38，頁489中。
〔註44〕《十地經論》卷7，《大正藏》冊26，頁163上。
〔註45〕《華嚴經疏》卷38，《大正藏》冊35，頁796上。

慢，是指四地得出世智，取其勝相所產生的慢心，於四地加行觀十種平等清
淨心來對治，是前段能治；自地慢爲身淨慢，是對十種平等清淨心希求勝相
而產生的慢心，於初住地無間道時，以隨順如道來對治，是後段能治。所以，
五地的勝慢對治中，他地慢是入地心，還要加行十種平等清淨心才能趣入五
地；自地慢則是進入五地之後所要去除之障礙。

　　五地菩薩如何對治身淨慢呢？即是如道行。《華嚴經》云：

> 佛子！菩薩摩訶薩住此第五地已，以善修菩提分法故，善淨深心
> 故，復轉求上勝道故，隨順眞如故，願力所持故，於一切眾生慈愍
> 不捨故，積集福智助道故，精勤修習不息故，出生善巧方便故，觀
> 察照明上上地故，受如來護念故，念智力所持故，得不退轉心。

〔註46〕

在上文中已說明了十種平等清淨心之入心，至此以下開始進入住心，此是住
心的「方便具足住」，修行十心是方便義，不退轉是住義。如道行，又稱隨順
眞如、隨順如道，或隨順如道行，已進入住心，能使深心安住，又分爲總顯
與別明兩種。「以善修菩提分法故」等四句爲總顯，是正修諸行，總名順如。
「以善修菩提分法故，善淨深心故」爲修行對治的對象，是所治，即四地菩
薩修菩提分，以前十種清淨心，得入五地，於此淨心，又希求勝相，即復是
慢。「復轉求上勝道故，隨順眞如故」爲修行之主體，是能治：初句轉求不住
道行勝爲能治，指能去除對於清淨心之執著而起諸行，即能對治五地的身淨
慢。後句雖起諸行，不退失前面十種平等深淨之心，則能隨順眞如，達到佛
所證的眞如境界。「願力所持故」以下，爲別明，顯隨順如道行，共有八種，
有九句：「願力所持」，是自利願，即修習菩提心；「於一切眾生慈愍不捨」，
是利他慈，即不疲倦心。以上二種，是起行心。「積集福智助道」，得善根
力；「精勤修習不息」，是不捨眾行；「出生善巧方便」，是善巧修行；「觀察照
明上上地」，是無厭足；「受如來護念」，得他勝力；「念智力所持故，得不退
轉心」二句爲一種，是自身得勝力。「念智力所持故」具三慧，念是聞思慧，
智即修慧；「得不退轉心」爲勝進究竟。以上六行中前三自分，後三勝進，各
分爲初、中、後三種。〔註47〕八種別明中，皆是事行，助顯眞如觀之成就。
別明八種中，《十地經論》只是分別說明此九句，法藏則增加了初二句爲起行

〔註46〕八十《華嚴》卷36，《大正藏》冊10，頁191中。
〔註47〕參見《華嚴經疏》卷38，《大正藏》冊35，頁796下。

心，餘六之前三自分，後三勝進，〔註48〕澄觀亦承襲之，又增加了餘六各分為初、中、後三種。

五地與四地皆是治慢心，但兩者之間有優劣的差別，四地是治三地的解法慢，依世間起所治較劣；五地治四地的身淨慢，依出世間起，則勝於前，故名「勝慢」。五地的菩薩，以如道行之總顯正修諸行，及別明八種事行兩種方式，證得佛所證之真如，滅除四地的身淨慢。

三、六地：遠離染淨慢──十種平等法對治

六地與五地相同，皆分為勝慢對治、不住道行勝、彼果勝三分，只是六地比五地的三分更加轉勝。第六地要遠離染淨慢，可分為所治與能治二種。所治，是指「前觀四諦，苦集名染，滅道為淨。又十平等，隨順如道，但約淨說；染相未亡，對染有淨，亦名取淨。」〔註49〕五地的染是指四諦中的苦集二諦，淨是指滅道二諦。五地之十種平等清淨心及隨順如道，皆是淨法，不能破染淨相。能治，是指「十染淨平等法」，六地以十染淨平等法來對治四諦法之染淨相。

五地的「十種平等清淨心」與六地的「觀察十平等法」，兩者之間有何差異呢？主要有三項差異，亦即六地比五地殊勝有三項：一、所治通局。五地取淨法為慢，只是偏明淨法平等是局；六地依真入俗，則是通觀染淨諸法皆悉平等是通。二、能所前後。五地舉所等以成能等，此心猶淺；六地舉能觀以入所觀，此觀則深。三、能治通局。五地通理事二者皆平等；六地則只局於一理平等，約理融真俗二諦。〔註50〕五地與六地平等之差異中，法藏只有第一義，只約所治通局之染淨法的平等，〔註51〕澄觀則增加了能所前後之觀法、能治通局之理事二義，可見其思維更加縝密與寬廣。

五地菩薩已修習圓滿，欲入第六地，當觀察十種平等法，此十心即是入地心，能對治染淨慢。《華嚴經》云：

> 一切法無相故平等，無體故平等，無生故平等，無成故平等，本來清淨故平等，無戲論故平等，無取捨故平等，寂靜故平等，如幻、如夢、如影、如響、如水中月、如鏡中像、如焰、如化故平等，

〔註48〕參見《探玄記》卷12，《大正藏》冊35，頁339上。
〔註49〕《華嚴經疏》卷39，《大正藏》冊35，頁801上。
〔註50〕參見《華嚴經疏》卷38，《大正藏》冊35，頁796上～中。
〔註51〕《探玄記》卷12，《大正藏》冊35，頁338中～下。

有、無不二故平等。〔註52〕

以上十句，即觀察十種平等法。其中「一切法無相故平等」是總體來說，「一切法」在《十地經論》則爲「十二入」，一切法包括蘊、處、界三科，其中的十二入（處）是屬於無爲法；「無相」在《十地經論》則爲「自性無相」，謂六根與六塵是緣成之相，故云自性無，因此一切法是平等的。十種平等法，具體分別有九種相，皆自性無，故《十地經論》云：「相分別對治有九種」，謂體、生等九，是其所治，無之一字是自性無，以爲能治。茲依據《華嚴經疏》分述如下：

（一）無體故平等。想取像爲體，亦自性無。《十地經》爲「一切法無想平等故」，《十地經論》則爲「十二入自相想」，即一切法是由內六根與外六塵和合產生，總名爲想，是十二入之體。無體，遣除唯識三性的「遍計所執性」，即遣除分別心。

（二）無生故平等。「生」即念展轉行相，謂一切法皆由念想之虛妄分別而產生苦果。

（三）無成故平等。「成」即生展轉行相，謂生即苦果，從苦果起集因，故云展轉。無生、無成二句，遣除「染分依他起性」，染分是苦集二諦，是依他緣而產生的。

（四）本來清淨故平等。「本來清淨」，遣除淨相，謂自性本來自淨，不是滅惑才清淨。

（五）無戲論故平等。「無戲論」，遣除分別相，謂道能分別揀擇滅惑，若有分別則有戲論，今無戲論故無分別。本來清淨、無戲論二句，遣除「淨分依他起性」，淨分是滅道二諦。

（六）無取捨故平等。「無取捨」，遣除出沒相，謂眞如之性，在妄爲沒，離垢爲出，今妄體即眞故無可捨，眞體即空故無可取。

（七）寂靜故平等。「寂靜」，遣除染相，即由上義染本寂靜，即是眞如。無取捨、寂靜二句，遣除「圓成實性」，即十二入之眞性。

（八）如幻、如夢、如影、如響、如水中月、如鏡中像、如焰、如化故平等。以上八喻，遣我非有相。前七句以無遣有，又恐眾生執無，故此句遣無。如幻夢等，但無其實，非是全無，故不應執我非有相。

（九）有無不二故平等。「有無不二」，遣除成壞相，成即是有，壞即是

〔註52〕八十《華嚴》卷37，《大正藏》冊10，頁193下。

無，緣起為成，無性為壞，緣成即無性，故有無不二。〔註53〕

《十地經論》對於六地之十種平等法，主要是以九種相對治顯現無相；法藏先自設外人之疑問，再以《十地經論》之九種相對治來顯現無相；〔註54〕澄觀除了以九種相對治顯現無相之外，又增加了七平等以無遣有，分為四意來說明。

表 6-1：七平等之四意對照表〔註55〕

七平等	唯識三性	四 諦	十二緣觀	約五法
無體故平等	遣遍計所執性	遣苦	遣染緣起	遣名、妄想
無生故平等	遣染分依他起性	遣苦	遣染緣起	遣相
無成故平等	遣染分依他起性	遣集	遣染緣起	遣相
本來清淨故平等	遣淨分依他起性	遣滅（滅惑）	遣淨緣起	遣相
無戲論故平等	遣淨分依他起性	遣道	遣淨緣起	遣正智
無取捨故平等	遣圓成實性	遣滅（滅理）	遣淨緣起	遣如如
寂靜故平等	遣圓成實性	遣滅（滅理）	雙遣染淨	遣如如

澄觀將七平等以無遣有，又分為四意之用意何在呢？六地屬於出世間二乘，為破五地之慢，慢依四諦而起；為進觀六地，六地有十二緣觀，故遣除二乘之四諦、十二緣觀。大乘的唯識三性、《瑜伽師地論》五種迷悟法之自體，此三性與五法具有相攝關係，亦予以遣除。以上說明七平等是無自性故一切法平等，遣除大小乘有為法之執著。所以，四諦、十二緣觀是約二乘，三性、五法是約大乘的面向，予以遣除其有為法之執著，而達到一切法平等。

以上別說九句中，初七句以無遣有，次一句以喻遣無，後一句不二遣俱，則雙非入中道。亦即遣三會一，遣有、遣無、俱有無，會非有非無而入中道。六地菩薩於入地時，觀十種平等法，遠離五地染淨慢，隨順平等真如法去作意觀察，以無分別心，得入六地。

根據《仁王護國般若波羅蜜多經》，菩薩有五忍：伏忍、信忍、順忍、無

〔註53〕參見《華嚴經疏》卷39，《大正藏》冊35，頁801上～下。
〔註54〕參見《探玄記》卷13，《大正藏》冊35，頁343上～下。
〔註55〕參見《演義鈔》卷64，《大正藏》冊36，頁511中。

生忍、寂滅忍，前四忍皆有上中下品，〔註56〕其中四至六地爲順忍，六地爲上品順忍，又稱明利隨順忍。六地是上品，治於細慢，故稱明利；隨順，順後無生忍，第七地即是無生忍。四至六地皆遠離慢心，但慢有粗細之別，故忍又分爲三品：四地治三地的解法慢，依世間起，此慢最粗，得下品忍；五地治四地的身淨慢，依出世間起，已趨於漸細，得中品忍；六地治五地的染淨慢，依世間、出世間起，此慢最細，得上品忍。亦即隨著每一地之階位上升，其所對治之煩惱，亦隨之而細，故稱爲「後後細於前前」。

表6-2：四至六地順忍之遠離慢障及其對治法門

出世間二乘	順忍	遠離三慢	所對治煩惱	對治法門
四地	下品忍	眾生我慢、解法慢	世間法（染法）	十智
五地	中品忍	身淨慢	出世間法（淨法）	如道行
六地	上品忍	染淨慢	世間法、出世間法（染淨法）	十平等法

四、七地：遠離細相現行障——十種方便慧對治

依據《十地經論》的分法，七地共有五分：「一、樂無作行對治差別；二、彼障對治差別；三、雙行差別；四、前上地勝差別；五、彼果差別。」〔註57〕其中第一分「樂無作行對治差別」，即是趣地方便，修習十種方便慧，爲入地心。樂無作，即是六地已證得般若現前，而樂著於三空，不能於空中起有勝行，產生了細相現行障，故以十種方便慧來對治，亦即以隨有而不著空來對治，以達到「空有不二」的境地。

六地菩薩已修習圓滿，欲入第七地，當修習十種方便慧，即是入地心，《華嚴經》云：

> 雖善修空、無相、無願三昧，而慈悲不捨眾生；雖得諸佛平等法，
> 而樂常供養佛；雖入觀空智門，而勤集福德；雖遠離三界，而莊嚴
> 三界；雖畢竟寂滅諸煩惱焰，而能爲一切眾生起滅貪、瞋、癡煩惱
> 焰；雖知諸法如幻、如夢、如影、如響、如焰、如化、如水中月、
> 如鏡中像、自性無二，而隨心作業無量差別；雖知一切國土猶如虛
> 空，而能以清淨妙行莊嚴佛土；雖知諸佛法身本性無身，而以相好

〔註56〕參見《仁王護國般若波羅蜜多經》卷上，《大正藏》冊8，頁836中。
〔註57〕《十地經論》卷9，《大正藏》冊26，頁173下。

莊嚴其身；雖知諸佛音聲性空寂滅不可言說，而能隨一切眾生出種
種差別清淨音聲；雖隨諸佛了知三世唯是一念，而隨眾生意解分別，
以種種相、種種時、種種劫數，而修諸行。〔註58〕

上文之十種方便慧，其形式皆為「雖」……「而」……，每一句皆有二義：「雖」
是上句，治凡夫，觀空；「而」是下句，治小乘，起行。上句攝取下句，即成
空中方便慧，不滯小乘；下句攝取上句，即成有中殊勝行，不滯凡夫，故每
一句的組合皆為不滯空有。根據《十地經論》的說法，攝此十種方便慧為四
種功德，其中前三各一，後七合而為一，法藏、澄觀亦承襲之，但將《十地
經論》前二句之順序與功德做了調整，〔註59〕茲依據《華嚴經疏》分述如下：
（一）護惡行因事。菩薩之惡行有二種：不樂利樂、起愛見。菩薩「善修空、
無相、無願三昧」，故無愛見，不染著世間的貪愛；「慈悲不捨眾生」，故能利
樂有情眾生。今菩薩無二惡行，故遠離愛見不利樂之因事。（二）財及身勝因
事。「樂常供養佛」，由供佛故，獲財及身；「得諸佛平等法」，二事皆勝。勝
財則隨物所須，勝身則隨意所取，此二皆勝，能集助道功德。（三）護善根因
事。「善根」即勤集福德為菩提資糧，今以空智而集，是得彼勝因增上，令所
集功德法，皆成增上波羅蜜行。以上三句皆為自利。（四）攝眾生因事，共有
七句，是為利他。初句隨物受生，次二句化令離障，後四句攝令住善。

1. 隨物受生，即是願力受生：菩薩為眾生之上首，故須住於世間莊嚴三
   界，但是菩薩受生三界是由願力而生非由業惑，故云遠離三界。

2. 化令離障，又分為說對治故、為滅智障故二句。「說對治故」，指菩薩
   示現貪、瞋、癡等煩惱焰，欲令眾生治斷而知性寂，方為第一義治。「為
   滅智障故」，指菩薩在五地隨世智中，以四種世間智慧，對治四障：以
   「書」治「所用事中忘障」；以「論」治「邪見軟智障」；以「印」治
   「所取物中不守護障」；以「算數」治「取與生疑障」。故隨眾生心，
   而以書論等無量事業，而為能治。

〔註58〕八十《華嚴》卷37，《大正藏》冊10，頁196上～中。
〔註59〕《十地經論》之第一種功德「財及身勝因事」，對應於第一句「善修空、無相、
　　　無願，而集大功德助道」；第二種功德「護惡行因事」，對應於第二句「入諸
　　　法無我、無壽命、無眾生，而不捨起四無量」。《探玄記》之第一種功德「護
　　　惡行因事」，對應於第一句「善修空、無相、無願，而以慈悲心處在眾生」；
　　　第二種功德「財及身勝因事」，對應於第二句「隨諸佛平等法，而不捨供養諸
　　　佛。」參見《十地經論》卷9，《大正藏》冊26，頁173下～174上。《探玄記》
　　　卷13，《大正藏》冊35，頁355上。

3. 攝令住善，又分爲於大法眾會集故、身業、口業、意業四句。「於大法眾會集故」，指於大法諸上善人聚集，爲眾生而現莊嚴佛土行，此明依報。「身業」，指菩薩從登地以上，分證法身，無身現身，令生五福，見約眼、聞約耳、親近約身、供養捨財、修行通三業，自身無身，同佛法身。「口業」，指說法轉法輪。「意業」，指於無長（三世）短（一念）之中，隨問善釋，記三世事，起三世行。以上三明正報，以身口意三業來度化眾生。〔註60〕

　　菩薩以十種方便慧起殊勝行，不滯空有，能對治六地的樂無作行，而進入第七地。第六地與第七地的差異：第六地樂無作，不名方便，不能起增上行，非殊勝道；第七地以十種方便治前樂心，名方便慧，能攝取增上行，故名起殊勝道。即有修空故不住空，是空中方便慧；即空涉有故不住有，是有中殊勝道；道即行，所行殊勝故名增上行。〔註61〕

第三節　精勤修行

　　在第二節中，曾探討四地菩薩須修習十法明門，五地須具足十種平等清淨心，六地須觀察十種平等法，七地則修習十種方便慧才能入地，此十法是入地心，故四至七地的菩薩必須起而觀行，才能入地。四至七地於入地前或初入地，要遠離入地之諸障道法，接著在住地心還要精勤修行。精勤修行，指四地必須勤修三十七菩提分、五地勤修四諦、六地勤修十二因緣、七地圓修一切菩提分法，此時已進入正住地。四至七地的菩薩已歷經了入地心、住地心的階段，接著還要精勤修行，才能證得佛果。四至七地的精勤修行中，四地菩薩勤修三十七菩提分，即是修七類共三十七種助道法；五地菩薩勤修四諦，分爲四諦實法分別、十觀門化生差別；六地菩薩勤修十二因緣，分別闡述相諦差別觀的十門；七地菩薩圓修一切菩提分法，分爲十波羅蜜、一切菩提分法、勝前勝後三種。

一、四地：勤修三十七菩提分

　　三十七菩提分，舊譯作三十七道品，也有稱爲三十七覺分、三十七助道

〔註60〕參見《華嚴經疏》卷41，《大正藏》冊35，頁815上～中。
〔註61〕參見《華嚴經疏》卷41，《大正藏》冊35，頁815上。

法等異名,修此三十七種法門是趣向菩提之行。三十七菩提分,通於小乘的聲聞法,亦通於大乘的菩薩法,此處是指大乘法。〔註62〕「菩提」,舊譯作道,新譯作覺;「分」是支分,又是因義。三十七菩提分,總計有七類共三十七個項目:對治顚倒道即四念處、斷諸懈怠道即四正勤、引發神通道即四神足、現觀方便道即五根、親近現觀道即五力、現觀自體道即七覺分、現觀後起道即八正道。〔註63〕三十七菩提分,《十地經論》並沒有對此做解釋,法藏與澄觀之詮釋並無太多交集,茲依據《華嚴經疏》分述如下:

(一)四念處

四念處,又稱四念住,「四」即身、受、心、法,「念」即念慧,身等爲其念慧所安住處,故亦名「念住」。〔註64〕四念處對治顚倒道,即觀身不淨、觀受是苦、觀心無常、觀法無我,乃對治常、樂、我、淨四顚倒妄見的觀法。《華嚴經》云:

> 佛子!菩薩住此第四地,觀內身,循身觀,勤勇念知,除世間貪憂;
> 觀外身,循身觀,勤勇念知,除世間貪憂;觀內外身,循身觀,勤
> 勇念知,除世間貪憂。〔註65〕

別觀四念處中,今舉身念處爲例。身念處,包括觀內身、外身、內外身三種,澄觀列舉《大智度論》的二例來說明:一、三人對治各別。有人著內情,有人著外情,有人則內外二俱著,破此三邪,成三正行。二、一人起觀始終。先觀內身求淨不可得,次觀外身復不可得,又內外俱觀亦不可得。〔註66〕循身觀之「循」具有二義:一爲尋義,遍尋自身中有種子、住處、自體、外相、究竟等五種不淨,審諦觀察本質身;二爲隨義,雖閉上眼睛,了見身之影像,隨順本質相似性,觀察分別影像身。循身觀是總顯修相,此處是指影像身。「勤勇念知」,顯修之儀,以貪爲五蓋之本,及憂受爲五受之一,偏能障定,此二

〔註62〕《華嚴經疏》卷37:「若準《智論》,但三十七無所不攝,即無量道品,亦在其中;如分別四諦,有無量相;但心行,大小不同;《淨名》云:道品是道場,是法身因。《大集》名菩薩寶炬陀羅尼。《涅槃》云:若人能觀八正道,即見佛性,名得醍醐,皆約大說。」《大正藏》冊35,頁790下。澄觀分別從立理、引證、揀差別、廣證大義等四方面,來說明三十七菩提分屬於大乘法。

〔註63〕參見《華嚴經疏》卷37,《大正藏》冊35,頁790下~791上。

〔註64〕參見《華嚴經疏》卷37,《大正藏》冊35,頁791上。

〔註65〕八十《華嚴》卷36,《大正藏》冊10,頁189下。

〔註66〕參見《華嚴經疏》卷37,《大正藏》冊35,頁791下。

惡習，離之甚難，故須精勤方能去除，其具體方法即欲勤策勵，勇猛不息，明記不忘，決斷無悔。〔註67〕其餘受、心、法三念處，亦如是觀。

（二）四正勤

四正勤，又稱四正斷，「斷」即是斷除懈怠、放逸。所以，四正勤是以四種觀法達到「斷惡、修善」的目的。《華嚴經》云：

> 復次，此菩薩未生諸惡不善法，爲不生故，欲生，勤精進，發心正斷；已生諸惡不善法，爲斷故，欲生，勤精進，發心正斷；未生諸善法，爲生故，欲生，勤精進，發心正行；已生諸善法，爲住不失故，修令增廣故，欲生，勤精進，發心正行。〔註68〕

四正勤之來意，指四念智如火，勤力如風，智得勤力，則惡法無所不燒。四正勤是以善十一中的精進爲其自體，〔註69〕故總名勤。四正勤的前二勤斷二惡，是止惡行；後二勤修二善，是作善行。所以，四正勤，其實是止持門與作持門，一爲消極的止惡，一爲積極的行善。四勤中，每一勤皆有四句，今舉一勤爲例，「未生不善法」，是所緣；「爲不生故」，明修觀意；「欲生」，起希願心，是修習依止，即增上意樂圓滿；「勤精進，發心正斷」，正顯修習，即加行圓滿。〔註70〕勤精進，是指常自策勵而不懈怠；發心正斷，即以策心、持心對治昏沉及掉舉。〔註71〕其餘三勤，亦如是觀。

（三）四神足

四神足，又稱四如意足，即所欲如心，能神通自在。四神足，是由欲（猛利樂欲）、勤（精進無間）、心（定）、觀（慧）四法之力所引發，現起四種神通的禪定。《華嚴經》云：

> 復次，此菩薩修行欲定，斷行，成就神足，依止厭、依止離、依止

〔註67〕參見《華嚴經疏》卷37，《大正藏》冊35，頁791下～792上。

〔註68〕八十《華嚴》卷36，《大正藏》冊10，頁189下。

〔註69〕五位百法，包括：八種心王、五十一種心所、十一種色法、二十四種心不相應行法、六種無爲法。善心所是五十一心所的其中十一種。《大乘百法明門論》：「善十一者：一、信；二、精進；三、慚；四、愧；五、無貪；六、無瞋；七、無癡；八、輕安；九、不放逸；十、行捨；十一、不害。」《大正藏》冊31，頁855中。

〔註70〕參見《華嚴經疏》卷37，《大正藏》冊35，頁792上～中。

〔註71〕在對治惡不善法或修習善法觀行時，發生沉沒（昏沉）的現象，就用淨妙等作意，策練其心，令高舉；發生掉舉的現象，就用內證略攝門，制持其心，令下沉。參見《演義鈔》卷62，《大正藏》冊36，頁500中。

滅，迴向於捨；修行精進定、心定、觀定，斷行，成就神足，依止
厭、依止離、依止滅，迴向於捨。〔註72〕

四神足之來意，指四勤過猛產生散亂，四念智火微弱，故須四定來制止，才
能所欲自在。四神足，包括欲定斷行成就神足、勤（精進）定斷行成就神
足、心定斷行成就神足、觀定斷行成就神足，簡稱欲神足、勤神足、心神
足、觀神足。四神足中，今舉欲神足為例。由欲增上力，斷除惡不善法，修
習善法，證得心一境性，名為欲定。欲定修習，指修習斷行，為總顯修相，
有二種：一能斷現行諸惑障；二為了要永斷所有隨眠，修八種斷行，又稱八
種勝行，謂欲、勤、信、安、念、正知、思、捨，才能使三摩地圓滿成辦，
便是欲神足。欲定的修習，還包括「依止厭、依止離、依止滅，迴向於捨」
為通顯修相，四神足緣四諦而修，就是不斷地修厭苦、離欲、證道滅苦，迴
向於捨離眾苦而趣向涅槃。〔註73〕其餘三神足，亦如是觀。

（四）五根

五根，又稱五無漏根。「根」具有增上之義：此五根能生起出世間法，故
為增上；前四根復能起後，信為上首能起後四、進起後三、念起後二、定
起後一，最後的慧根，唯望出世，而有增上。〔註74〕《華嚴經》云：「復次，
此菩薩修行信根，依止厭、依止離、依止滅，迴向於捨；修行精進根、念
根、定根、慧根，依止厭、依止離、依止滅，迴向於捨。」〔註75〕五根中，
今舉信根為例。所謂信根，即於諦實，深忍樂欲；其餘四根，於諸諦生起
忍可後，為覺悟故，策勤而行，明記不忘，繫緣一境，揀擇是非。信心為入
道的要門，故始入佛法，已具有信心，但定慧不具足，不名為根。三十七
菩提分中，先有四念處、四正勤、四神足三科之修習，接著修習五根則定慧
具足，此時信根堅固不可拔除。五根中的「念」，即四念處；「進」，即四正
勤；「定」即四神足；「慧」即緣四諦慧。故前三科，總名為根。〔註76〕五根
即現觀方便道，乃是依據《雜集論》云：「五根所緣境者，謂四聖諦，由諦現
觀方便所攝，作此行故。」〔註77〕五根屬於忍法位，忍可諦理，修印順定，

〔註72〕八十《華嚴》卷36，《大正藏》冊10，頁189下～190上。
〔註73〕參見《華嚴經疏》卷37，《大正藏》冊35，頁792中～下。
〔註74〕參見《華嚴經疏》卷37，《大正藏》冊35，頁792下。
〔註75〕八十《華嚴》卷36，《大正藏》冊10，頁190上。
〔註76〕參見《華嚴經疏》卷37，《大正藏》冊35，頁792下。
〔註77〕《雜集論》卷10，《大正藏》冊31，頁740中。

故爲方便。

（五）五力

五力，指由五根之增長，所產生之五種聖道之力用。《華嚴經》云：「復次，此菩薩修行信力，依止厭、依止離、依止滅，迴向於捨；修行精進力、念力、定力、慧力，依止厭、依止離、依止滅，迴向於捨。」〔註 78〕五根與五力有何不同呢？根據《阿毘達磨大毘婆沙論》的說法，根與力之差異有三種，〔註 79〕澄觀則取第三種「勢用增上義是根，不可屈伏義是力」。澄觀又將「力」分爲二義：一、不爲他伏。由於前五根增長，外則不被天、魔、沙門、婆羅門等所屈伏。二、能伏於他。根據《雜集論》的說法，五力所緣境等，和五根相似，但果有差別，內則能屈伏不信等諸煩惱。〔註 80〕五力即親近現觀道，與五根之差別，即能破諸煩惱，非世惑所能屈伏，進入世第一法位，接近見道位。

（六）七覺分

七覺分，又稱七覺支、七覺意、七菩提分。覺，即覺了，此七者於佛道修行時，能以智慧覺了簡擇諸法。《華嚴經》云：

> 復次，此菩薩修行念覺分，依止厭、依止離、依止滅，迴向於捨；
> 修行擇法覺分、精進覺分、喜覺分、猗覺分、定覺分、捨覺分，依
> 止厭、依止離、依止滅，迴向於捨。〔註81〕

七覺分中，七支皆爲自體，但只有擇法一支爲覺體，餘六爲覺分。「念」是所依支，由繫念故，令諸善法皆不忘失。「擇法」是自體支，覺的自相。「精進」是出離支，由此精進努力，能達到所欲到之處。「喜」是利益支，由心勇悅，而身調適。「猗、定、捨」三支，是不染污支：猗即輕安，謂由輕安，能除麁重過失；定者，謂依止定，得到轉依；捨者，謂行捨平等，永除貪憂。七覺的修學內容，可歸納定慧二學：「念」通定慧；「擇法、進、喜」是慧學；「猗、定、捨」爲定學。〔註82〕七覺分，即親近自體道，今依照《雜集論》、《瑜伽

〔註78〕八十《華嚴》卷36，《大正藏》冊10，頁190上。

〔註79〕《阿毘達磨大毘婆沙論》卷141：「問：何緣此五，名根名力？答：能生善法故名根，能破惡法故名力。有說：不可傾動名根，能摧伏他名力。有說：勢用增上義是根，不可屈伏義是力。」《大正藏》冊27，頁726中。

〔註80〕參見《演義鈔》卷62，《大正藏》冊36，頁502上。

〔註81〕八十《華嚴》卷36，《大正藏》冊10，頁190上。

〔註82〕參見《華嚴經疏》卷37，《大正藏》冊35，頁793上。

師地論》的說法，七覺支是見道自體，斷見道諸煩惱，入見道位。〔註83〕

（七）八正道

八正道是八種通向涅槃解脫之道，爲三十七道品中最能代表佛教的實踐法門，強調戒定慧三學之佛教實踐綱領，是四聖諦中道諦的內容。離八邪，故名爲八正；開通涅槃，故名爲道；亦云八聖道，八種聖者之道。〔註84〕《華嚴經》云：

> 復次，此菩薩修行正見，依止厭、依止離、依止滅，迴向於捨；修行正思惟、正語、正業、正命、正精進、正念、正定，依止厭、依止離、依止滅，迴向於捨。〔註85〕

八正自體，即正見等八支。「正見」，是分別支，依前見道所證，起眞實揀擇。「正思惟」，是誨示他支，如其所證，方便善巧安立名言，以教誨開示他人。正語、正業、正命是令他信支：「正語」，善依所證，問答決擇，令他信有見清淨；「正業」，身業進止，正行具足，令他信有戒清淨；「正命」，如法乞求，依聖種住，離五邪命，令他信有命清淨。「正精進」，是淨煩惱障支，由此永斷一切煩惱結。「正念」，是淨隨煩惱支，由不忘失正止、正舉、正捨相，永不容受昏沈掉舉等隨煩惱。「正定」，是能淨最勝功德障支，由此引發神通等無量勝功德。八正道的修學內容，可歸納爲三類，即戒定慧三學：正語、正業、正命是戒學；正念、正定是定學；正見、正思惟、正精進是慧學。三學中，定慧二學，大同於諸品，但更加增勝，戒學則是新增部分，是前六類所未有。〔註86〕八正道，即現觀後起道，斷修道諸煩惱，進入

〔註83〕關於七覺分與八正道，何者是見道位、修道位各經論有所不同。(1)《雜集論》、《瑜伽師地論》主張，以七覺分爲見道位，八正道爲修道位。《雜集論》卷10：「七覺支所緣境者，謂四聖諦如實性。……八聖道支所緣境者，謂即此後時四聖諦如實性。由見道後所緣境界，即先所見諸諦如實性爲體故。」《大正藏》冊31，頁740下～741上。《瑜伽師地論》卷29：「彼於爾時，最初獲得七覺支故，名初有學。見聖諦迹，已永斷滅見道所斷一切煩惱，唯餘修道所斷煩惱。爲斷彼故，修習三蘊所攝八支聖道。」《大正藏》冊30，頁445上。(2)《俱舍論》、《大智度論》主張，以八正道爲見道位，七覺分爲修道位。《俱舍論》卷25：「修道位中近菩提故，助覺勝故說覺支增，見道位中速疾而轉，通行勝故說道支增。」《大正藏》冊29，頁132下。《大智度論》卷19：「修道用，故名覺；見道用，故名道。」《大正藏》冊25，頁198中。

〔註84〕參見《華嚴經疏》卷37，《大正藏》冊35，頁793上。

〔註85〕八十《華嚴》卷36，《大正藏》冊10，頁190上。

〔註86〕參見《華嚴經疏》卷37，《大正藏》冊35，頁793上～中。

修道位。

三十七菩提分中，以十法而爲根本，謂信、戒、念、精進、定、慧、除、喜、捨、思惟。其中信二（信根、信力）、戒三（八正道的正語、正業、正命）、念四（念根、念力、七覺分的念覺、八正道的正念）、精進八（四正勤共四、精進根、精進力、精進覺分、正精進）、定八（四神足共四、定根、定力、定覺分、正定）、慧八（四念處共四、慧根、慧力、擇法覺分、正見），除、喜、捨、思惟各一，故成三十七品。又束此十法而以五蘊中之三蘊爲體，則戒是無表色，喜支是受，餘皆行蘊；唯識宗五位中，則只有色法（無表色）及心所有法（受、行）；若取助伴則通五蘊；若取所緣則通一切法。〔註87〕

四地菩薩寄位在初果須陀洹果，斷三界見惑，入見道位。在尚未進入見道位前，先修習四善根，又名順決擇分、內凡位、四加行位，指煖、頂、忍、世第一，指見道之前觀四諦及修十六行相，以達無漏聖位之四種修行階位。修別相、總相四念處，以四諦有漏慧，修習種種善法，彷彿見到眞諦的道理，進入煖法位。四正勤之斷二惡、修二善之後，再修四神足之果，產生禪定，對於眞諦的道理，更加分明，進入頂法位。修五根之果，定慧均等，善根堅固，不再動搖，進入忍法位。修五力之果，能破諸煩惱，進入世第一法位。修七覺分之果，則見道煩惱永斷，入見道位。修八正道之果，斷除修道之煩惱，入修道位。

三十七菩提分，若以樹來比喻道品，則爲道樹，其中法性如大地，四念處如種子，四正勤爲種植，四神足如抽芽，五根如生根，五力如莖葉增長，開出七覺華，結成八正果。〔註88〕

此外，澄觀又依據《雜集論》將每一類分爲五門：「復次，一切菩提分法無有差別，皆由五門而得建立：謂所緣故、自體故、助伴故、修習故、修果故。」〔註89〕在經文中有的省略不提，但其義理必具此五門。茲列表說明如下：

〔註87〕 參見《華嚴經疏》卷37，《大正藏》冊35，頁790下。
〔註88〕 參見《華嚴經疏》卷37，《大正藏》冊35，頁793中。
〔註89〕 《雜集論》卷10，《大正藏》冊31，頁738下。

表 6-3：《雜集論》五門立菩提分法〔註90〕

五門 七類	所緣	自體	助伴	修習	修果
四念處	身受心法	念、慧	念慧相應的心心所等	循身、受、心、法觀	證得身受心法離繫之果
四正勤	二善二惡	精進	彼相應的心心所等	欲生，勤精進，發心正斷（行）	二惡不生棄捨，二善得生增廣
四神足	種種變事	三摩地	欲勤心觀及彼相應的心心所等	修八斷行：欲、勤、信、安、念、正知、思、捨	成就神足
五根	四聖諦	信進念定慧	彼相應的心心所等	信根、進根、念根、定根、慧根	速發諦現觀
五力	四聖諦	信進念定慧	彼相應的心心所等	信力、進力、念力、定力、慧力	能損減不信等障
七覺支	四諦如實性	念、擇法、進、喜、輕安、定、捨	彼相應的心心所等	依止厭、依止離、依止滅、迴向於捨	見道所斷煩惱永盡斷滅
八正道	見道後的四聖諦如實性	正見、正思惟、正語、正業、正命、正精進、正念、正定	彼相應的心心所等	依止厭、依止離、依止滅、迴向於捨	分別、誨示他、令他信、煩惱淨、隨煩惱障淨、最勝功德淨

綜上所述，勤修三十七菩提分，澄觀異於法藏者有四項：一、突顯修行特色。澄觀將這七類另立小標題名稱來表示，如「對治顛倒道即四念處」，從標題中就突顯了每一類之修行特色。二、突顯修行次第。這七類可貫串爲四善根、見道位、修道位的修行次第關係。三、運用譬喻法。這七類以樹來譬喻道品，先有種子，再經過種植過程，一直到開花結果的七個階段，是有次第且由淺而深循序漸進。四、五門立菩提分法，突顯七類平等無差別。澄觀依據《雜集論》，將三十七菩提分爲七類，每一類平等無差別地皆由五門而得建立。

二、五地：勤修四諦

諦，其梵語爲 satya，即眞理之意。四諦指苦、集、滅、道四種正確無誤之眞理；此四者爲聖者所知見，又稱四聖諦、四眞諦。苦與集表示迷妄世界

〔註90〕參見《華嚴經疏》卷 37，《大正藏》冊 35，頁 791 上～793 中。《雜集論》卷10，《大正藏》冊 31，頁 738 下～741 上。

之果與因，而滅與道表示證悟世界之果與因；即世間有漏之果爲苦諦，世間有漏之因爲集諦，出世無漏之果爲滅諦，出世無漏之因爲道諦。

　　五地須趣入十種平等清淨心才能入地，即是第一分勝慢對治，接著又修習如道行，進入住心的「方便具足住」。不住道行勝，是五地的第二分，有二種觀：所知法中智清淨勝、利益眾生勤方便勝。所知法中智清淨勝，是指勤修四諦，又分爲二：《十地經論》名爲實法分別如實知四諦、化眾生方便差別十諦差別方便智；《探玄記》名爲四諦實法分別、十諦化眾生差別；《華嚴經疏》名爲四諦實法分別、十觀門化生差別，三種版本名異而實同。茲依據《華嚴經疏》分述如下：

（一）四諦實法分別

　　在〈四聖諦品〉中，澄觀就曾爲「諦」做詮釋：「諦有二義：一者諦實，二者審諦。言諦實者，此約境辨，謂如所說相，不捨離故、眞實故、決定故，謂世出世二種因果，必無虛妄，不可差失。言審諦者，此就智明，聖智觀彼，審不虛故。凡夫雖有苦集，而不審實，不得稱諦。無倒聖智，審知境故，故名聖諦。」〔註91〕諦具有二義：諦實、審諦。諦實，從外境的角度，四諦中苦集是有漏世間法，滅道是無漏出世法，此四諦之自性，眞實不虛。審諦，從智慧的角度，以聖人之智審愼觀察此四諦，是眞實不虛。

　　《華嚴經》云：「佛子！此菩薩摩訶薩如實知：此是苦聖諦、此是苦集聖諦、此是苦滅聖諦、此是苦滅道聖諦。」〔註92〕此段經文說明四諦實法分別，即是從有佛、無佛來區分四諦，又分爲諦實之義、審諦之義來說明。諦實之義，指苦集二諦，體是妄想雜染因果，故無佛體；滅道二諦，體是出世清淨因果，故有佛體。故四諦中，苦集二諦，無佛，迷妄世界的因果，沒有成佛的因；滅道二諦，有佛，證悟世界的因果，則有成佛的因。審諦之義，即以智慧去觀察，得知四諦之眞相。前二無佛，不能知此是苦是集，怎麼會有後二滅道之因果呢？〔註93〕即苦集二諦之因果不成立，則滅道二諦的因果也不成立。在四諦實法分別中，《十地經論》、《探玄記》只有諦實之義，澄觀則增加了審諦之義，其中的諦實之義共通於凡夫、聖人，審諦之義則只局於聖人，可見澄觀之注疏又有所突破與創新。

〔註91〕《華嚴經疏》卷13，《大正藏》冊35，頁593上。
〔註92〕八十《華嚴》卷36，《大正藏》冊10，頁191中。
〔註93〕參見《華嚴經疏》卷38，《大正藏》冊35，頁797上。

（二）十觀門化生差別

《華嚴經》的十觀門化生差別，乃是以十種觀門去觀四諦，也就是《瑜伽師地論》云：「於四聖諦，由十行相，如實了知。」〔註94〕十觀門之名稱為：善知俗諦、善知第一義諦、善知相諦、善知差別諦、善知成立諦、善知事諦、善知生諦、善知盡無生諦、善知入道智諦、善知一切菩薩地次第成就諦，乃至善知如來智成就諦。〔註95〕

十觀門化生差別，法藏依據《十地經論》及慧遠的說法，澄觀亦承襲之，分為四門：制立、開合、對實法以明通別、正釋文。

1. 制立

制立，指制名立法，即制定「四諦」之名稱，建立「十觀」之法門。《華嚴經疏》云：「制立，謂四諦義含法界，菩薩窮照無遺，隨智異說難窮，略舉十明無盡。然十皆菩薩自智，智相難明，故論約化生以明其異，以此通名所知法中智清淨也。」〔註96〕「四諦」一詞其義甚廣，可含括整個法界，無法以言詞窮盡，故以一個周圓數十門來代表。十觀門表菩薩自證之智慧，是十十無盡，以十種觀門來說明化生之差別，通稱為「所知法中智清淨」。

2. 開合

《華嚴經》十觀門中，總則為一化生分別，開之可分為三，故具有開合關係：約所化法分別，分為大小乘，前九化小乘，後一化大乘；約所益分別，前五生信解，次四起而修行，後一令證悟；約化類分別，初一化根未熟，二化根已熟，三化疑深法者，四化謬解法者，五化離正念者，六七八九化正見者，十化於大乘可化眾生。〔註97〕

《十地經論》只有七觀，亦具有開合關係：約所化法分別，前六化小乘，後一化大乘；約所益分別，前五生信解，次一起而修行，後一令證悟；約化類分別，初一化根未熟，乃至第七化於大乘。而《瑜伽師地論》則是約所說義，分為三種：為此說、由此說、如此說，故兩者所詮釋的角度不同。「為此說」有三句：依曉悟他、依自內智、依俱處所；「由此說」有三句：調伏、本母、依於契經；「如此說」有四句：依於現在眾苦自性、依於未來苦因生性、

〔註94〕《瑜伽師地論》卷48，《大正藏》冊30，頁558下。
〔註95〕八十《華嚴》卷36，《大正藏》冊10，頁191中～下。
〔註96〕《華嚴經疏》卷38，《大正藏》冊35，頁797上。
〔註97〕參見《華嚴經疏》卷38，《大正藏》冊35，頁797上。

依於因盡彼盡無生性、依於修習彼斷方便性。

3. 對實法以明通別

十觀門,《十地經論》並無「對實法以明通別」,法藏是依據慧遠之說法,但澄觀則對通別的界定做了修改。慧遠、法藏皆名爲「十門於四諦一一皆通」,前五門通觀四諦;次四門,雖每一門唯觀一諦,卻有通觀之名:「六、通觀由迷四諦成於苦事;七、由迷四諦起作集也;八、通達四諦得證滅;九、通解四諦得成道智。」此處之通觀四諦,應指所觀通苦、集、滅、道四諦;第十門「窮達四諦緣起實性,清淨法界,故成大乘菩薩因果。」〔註98〕由窮達四諦之理,而成就大乘菩薩道。此十觀門,若要區分通別,十門於四諦一一皆通,第十門所成唯一大乘,故爲別。

《華嚴經疏》之說法如下:前五,先通觀四諦:俗諦,觀四諦法相差別;第一義諦,觀四諦性空;相諦,通觀四諦性相無礙;差別諦,觀性相有無各異;成立諦,觀四諦緣起集成。次四,則個別觀四諦:事諦、生諦、盡無生智諦、入道智諦,如次觀苦、集、滅、道;成就諦,但觀滅道,是菩薩地因,爲證佛智。第十門可有通、別二名:望前五門則名爲別,但觀滅道之二諦故;若望六至九門,唯觀一諦,則亦名通。〔註99〕澄觀應是鑑於慧遠、法藏之通別觀念混淆不清,故重新詮釋,予以定義。

4. 正釋文

《華嚴經》、《瑜伽師地論》及《十地經論》三部經論,對十觀門之內容有所不同,茲列表說明如下:

表 6-4:《華嚴經》、《瑜伽師地論》、《十地經論》之十觀

十觀＼經論	《華嚴經》〔註100〕	《瑜伽師地論》〔註101〕	《十地經論》〔註102〕
俗諦	隨眾生心樂令歡喜故,知俗諦	依曉悟他	爲根未熟眾生故,知世諦方便

〔註98〕參見《探玄記》卷12,《大正藏》冊35,頁339中。
〔註99〕參見《華嚴經疏》卷38,《大正藏》冊35,頁797上。
〔註100〕八十《華嚴》卷36,《大正藏》冊10,頁191下。
〔註101〕《瑜伽師地論》卷48,《大正藏》冊30,頁558下。
〔註102〕《十地經論》卷7,《大正藏》冊26,頁164上。

第一義諦	通達一實相故，知第一義諦	依自內智	爲根熟眾生故，知第一義諦方便
相諦	覺法自相、共相故，知相諦	依俱處所	爲疑惑深法眾生故，知相諦方便
差別諦	了諸法分位差別故，知差別諦	調伏	爲謬解迷惑深法眾生故，知差別諦方便
成立諦	善分別蘊、界、處故，知成立諦	本母	爲離正念眾生故，知說成諦方便
事諦	覺身心苦惱故，知事諦	依於現在眾苦自性	爲正見眾生義故，知事諦方便、知生諦方便、知盡無生智諦方便、知令入道智諦方便，事諦等四諦苦諦等所攝
生諦	覺諸趣生相續故，知生諦	依於未來苦因生性	
盡無生智諦	一切熱惱畢竟滅故，知盡無生智諦	依於因盡彼盡無生性	
入道智諦	出生無二故，知入道智諦	依於修習彼斷方便性	
成就諦	正覺一切行相故，善知一切菩薩地次第相續成就，乃至如來智成就諦	依於契經	爲大乘可化眾生故，善知一切菩薩地次第成就諦方便，及善知集如來智諦方便

　　法藏依據《瑜伽師地論》及《十地經論》二部經論，來詮釋十觀，澄觀亦承襲之。其中《十地經論》攝十爲七，故只有七觀，茲依據《華嚴經疏》分述如下：

1. 世諦。爲根未熟眾生，不堪入大乘者，說四諦十六行等法。《瑜伽師地論》則爲「依曉悟他」，通於大小乘及根生熟者。

2. 第一義諦。爲根熟小乘，堪入大乘者，說第一義法空。《瑜伽師地論》則爲「依自內智」。

3. 相諦。爲聽聞第一義諦而猶豫不決的眾生，說諸法非有非無，乃一實相。《瑜伽師地論》則爲「依俱處所」，自相共相二體俱處無違。

4. 差別諦。爲聽聞一實諦而謬解迷惑之眾生，說一實諦之體雖是一性空之理，但二諦差別不一，即性相分位，歷然有別。《瑜伽師地論》則爲「調伏」。

5. 成立諦。爲聽聞差別諦，執有各體，而離正念之眾生，說四諦等法乃隨言說而因緣集成，其體無自性，《十地經論》稱爲「說成諦」，《瑜伽師地論》則爲「本母」。

6. 事諦、生諦、盡無生智諦、入道智諦。爲正見之眾生，令其知苦、斷

集、證滅、修道。事即苦諦，生即集因。無生是滅，因亡爲盡智，果不起爲無生智。道言無二，〈十地品〉爲出生無二，《十地經》則爲起不二行，既稱滅知故不生涅槃生死二行。《瑜伽師地論》則爲「依於現在眾苦自性、依於未來苦因生性、依於因盡彼盡無生性、依於修習彼斷方便性」。

7. 成就諦。一切菩薩次第成就諸地起如來智諦，爲大乘可化之眾生說成就大乘如實之行德。〈十地品〉的「正覺一切行相」，即大乘須於五明處知善巧，「菩薩地」是因，「次第相續」，指從初地入二地，乃至十地入佛地大果。《瑜伽師地論》則爲「依於契經」。〔註103〕

三、六地：勤修十二因緣

十二緣起，又稱爲十二有支、十二因緣，是印度原始佛教及部派佛教的核心理論，也是構成有情生存的十二個關聯條件，指無明、行、識、名色、六入、觸、受、愛、取、有、生、老死等十二支。

六地已觀察十種平等法才能入地，即是第一分勝慢對治，接著進入第二分不住道行勝，即是住心。不住道行勝，澄觀分爲總顯心境、別明觀相、結成觀名三項做說明。緣覺觀十二緣起，而厭離生死欣求涅槃，所以爲了防止菩薩墮入二乘而入涅槃，必先發起三種大悲。總顯心境，主要辨「能觀心」與「所觀境」，《華嚴經》云：「佛子！此菩薩摩訶薩如是觀已，復以大悲爲首、大悲增上、大悲滿足，觀世間生滅。」〔註104〕〈十地品〉之總顯心境共有四句，前三句「大悲爲首、大悲增上、大悲滿足」，是辨能觀心，是悲；後一句「觀世間生滅」，是標所觀境，是智；悲智相導，故名不住生死涅槃。但前三句，澄觀根據《十地經論》的詮釋，而雙明悲智，不住生死涅槃：一、「爲首」，先起大悲，而觀緣起。《十地經論》云：「不捨眾生，過去、現在、未來，大悲攝勝故。」〔註105〕二乘、菩薩之修行內容，皆爲一切智觀、觀三世流轉，厭離有爲法，但菩薩以大悲爲首，故勝二乘。二、「增上」，《十地經論》云：「一切所知法中智淨故。」〔註106〕以道相智觀，不只觀三世，而是觀一切諸法，故稱大悲轉增。三、「滿足」，《十地經論》云：「一切種微細因緣

〔註103〕參見《華嚴經疏》卷38，《大正藏》冊35，頁797中～下。

〔註104〕八十《華嚴》卷37，《大正藏》冊10，頁193下。

〔註105〕《十地經論》卷8，《大正藏》冊26，頁168上。

〔註106〕《十地經論》卷8，《大正藏》冊26，頁168上～中。

集觀故。」〔註107〕以一切種智觀微細因緣，委照無遺，如燈之光。以上三悲，大悲攝勝即是悲義；二乘爲一切智，菩薩爲道相智，如來爲一切種智，後後轉深，後智勝於前智，即是智義。悲護小乘，智護煩惱；有智故不住生死，有悲故不住涅槃。「觀世間生滅」爲三觀之所觀境，「前滅、後生」，無明緣行，前緣已滅，引起後生。「染生、淨滅」，無明緣行，行緣識，即是染生，由著我故世間生；無明滅故行滅，即爲淨滅，不著我則無生處。以上總顯心境四句，爲雙明悲智，菩薩具有悲智二心，則不住生死涅槃，遠離煩惱與小乘行。〔註108〕

別明觀相，即是緣起觀，觀十二緣起。根據《華嚴經》則有十重緣起觀：「佛子！菩薩摩訶薩，如是十種逆順觀諸緣起：所謂有支相續故、一心所攝故、自業差別故、不相捨離故、三道不斷故、觀過去現在未來故、三苦聚集故、因緣生滅故、生滅繫縛故、無所有盡觀故。」〔註109〕以上之引文，即是不住道行勝的第三項「結成觀名」，說明在六地中十二緣起共有十重觀法。每一重緣起各有逆順觀，即成二十重，故〈十地品〉只有二十重緣起；《十地經論》又以初住地的三觀解此十重，則成六十重，故《十地經論》有六十重緣起；古人又兼取彼果分之空、無相、無願三解脫門觀，則有一百八十重觀緣起，澄觀即是依據此種說法。法藏添增了直釋經文「十門次第解釋」一重，如此經論合舉，總爲四重釋此緣生，一一各十，即爲四十門，各有逆順，即爲八十門，以三空觀之，總成二百四十門分別緣生法，而使得觀門總數多了六十門。〔註110〕澄觀則認爲直釋經文，並無別觀，故不須多此一舉，只須依《十地經論》之三觀解釋即可，所以不採取法藏之依經別釋一門。

〈十地品〉的三悲，即是《十地經論》的三觀：相諦差別觀、大悲隨順觀、一切相智觀。〈十地品〉之三悲與《十地經論》之三觀大致相同，但也有相異處：法藏認爲兩者是次第不同，〈十地品〉約生心次第，《十地經論》約正行次第。相諦差別觀，先自離過，厭離有爲心，即大悲滿足觀；大悲隨順觀，次念眾生，深念眾生心，即大悲爲首觀；一切相智觀，後求大果，約求佛心，即大悲增上觀。〔註111〕澄觀則認爲兩者是內外之不同，三悲觀門約外

〔註107〕《十地經論》卷8，《大正藏》冊26，頁168中。
〔註108〕參見《華嚴經疏》卷39，《大正藏》冊35，頁802上。
〔註109〕八十《華嚴》卷37，《大正藏》冊10，頁194中。
〔註110〕參見《探玄記》卷13，《大正藏》冊35，頁344下。
〔註111〕參見《探玄記》卷13，《大正藏》冊35，頁344中。

在的事物，《十地經論》的三智觀門約內在的觀心。相諦差別觀，觀二諦有爲，無有我故，即大悲爲首觀，同二乘一切智。大悲隨順觀，悲隨物增，即大悲增上觀，同菩薩道相智。一切相智觀，即窮究因緣性相諸門觀故，即大悲滿足觀，同諸佛一切種智。《十地經論》的三智觀門約觀心，故此三句各有悲智相導。融此三觀，唯在一心，甚深般若現前。〔註112〕

　　由於十門之緣起觀體系過於龐大，無法一一詳述，在三觀中只以「相諦差別觀」爲主，十門則只詳述「有支相續門」的順逆觀，其餘九門則簡略介紹。在《十地經論》中，相諦差別觀攝經十門，分爲三段，法藏、澄觀承襲之：「一、成答相差別，此攝十中初門；二、第一義差別，攝經第二門中之半；三名、世諦差別，攝餘八門半。」〔註113〕相諦差別觀分爲三種差別：成答相差別、第一義差別、世諦差別。成答相差別，攝初門有支相續門；第一義差別，攝第二門的前半門；世諦差別，攝其餘的八門半。茲依據《華嚴經疏》分述相諦差別觀的十門如下：

（一）有支相續門

　　有支相續門，是指十二因緣是三有之因，即生有、本有、死有，即是三有支。「相續」，指因緣法是前支與後支連續不絕。眾生由於著我，所以有十二支的生起，今以無我觀來對治。

　　有支相續門，依相諦差別觀即爲第一種「成答相差別」：第一部分「辨定無我」，即《十地經論》的「成差別」，主要以反舉、順舉兩種方式解惑，先明因緣之集，說明無我，正破我執習氣。第二部分「倒惑起緣」，即《十地經論》的「答差別」，即回答外道者之二種問難，說明無我。第三部分「迷眞起妄緣相次第」，即《十地經論》的「相差別」，又分爲順觀、逆觀兩種。茲舉「迷眞起妄緣相次第」之順逆觀十二因緣做說明。順觀十二因緣，無明即是對第一義諦不了解所產生，《華嚴經》云：

> 佛子！此菩薩摩訶薩復作是念：於第一義諦不了，故名無明；所作
> 業果是行；行依止初心是識；與識共生四取蘊，爲名色；名色增長
> 爲六處；根、境、識三事和合是觸；觸共生有受；於受染著是愛；
> 愛增長是取；取所起有漏業爲有；從業起蘊爲生；蘊熟爲老，蘊壞

〔註112〕參見《華嚴經疏》卷39，《大正藏》冊35，頁802中～下。
〔註113〕《華嚴經疏》卷39，《大正藏》冊35，頁802下。

爲死。〔註114〕

此十二支，皆迷於第一義諦，故依眞諦而起，無有自性。「無明」，指約人迷於四諦理，而起於行，橫從空起。「行」，業即罪行、福行、不動行等三業，是無明所產生的果。「識」，《十地經》云：「依行有初心識」，由行之熏心，而有當來之果種，乃至現行。「名色」，名爲受、想、行三蘊，色爲色蘊。現行識支，通於六識，共生色受想行四蘊。「六處」，即四七日後，六根已生成。名增成意根，色增成餘五根。「觸」，根、境、識三和所生，於三受因尚未了知，即出胎後二、三歲，只有根境之觸對，尚未了知三受。「受」，分別苦、樂、捨等三受，領納於觸，名觸共生。即五、六歲至十四、五歲，已了知三受因之差別相。「愛」，在三受中，因樂受纏綿希求，故云染著，即是中下品貪。「取」，以愛種子增成於取，取即愛種子之現行，故皆是貪，初心爲愛，轉盛名取。「有」，由四種執取所起之諸業，能招感當來果報。「生」，約增上緣，從善惡業起，是無記異熟果。亦即從中有初生以後，至本有中，四十歲未衰變位前。「老死」，四十歲以後，諸衰變位，總爲老；身衰命終，方名爲死。〔註115〕

逆觀十二因緣，《華嚴經》云：

> 死時離別，愚迷貪戀，心胸煩悶爲愁，涕泗諮嗟爲歎，在五根爲苦，在意地爲憂，憂苦轉多爲惱。如是但有苦樹增長，無我、無我所，無作、無受者。復作是念：若有作者，則有作事；若無作者，亦無作事，第一義中，俱不可得。〔註116〕

在逆觀中，澄觀分爲四項說明：一、結成苦。依《瑜伽師地論》的說法：在十二支中，無明、行是能引支；引發識、名色、六入、觸、受等種子爲苦芽，此五支爲所引支；受緣所引愛、取、有是守養苦芽；生、老死二果爲苦樹。人於老死時，愚癡而貪戀不捨，產生愁、歎、憂、惱等眾苦皆集。二、結成無我。一切爲緣所生法，無常故苦，苦故無我無我所。三、結成於空。既然無我，則無作者，也無受者，二者皆空。四、結成勝義：以有我、無我的例子，結成殊勝的空義。〔註117〕

〔註114〕八十《華嚴》卷37，《大正藏》冊10，頁194上。
〔註115〕參見《華嚴經疏》卷39，《大正藏》冊35，頁805上～下。《演義鈔》卷65，《大正藏》冊36，頁522下～523上。
〔註116〕八十《華嚴》卷37，《大正藏》冊10，頁194上。
〔註117〕參見《華嚴經疏》卷39，《大正藏》冊35，頁805下。

（二）一心所攝門

　　一心所攝門，是指十二因緣，都是依於一心。《華嚴經》云：「三界所有，唯是一心。」〔註118〕《十地經》云：「是菩薩作是念，三界虛妄，但是一心作。」但世親《十地經論》解為：「但是一心作者，一切三界唯心轉故。」〔註119〕至此之後，確立了「三界唯心」思想，影響中國佛教界甚深。澄觀之唯心思想，將於第八章第四節「一、澄觀的唯心」做介紹。

　　一心所攝門，又分為二門：推（攝）末歸本門，〔註120〕本末依持門。推末歸本門，依相諦差別觀即為第二種「第一義差別」，如是證得第一義諦，則可獲得解脫。《十地經》的「但是一心作」，是能作的一心，故能作為第一義。本末依持門，依相諦差別觀即為第三種「世諦差別」。世諦差別，即是隨順觀世諦，即入第一義諦。世諦觀有六種：染依止觀、因觀、攝過觀、護過觀、不厭厭觀、深觀。〔註121〕世諦差別，攝八門半，而以六觀來說明一心與雜染。本末依持門，攝六觀之初觀「染依止觀」，是指十二因緣分是依止一心而成立。澄觀之緣起思想，將於第八章第四節「二、澄觀的緣起」做介紹。

（三）自業助成門

　　世諦觀之第二觀「因觀」，又可分為他因觀、自因觀，其中「自業助成門」是他因觀，「不相捨離門」是自因觀。他因觀之「他」，是由無明迷於所緣，而有行因；若了悟所緣，則不起妄行。〔註122〕自業助成門，即是十二因緣的每一支各具有二種業：自業、助成。自業，每一因緣本身的自相；助成是增上緣，助成業用，讓後支生起之因。

　　《華嚴經》云：「佛子！此中無明有二種業：一、令眾生迷於所緣；二、

〔註118〕八十《華嚴》卷37，《大正藏》冊10，頁194上。
〔註119〕《十地經論》卷8，《大正藏》冊26，頁169上。
〔註120〕《新修華嚴經疏鈔》卷49：「『攝』，原、《南》、《綱》、《續》作『推』，《纂》、《金》作『攝』。案：上別明觀相染緣起四門中，《鈔》及《探玄記》，皆作『攝』。又下『總結十名』中，《鈔》亦作『攝』。」台北：華嚴編藏會，2003年12月，頁183註1。指《疏鈔》別行原本（《嘉興藏》、《大正藏》、《北藏》）、明代洪武《南藏》、憨山《華嚴綱要》、武林昭慶寺《續藏疏鈔會本》，皆作「推末歸本門」，到了清代為霖之《華嚴疏論纂要》、明嘉興葉祺胤刻本《金陵疏鈔會本》則更改為「攝末歸本門」。
〔註121〕參見《十地經論》卷8，《大正藏》冊26，頁169上。
〔註122〕參見《華嚴經疏》卷40，《大正藏》冊35，頁808上。

與行作生起因。行亦有二種業：一、能生未來報；二、與識作生起因。……死亦有二種業：一、能壞諸行；二、不覺知故，相續不絕。」〔註123〕十二因緣中，每一支都有二種作用，使其因緣相續不絕。例如：無明的自業，使眾生迷於所緣；助成是助緣，使後支「行」生起之因。

（四）不相捨離門

不相捨離門為自因觀，是指十二支之間為「不即不離」的關係，前能起後，離後無前；後依前起，離前無後，前後不相離。在順觀中，前支令後支不斷，後支助成前支，「無明緣行」，是無明為因緣令行不斷，而助成行；逆觀中，無因則無果之助成，「無明滅則行滅」，如果沒有無明之因緣，行則滅而不得助成。

（五）三道不斷門

三道不斷門，為六觀之第三觀「攝過觀」。《華嚴經》云：「佛子！此中無明、愛、取不斷，是煩惱道；行、有不斷，是業道；餘分不斷，是苦道。」〔註124〕攝過觀，即煩惱道、業道、苦道等三道，能攝苦因苦果。十二支中，無明、愛、取是煩惱道；行、有是業道；其餘七支為苦道。三道中，惑是煩惱，業是身口意三業。由惑起業，因業感苦，於苦復起惑，展轉相通，生死不斷，故稱為三道。

（六）三際輪迴門

三際輪迴門，為六觀之第四觀「護過觀」。三際輪迴門，即觀過去、現在、未來三世。十二支中，無明、行是觀過去；識、名色、六入、觸、受是觀現在；愛、取、有、生、老死是觀未來。護過觀，即分別因緣生時，有三種過失，〔註125〕通過此觀來防護三種過患。

（七）三苦聚集門

三苦聚集門，為六觀之第五觀「不厭厭觀」。三苦聚集門，即對於細苦的行苦，及粗苦之壞苦、苦苦，心生厭離。十二支中，無明、行、識、名色、

〔註123〕八十《華嚴》卷37，《大正藏》冊10，頁194上～中。
〔註124〕八十《華嚴》卷37，《大正藏》冊10，頁194中。
〔註125〕《十地經論》：護過觀是指因緣生時，分別有三種過失：一、一切身一時生過，是由無異因所生；二、自業不受報的過失，是由無有作者所生；三、業失之過，是由未受果而業已滅。參見《大正藏》冊26，頁170上。

六入五支，名爲行苦；觸和受二支，名爲苦苦；愛、取、有、生、老死五支，名爲壞苦。

（八）因緣生滅門

因緣生滅門，亦名從緣無性。以下三門，爲六觀之第六觀「深觀」，乃依據龍樹《中論》的四種不生而作解釋，以彰顯「諸法無生」之義：「諸法不自生，亦不從他生，不共不無因，是故知無生。」〔註126〕四句否定，即四句求緣皆無有生，分布於八、九、十之三門。因緣生滅門，說明諸法不自生、不他生二義。不自生，指十二支不以自己爲因而生成，是因緣和合而生；不他生，指十二支不以他因而生成，是自因而生。

（九）生滅繫縛門

生滅繫縛門，亦名似有若無，說明諸法不共生。不共生，指十二支不以自、他共因和合而生成。《華嚴經》云：「又無明緣行者，是生繫縛；無明滅行滅者，是滅繫縛。」〔註127〕無明爲緣縛行，令行繫屬無明，是爲緣生，爲何稱爲不共生呢？《十地經論》云：「非二作，但隨順生故，無知者故，作時不住故。」〔註128〕無明與行二者，是隨俗說生，理實無生，故非他作，亦非自作，故不共生。

（十）無所有盡觀

無所有盡觀，亦名泯同平等，說明諸法不無因生。不無因生，指十二支不以無因而生成，是隨順有。《華嚴經》云：「又無明緣行者，是隨順無所有觀；無明滅行滅者，是隨順盡滅觀。」〔註129〕順觀中，行是從無明緣生，緣生即無性，故云「隨順無所有」；逆觀中，滅亦緣滅，緣滅無滅，故云「隨順盡滅」。《十地經》在順觀中名爲「隨順有觀」，顯無性緣生，不能不有。所以，〈十地品〉與《十地經》二經名稱雖有差異，但同明緣生，故非無因生。〔註130〕

〔註126〕《中論》卷1，《大正藏》冊30，頁2中。
〔註127〕八十《華嚴》卷37，《大正藏》冊10，頁194中。
〔註128〕《十地經論》卷8，《大正藏》冊26，頁170中。
〔註129〕八十《華嚴》卷37，《大正藏》冊10，頁194中。
〔註130〕參見《華嚴經疏》卷40，《大正藏》冊35，頁811下。

表 6-5：〈十地品〉十門、《十地經論》相諦差別觀，與世諦六觀之對照表

〈十地品〉十門	《十地經論》相諦差別觀	世諦六觀
有支相續門	成答相差別	
一心所攝門	第一義差別	
	世諦差別	染依止觀
自業助成門		因觀（他因觀）
不相捨離門		因觀（自因觀）
三道不斷門		攝過觀
三際輪迴門		護過觀
三苦聚集門		不厭厭觀
因緣生滅門		深觀（不自生－緣生、不他生－自因生）
生滅繫縛門		深觀（不共生－隨順生）
無所有盡觀		深觀（不無因生－隨順有）

以上十重緣起觀是從十個角度來分析十二緣起，今以《十地經論》的相諦差別觀做個總結：成答相差別，主要顯妄我非有，眾生著我故以無我觀來破除我執習氣；第一義差別、世諦差別，則顯真俗二諦非無，真諦辨緣性，俗諦明緣相。故十二緣起之相諦差別觀雖分為三種差別，其主旨在證成無我，無明乃至老死是緣起性空，無有實體，本自不有，當體即空，而證入第一義諦，獲得解脫。

四、七地：圓修一切菩提分法

在七地的精勤修行中，是圓修一切菩提分法。一切菩提分法，是指凡一切有助於證悟的修行方法都包括在內，故它不局限於三十七菩提分，其範圍比三十七菩提分更大。在七地中，菩提分法包括十波羅蜜、四攝、四持、三十七道品、三解脫門五種。首先個別介紹十波羅蜜，其次總體論述一切菩提分法，最後說明勝前勝後。

（一）十波羅蜜

在第五章第四節「圓修波羅蜜」中，曾論及十地菩薩於每一地中，都能修十種波羅蜜，只是每一地中皆有一種波羅蜜較為殊勝，其餘九種波羅蜜並

非不修行，而是隨能力、資質之限度而行。在第七地中，則念念中圓修十波羅蜜。《華嚴經》云：

> 此菩薩於念念中，常能具足十波羅蜜。何以故？念念皆以大悲爲首，修行佛法，向佛智故。所有善根，爲求佛智，施與眾生，是名檀那波羅蜜；能滅一切諸煩惱熱，是名尸羅波羅蜜；慈悲爲首，不損眾生，是名羼提波羅蜜；求勝善法，無有厭足，是名毘梨耶波羅蜜；一切智道常現在前，未嘗散亂，是名禪那波羅蜜；能忍諸法無生無滅，是名般若波羅蜜；能出生無量智，是名方便波羅蜜；能求上上勝智，是名願波羅蜜；一切異論，及諸魔眾，無能沮壞，是名力波羅蜜；如實了知一切法，是名智波羅蜜。〔註131〕

七地的菩薩，一念頓具十度之行，亦即其心每起一念，即具足十波羅蜜。爲何七地與其它諸地有所不同呢？其主要的原因是七地菩薩具足悲智二德，合稱悲智二門，或悲智雙運。智慧是上求菩提，屬於自利；慈悲是下化眾生，屬於利他。六地菩薩已具足般若妙智，七地則起般若智之方便妙用，又以大悲爲首，故能念念中具足十波羅蜜。在十波羅蜜中，檀那通慈悲與智慧，羼提唯約慈悲，其餘八波羅蜜只約智慧。以下別釋一念中十相不同，在前六度三行中隨取其一，澄觀乃引用慧遠之說法：施中但有法施、戒中但有攝律儀戒、忍中唯辨耐怨害忍、精進中唯明攝善精進、禪定中唯明引發靜慮、般若中唯明俱空無分別慧。〔註132〕後四度則採取《十地經論》的說法，皆從用立名：七地方便波羅蜜，能出生無量智慧，及布施等行願，以攝眾生。八地願波羅蜜，能求八地以上之上上勝智，攝取彼勝行。九地力波羅蜜，一切異論及諸魔眾皆不能破壞，故能遠離布施等障，不爲彼動。十地智波羅蜜，布施等一切種差別，如實了知，爲教化眾生。以上十度，一念即具十度，於初心即圓觀，至第七地才證得，故云「初心欲修，至此方得」。〔註133〕

（二）一切菩提分法

在七地中，一切菩提分法是總名，細分則爲五種，可從積極的攝善、消極的離過兩個面向來討論。《華嚴經》云：「佛子！此十波羅蜜，菩薩於念念中，皆得具足，如是四攝、四持、三十七品、三解脫門，略說乃至一切菩提

〔註131〕八十《華嚴》卷37，《大正藏》冊10，頁196中～下。
〔註132〕參見《演義鈔》卷68，《大正藏》冊36，頁546中。
〔註133〕參見《華嚴經疏》卷41，《大正藏》冊35，頁816上～中。

分法，於念念中，皆悉圓滿。」〔註134〕依據《十地經論》之說法，菩提分之差別，有四種相，前二攝善行，後二離過行，法藏、澄觀亦承襲之，茲依《華嚴經疏》分述如下：

1. 依大乘行十度，此十度爲自利。十度又通二義：求菩提之自利、成義利之利他，故云巧用。

2. 依教化眾生，行四攝法，以布施、愛語、利行、同事之四種方法來攝受眾生。

3. 依煩惱障增上淨，即所要對治，以四持、三解脫門、三十七品三法來對治。三法，即依四持爲所住處，以三解脫爲所依門，修行三十七品，則得煩惱障淨。四持之「持」即任持自分，四持亦名四家，也就是四種住處：般若家，此是能照；諦家，即是所照；捨煩惱家；苦清淨家。四家中，由般若照諦，名初二業，得惑滅苦淨，結成四義。若約別說，是約位分別，配於四位：初即見道前，亦名智位；二即見實位，是見道位；三即斷惑位，是修道位；四即證滅位，是無學位。

4. 依智障清淨，以無所不具，離塵沙、無明惑。一切菩提分法，於念念中皆悉具足，所知障已清淨，最後成就無相有功用行。〔註135〕

（三）勝前勝後

「勝」，具有增上義。十地皆能滿足一切菩提分法，但以七地最爲殊勝，不只是勝前六地，又勝後三地，故稱爲勝前勝後。

1. 勝前六地

菩薩不只是在七地能滿足一切菩提分法，而且在諸地亦能滿足，但爲何說七地最爲殊勝，其原因何在？《華嚴經》云：

> 金剛藏菩薩言：佛子！菩薩於十地中皆能滿足菩提分法，然第七地最爲殊勝，何以故？此第七地功用行滿，得入智慧自在行故。佛子！菩薩於初地中，緣一切佛法願求故，滿足菩提分法；第二地離心垢故，第三地願轉增長得法光明故，第四地入道故，第五地順世所作故，第六地入甚深法門故，第七地起一切佛法故，皆亦滿足菩提分法。〔註136〕

〔註134〕八十《華嚴》卷37，《大正藏》冊10，頁196下。
〔註135〕參見《華嚴經疏》卷41，《大正藏》冊35，頁816中。
〔註136〕八十《華嚴》卷37，《大正藏》冊10，頁196下。

七地的一切菩提分法，能勝前六地之二義：七地之功用行滿，即自分滿足；得入智慧自在行，勝進趣後，入八地的無功用道，而有八地之證智、五通大用、十自在。〔註137〕菩薩於十地皆能滿足菩提分法，是通示諸地滿相，為遠釋十地皆滿足；〈十地品〉的經文只有近釋七地功用滿語，前六地之菩提分法中，前三地屬於世間行，次三地屬於出世間行，分述如下：菩薩於地前三賢位已發十大願，於初地時依發願而去實踐，故以十願門為首，求菩提因圓滿；二地以十善之自性戒，除心中的惡垢，以淨諸妄；三地修四禪、四空定，發出大法光明，稱為理智淨明；四地入出世道，修三十七菩提分，令智眼淨；五地隨順行世間法，以五明攝化，對世間技藝悉能通達；六地入甚深緣起，對於世間出世間法無不明了；七地能起一切佛法，故能滿足一切菩提分法。以上六地是一行中具一切，七地則是一切中具一切，故七地之菩提分法最為殊勝。

2. 勝後三地

七地的地位特殊，是由有功用行進入無功用行的樞紐。《華嚴經》云：

> （法）何以故？菩薩從初地乃至第七地，成就智功用分，以此力故，從第八地乃至第十地，無功用行皆悉成就。（喻）佛子！譬如有二世界，一處雜染，一處純淨，是二中間，難可得過，唯除菩薩有大方便神通願力。（合）佛子！菩薩諸地，亦復如是，有雜染行，有清淨行，是二中間，難可得過，唯除菩薩有大願力，方便智慧，乃能得過。〔註138〕

澄觀以法、喻、合的方式，來說明七地之一切菩提分勝後三地。法說，先徵問，再解釋。徵問：何以前六各一，至七方具一切呢？解釋：前六地是一行中具一切，名為積集；七地是一切中具一切，故為成就。七地勝前勝後的原因：七地能入八地，故勝前六地；七地已到無相邊，進入無相行，故稱功用成，因此力故，才能令後三地進入無功用行，故勝後三地。喻說，譬如有二世界，前六地為染世界是有功用位，後三地為淨世界是無功用位，第七地居於染淨之間的染淨位，隔位難超故以為喻，只有具備大方便神通願力的菩薩才能超越。在合說中，「有雜染行」，包括二義：前六地為雜、七地皆雜。「有清淨行」，即後三地為純淨界。「中間難過」，有二義：若六地為雜，則七地為

〔註137〕參見《華嚴經疏》卷41，《大正藏》冊35，頁816中。

〔註138〕八十《華嚴》卷37，《大正藏》冊10，頁196下。

中間；若七地皆雜，則從七至八地即是中間。「難過」，猶娑婆之於極樂，淨穢域絕，前六後三，難過亦爾，要得此地大願方便，方能越之。淨由此到，染由此過，故此一地最爲勝要。〔註139〕所以，七地是染淨的樞紐，它能越染處至淨處，故此地極要重要，勝前六地亦勝後三地。

　　一切菩提分法共通於十地，但以七地最爲殊勝，因爲它勝前六地，又勝後三地。七地的一切菩提分法，包括十波羅蜜、四攝、四持、三十七道品、三解脫門等五種，其中十波羅蜜、四攝是積極的攝善，煩惱障增上淨、智障清淨，是消極的離過。

第四節　圓修波羅蜜

　　十地菩薩於每一地中，都能修十種波羅蜜，只是每一地中皆有一種波羅蜜較爲殊勝，其中四地焰慧地，以精進波羅蜜特別殊勝；五地難勝地，以禪定波羅蜜特別殊勝；六地現前地，以般若波羅蜜特別殊勝；七地遠行地，以方便波羅蜜特別殊勝。

一、四地：精進波羅蜜

　　精進，其梵文爲 vīrya，音譯毗梨耶、毗離耶，意譯精勤、勤精進、進、勤。精進，即勇猛勤策進修諸善法，它是修道之根本，也是各種修行的德目之一：大乘佛教的六波羅蜜、十波羅蜜之一，俱舍宗的十大善地法之一，唯識宗的十一善心所之一，也是四地菩薩勤修三十七菩提分的四正勤、五根、五力、七覺支、八正道之一。根據《成唯識論》云：「精進有三種，謂被甲精進、攝善精進、利樂精進。」〔註140〕「被甲精進」，指發勇猛、自利利他之大誓願心，期無數大劫而無退屈之念，誓成大事，恰如被甲臨敵之大威勢。「攝善精進」，指精進修行諸善法。「利樂精進」，指利樂一切眾生，而心不疲倦。

　　四地菩薩寄位在須陀洹乘，修三十七菩提分，往生後感報作須夜摩天王。《華嚴經》云：「菩薩住此地，多作須夜摩天王，以善方便，能除眾生身見等惑，令住正見。」〔註141〕須夜摩天，音譯爲夜摩天、焰摩天，意譯爲時分、

〔註139〕參見《華嚴經疏》卷41，《大正藏》冊35，頁816下。
〔註140〕《成唯識論》卷9，《大正藏》冊31，頁51中。
〔註141〕八十《華嚴》卷36，《大正藏》冊10，頁190下。

妙善、唱樂，或稱爲離諍天，爲欲界六天之第三天，在三十三天之上，稱爲
空居天。根據《佛說立世阿毘曇論》，此天界光明赫奕，無晝夜之分，居於其
中之天人，分分度時受不可思議之歡樂。〔註142〕得生此天之眾生，自能持戒，
又能教他人持戒，修持自他利益。四地菩薩轉生爲夜摩天王，於攝報果中破
眾生身見，即自破微細見，同於初果須陀洹。

　　四地的第三分爲對治修行增長分，分爲護煩惱行、護小乘行。護煩惱行，
即是勤修三十七菩提分，是四地菩薩修行的核心內容，著重在自利方面，能
對治煩惱，不再三界輪迴，得到涅槃解脫，稱爲不住生死，屬於《成唯識論》
三精進的「攝善精進」。

　　四地菩薩具大悲願力不捨一切眾生，又發起度眾之心，依其本願來修行，
遠離小乘行，稱爲護小乘行。《華嚴經》云：

> 菩薩修行如是功德，爲不捨一切眾生故，本願所持故，大悲爲首故，
> 大慈成就故，思念一切智智故，成就莊嚴佛土故，成就如來力無所
> 畏、不共佛法、相好音聲悉具足故，求於上上殊勝道故，隨順所聞
> 甚深佛解脫故，思惟大智善巧方便故。〔註143〕

菩薩因不捨眾生於三界輪迴之苦，所以發起大悲利他心，入世度眾生，稱爲
不住涅槃。「不捨一切眾生」是總說，指菩薩發心修三十七菩提分，是爲了不
捨眾生而修。餘九句爲別說，菩薩以大願爲起行之本，發慈悲心來利益眾生，
努力修行證得佛智，成就如來依報的淨土行，以及成就如來正報的十力、四
無所畏等佛法行，又進一步求第五、六、七地的殊勝境界，而證入第八地的
不退轉地行，以達成教化眾生的利他行。〔註144〕所以，護小乘行是利他行，
屬於《成唯識論》三精進的「利樂精進」。

　　四地的第四分爲彼果分，可分爲離障果、成德果。其中成德果是從護小
乘生，乃遠離小乘行而修菩薩行之果德，可分爲四種，〔註145〕其中與精進有
關的是第三種，「彼方便行中，發勤精進果」。發勤精進果，是指四地菩薩行
自利、利他二行，精勤而不懈怠，於前不捨眾生，護小乘行，修勤故名，方

〔註142〕參見《佛說立世阿毘曇論》卷6，《大正藏》冊32，頁198上。
〔註143〕八十《華嚴》卷36，《大正藏》冊10，頁190上。
〔註144〕參見《華嚴經疏》卷37，《大正藏》冊35，頁793中～下。
〔註145〕《華嚴經疏》卷38：「一、於勝功德，生增上心欲果；二、彼說法尊中，起
　　　　報恩心果；三、彼方便行中，發勤精進果；四、彼增上欲本心界滿足果。」
　　　　《大正藏》冊35，頁794上。

便行中，正是無盡行相。〔註146〕在十波羅蜜中，四地焰慧地以精進波羅蜜特別殊勝，成就十種精進，《華嚴經》：「得不休息精進、不雜染精進、不退轉精進、廣大精進、無邊精進、熾然精進、無等等精進、無能壞精進、成熟一切眾生精進、善分別道非道精進。」〔註147〕在《華嚴經‧十地品》四地之十種精進，是屬於《成唯識論》三精進之「被甲精進」，亦即此十種精進皆屬於自利、利他二行。十種精進中，以得不休息精進為總說，其餘九句為別說。「不雜染」，指菩薩的精進行平等流注，猶如琴絃的不緩不急，緩急適中，合乎中道。「不退轉」，即是自乘不動，不退失菩提分。「廣大」，起廣念利他之心。「無邊」，發利益無邊眾生願，來攝化眾生。「熾然」，常志順行而無厭倦，猶如熾火，永不熄滅。「無等等」，前句熾然精進為行修之初，此句無等等精進為行修之次，超越於前，故名修習過餘。「無能壞」，為行修之終，連一切魔煩惱行也不能破壞。「成熟一切眾生」，即是教化一切眾生。「善分別道非道」，菩薩善能分辨正確、不正確的修行道，因此能自斷疑惑，決斷是非；對於他人的問難，也毫不畏懼，具此二者為正修習。在別說九句中，不雜染、不退轉為自利，廣大、無邊為利他，以上四句皆為自分；熾然、無等等、無能壞為自利，成熟一切眾生為利他，以上四句皆為勝進分；從解行來分，前八句為行，善分別道非道是解。〔註148〕

綜上所述，在十波羅蜜中，四地焰慧地以精進波羅蜜特別殊勝，包括三種：自利、利他、自利利他二行。護煩惱行，著重在自利，是三精進的「攝善精進」；護小乘行，是利他行，是三精進的「利樂精進」；發勤精進果，是自利、利他二行，是三精進的「被甲精進」。

四地精進波羅蜜之殊勝為何呢？四地勤修三十七菩提分，其中三十七項目中已包括精進八（四正勤共四、精進根、精進力、精進覺分、正精進）。此外，四地的成行，「便能成菩提分行，及不住道行，精進不退。」以及十智之「深心不退故、於三寶中生淨信，畢竟不壞故」等二句，亦有不退轉之意。精進波羅蜜中，護小乘行的「隨順所聞甚深佛解脫故」，即是修入不退轉地行，即八地以上覺法自性，順佛解脫。四地菩薩之精進波羅蜜果位的殊勝處，即是已達到八地不退轉的境地。此外，四地菩薩的精進，與無所得慧相應，就

〔註146〕《華嚴經疏》卷38，《大正藏》冊35，頁794下。
〔註147〕八十《華嚴》卷36，《大正藏》冊10，頁190中。
〔註148〕參見《華嚴經疏》卷38，《大正藏》冊35，頁794下～795上。

是三輪體空的精進波羅蜜多。

二、五地：禪定波羅蜜

禪定，其梵文爲 dhyāna，音譯爲禪、禪那，意譯爲靜慮，是指令心專注於某一對象，而達於不散亂之狀態。根據《成唯識論》云：「靜慮有三種，謂安住靜慮、引發靜慮、辦事靜慮。」〔註149〕「安住靜慮」，能得現法樂住，離慢見愛，而得清淨。「引發靜慮」，能引發六神通等殊勝功德。「辦事靜慮」，爲欲饒益諸有情類，而能止息飢、儉、疾、疫諸怖畏等苦惱事。

五地菩薩寄位在阿羅漢乘，修四諦行，往生後感報作兜率陀天王。《華嚴經》云：「菩薩住此地，多作兜率陀天王，於諸眾生所作自在，摧伏一切外道邪見，能令眾生住實諦中。」〔註150〕兜率陀天，又作睹史多天、兜率天，意譯知足天、妙足天、喜足天、喜樂天，乃欲界六天之第四天，在此天之人，多於自己所受，生喜樂知足之心，故有此名。根據《佛說立世阿毘曇論》的說法，此天「歡樂飽滿，於其資具自知滿足，於八聖道不生知足，故說名爲兜率陀天。」〔註151〕《佛地經論》則說，此天「後身菩薩於中教化，多修喜足，故名喜足。」〔註152〕兜率陀天有內外二院，內院是指即將成佛者（補處菩薩）之居處，今則爲彌勒菩薩之淨土；此處指外院，屬欲界天，爲天眾之所居，享受欲樂。五地菩薩轉生爲兜率陀天王，能摧伏一切外道，同於四果阿羅漢。

在五地難勝地中，菩薩以大悲觀而觀深重苦：「不知憂畏四大毒蛇，不能拔出諸慢見箭，不能息滅貪、恚、癡火，不能破壞無明黑暗，不能乾竭愛欲大海。」〔註153〕四大毒蛇，是不知病苦。不能拔出以下，明三求是集因，共有四句：一、妄梵行求眾生，不能拔出諸慢見箭，外道多起故；二、欲求眾生受欲者，不能息三毒火；三、欲求眾生行惡行者，不破無明，以見少利，行大惡行，後受大苦，故云黑闇；四、有求眾生，不竭愛欲大海，三有之愛，廣無邊故，觀如實中，說彼三求，以爲苦果。〔註154〕此三求，即是我

〔註149〕《成唯識論》卷9，《大正藏》冊31，頁51中。

〔註150〕八十《華嚴》卷36，《大正藏》冊10，頁192下。

〔註151〕《佛說立世阿毘曇論》卷6，《大正藏》冊32，頁198上。

〔註152〕《佛地經論》卷5，《大正藏》冊26，頁316下。

〔註153〕八十《華嚴》卷36，《大正藏》冊10，頁191下。

〔註154〕參見《華嚴經疏》卷38，《大正藏》冊35，頁798中～下。

慢、我見、我愛等諸煩惱。菩薩見眾生受深重苦，故興起慈心：「我今為彼一切眾生，修行福智助道之法，獨一發心，不求伴侶，以是功德，令諸眾生畢竟清淨，乃至獲得如來十力、無礙智慧。」〔註155〕眾生受慢見愛等苦，菩薩興慈修善，包括下化眾生的福業，與上求菩提的智業，令諸眾生獲得饒益，證得涅槃，住於解脫之法樂，是為「安住靜慮」。

在十波羅蜜中，五地難勝地以禪定波羅蜜特別殊勝。修習禪定，可以證得神通，降伏天魔，破諸外道，故在說明禪定時，則與神通相提並論。《華嚴經》：「佛子！菩薩摩訶薩住此第五難勝地，名為念者，不忘諸法故；……名為神通者，善修禪定故；名為方便善巧者，能隨世行故。」〔註156〕此段引文，是五地三分的第三分彼果勝，有四種勝果，此是第一種「攝功德勝」，共有十句，與禪定有關的是第九句，「名為神通者，善修禪定故」，為攝智勝中的神力起用智，依禪定起神通，能治邪歸依眾生。〔註157〕

《華嚴經‧十迴向品》亦告訴眾生，如何遠離邪歸依的方法：「願一切眾生但歸於佛，永離一切邪歸依處。」〔註158〕即是要歸依佛，永不歸依天魔外道和種種神仙。佛為大覺悟者，其他天魔神仙，皆是外道，雖有神通，也不究竟。「邪歸依」即是眾生歸依邪師邪行者，產生種種邪見，而撥無四諦因果之道理。在五地中，菩薩以種種神通變化來攝化眾生，主要是讓邪歸依者捨邪歸入正法。根據《文殊師利問經》，有二十六種邪歸依：

> 佛告文殊師利，有二十六邪見，是菩薩摩訶薩應離。殺馬祠火；殺人祠火；一時射四方，殺馬四千頭，去除五藏，內以七寶，施婆羅門；殺人內寶亦如是。……佛說此祇夜：如上二十六，悉是邪歸依，非勝非安隱，不得脫眾苦。若依佛法僧，及以四聖諦，勝安隱歸依，一切苦解脫。〔註159〕

二十六種邪歸依，即是二十六種邪見，包括殺馬、殺人、射方、走馬、殺一切眾生等。若能歸依三寶，及依四聖諦而修習，則為具正見者，遠離種種邪見，而能脫離一切眾苦。

此外，四勝果的第四種「隨順世智勝」中，包括五明，與禪定有關的是

〔註155〕八十《華嚴》卷36，《大正藏》冊10，頁192上。
〔註156〕八十《華嚴》卷36，《大正藏》冊10，頁192上。
〔註157〕參見《華嚴經疏》卷38，《大正藏》冊35，頁799上。
〔註158〕八十《華嚴》卷28，《大正藏》冊10，頁151上。
〔註159〕《文殊師利問經》卷1，《大正藏》冊14，頁493中。

第五明「內明」，「持戒、入禪、神通、無量、四無色等。」〔註160〕修持以上五種法門，則可對治五種染污。「持戒」，治破戒染，謂行者能持諸種戒律以淨身心，制伏過非，則遠離一切破戒之染污。「入禪」，治貪欲染，謂行者修習禪定，寂靜無為，則遠離一切貪欲之染污。「神通」，治邪歸依染，謂眾生若歸依邪師邪行，菩薩即以神通攝化之，令其捨邪歸正。「四無量心」，治妄行功德染，謂治殺生祀祠求梵福，「即《智論》、《百論》皆說外道殺馬祀梵天，祈生梵世，今以慈悲喜捨四無量心能生梵天，治其邪見。」〔註161〕「四無色定」，治妄修解脫染，謂諸外道以有漏之心而妄修邪定求解脫，菩薩則以四無色定攝化之，令其依於正法而修證解脫。〔註162〕以上所說明是依禪定起神通，屬於《成唯識論》三靜慮之「引發靜慮」。

再者，不住道行勝的第二分「利益眾生勤方便」之大慈觀的「廣願饒益」，即是發起廣願饒益眾生，是屬於《成唯識論》三靜慮之「辦事靜慮」。《華嚴經》云：

> 佛子！此菩薩摩訶薩，以如是智慧觀察所修善根，皆為救護一切眾生，利益一切眾生，安樂一切眾生，哀愍一切眾生，成就一切眾生，解脫一切眾生，攝受一切眾生，令一切眾生離諸苦惱，令一切眾生普得清淨，令一切眾生悉皆調伏，令一切眾生入般涅槃。
> 〔註163〕

以上別顯救護一切眾生，拔其苦惱，六十《華嚴》只有八相，《十地經論》有九相，八十《華嚴》則為十相，茲依據《華嚴經疏》分述如下：（一）利益一切眾生：住不善眾生，令住善法利益。（二）安樂一切眾生：住善法眾生，令得安樂果，謂成彼善故。以上二句為救度未來眾生。（三）哀愍一切眾生：愍念貧乏者，與一切資生之具。（四）成就一切眾生：修行多障者，令其成就。三四兩句，為救順緣不足苦。（五）解脫一切眾生：世間繫閉者，令得解脫。以下共有五句，即六至十句，是令諸外道信解正法：「攝受一切眾生」，起信，未信者，攝令正信；「令一切眾生離諸苦惱」，去邪，令離，無利勤苦；「令一切眾生普得清淨」，正解，疑惑眾生，疑除解淨；「令一切眾生悉皆調伏」，起行，已住決定，勸修三學，以調三業；「令一切眾生入般涅槃」，得果，已住

〔註160〕八十《華嚴》卷36，《大正藏》冊10，頁192中。
〔註161〕《演義鈔》卷63，《大正藏》冊36，頁510上。
〔註162〕參見《華嚴經疏》卷38，《大正藏》冊35，頁800上。
〔註163〕八十《華嚴》卷36，《大正藏》冊10，頁192上。

三學，令得涅槃。〔註164〕三至十句，為救度現在及未來眾生。

表6-6：《十地經論》九相，與《華嚴經疏》十相之對照表

相 樂	《十地經論》九相	《華嚴經疏》十相
世間樂	住不善眾生，令住善法	住不善眾生，令住善法利益
	住善法眾生，令得樂果	住善法眾生，令得安樂果，謂成彼善故
	住貧乏眾生，與一切資生之具	愍貧乏者，與資生具
		修行多障者，令其成就
	住病苦及諸外緣所惱眾生，皆令除斷	
	世間繫閉眾生，令得出離	世間繫閉者，令得解脫
出世間樂	令諸外道，信解正法	未信，攝令正信
		令離，無利勤苦
	疑惑眾生，善決定斷疑	疑惑眾生，疑除解淨
	已住決定眾生，勸修三學	已住決定，勸修三學，以調三業
	已住三學眾生，令得涅槃	已住三學，令得涅槃

《十地經論》與《華嚴經疏》之差異，可歸納為五項：（一）由於《華嚴經》比《十地經》多了「成就一切眾生」一相，所以兩者間相差了一項。（二）由於兩經的順序不同，「令一切眾生離諸苦惱」，《十地經論》是在世間樂的「住病苦及諸外緣所惱眾生，皆令除斷」，《華嚴經疏》則是在出世間樂的「令離，無利勤苦」。（三）《十地經論》前五相是世間樂，後四相是出世間樂；《華嚴經疏》則是前五相是世間樂，後五相是出世間樂。（四）《華嚴經疏》的令諸外道信解正法有五句，《十地經論》只有四句，缺了「令一切眾生離諸苦惱」的去邪一項。所以，《華嚴經疏》的出世間樂為起信、去邪、正解、起行、得果，《十地經論》則為信、解、行、證。（五）最後三句解行證，《十地經論》之意皆為外道，澄觀認為兼通餘類眾生得解脫。〔註165〕

綜上所述，在十波羅蜜中，五地難勝地以禪定波羅蜜特別殊勝，包括三種：安住靜慮、引發靜慮、辦事靜慮。能得現法樂住，遠離慢心，是三靜慮

〔註164〕參見《華嚴經疏》卷38，《大正藏》冊35，頁799上。
〔註165〕參見《華嚴經疏》卷38，《大正藏》冊35，頁799上。

之「安住靜慮」；依禪定起神通，能治邪歸依眾生，以及五明之內明，是三靜慮之「引發靜慮」；發起十相廣願饒益眾生，拔其苦惱，是三靜慮之「辦事靜慮」。

　　五地菩薩禪定波羅蜜之殊勝為何呢？五地菩薩修行禪定，可以證得神通，故云：「名為神通者，善修禪定故。」五地依禪定起神通，而現大神通力來教化眾生，可以「摧伏一切外道邪見，能令眾生住實諦中」，其主要目的是讓邪歸依者捨邪歸正，摧毀邪見，歸依三寶，於自利中依四聖諦法而修習，於利他中依五明的內明之入禪、神通等來教化眾生，成就佛智。此外，五地菩薩的禪定，以無所得的空慧為方便，就是三輪體空的禪定波羅蜜多。

三、六地：般若波羅蜜

　　般若，其梵文為 prajñā，意譯為智慧，是指決斷曰智，揀擇曰慧。根據《成唯識論》：「般若有三種，謂生空無分別慧、法空無分別慧、俱空無分別慧。」〔註166〕「生空無分別慧」，即緣世俗諦慧，能斷我執而證人我空無之真理。「法空無分別慧」，即緣勝義諦慧，能斷法執而證諸法空無之真理。「俱空無分別慧」，即緣饒益有情慧，而雙斷二執而證二空空無之真理。

　　六地菩薩寄位在緣覺乘，觀十二因緣生滅之行，往生後感報作善化自在天王。《華嚴經》云：「菩薩住此地，多作善化天王，所作自在，一切聲聞所有問難，無能退屈，能令眾生除滅我慢，深入緣起。」〔註167〕化樂天，又作化自在天、化自樂天、樂變化天，為欲界六天之第五天，生於此天者神通力自在，自化五塵之欲為妙樂之境而自樂，故《俱舍論》云：「有諸有情樂受自化諸妙欲境，彼於自化妙欲境中自在而轉，謂唯第五樂變化天。」〔註168〕化自在天之主稱為善化天王，身長一又四分之一俱盧舍，以人間八百年為一晝夜，定壽八千歲。六地菩薩轉生為善化自在天王時，能破一切增上慢者，同於緣覺，為上勝果。

　　在十波羅蜜中，六地現前地以般若波羅蜜特別殊勝。六地的第三分為彼果勝，依據《十地經論》有五種相：「一、得對治行勝及離障勝；二、得修行勝；三、得三昧勝；四、得不壞心勝；五、得自在力勝。」〔註169〕其中與般

〔註166〕《成唯識論》卷9，《大正藏》冊31，頁51中。
〔註167〕八十《華嚴》卷37，《大正藏》冊10，頁195上。
〔註168〕《俱舍論》卷11，《大正藏》冊29，頁60中。
〔註169〕《十地經論》卷8，《大正藏》冊26，頁171中。

若有關的是第一種相「對治行勝及離障勝」、第三種相「三昧勝」、第四種相「不壞心勝」。

「對治行勝」爲三解脫門，與三種般若有關的是「空解脫門」。《華嚴經》云：「佛子！菩薩摩訶薩以如是十種相，觀諸緣起，知無我、無人、無壽命、自性空、無作者、無受者，即得空解脫門現在前。」〔註170〕無我、無人、無壽命，是衆生空；自性空，是法空；無作者、無受者，顯二我作用空，說明人法俱有能作之義，故皆名作者，而非人我獨爲其空。〔註171〕「離障勝」，即修三解脫門，離諸障礙之殊勝，《華嚴經》云：「菩薩如是修三解脫門，離彼我想、離作者、受者想，離有無想。」〔註172〕離彼我想、作者想、受者想，爲三想，是空門所離；離有無想，是無相、無願二門所離。離障之殊勝，「此用深空滅離二我，故此勝也」，〔註173〕亦即三想之離彼我想，通於人法二無我，離人法二空。六地比四、五地殊勝，於入地心加行觀察十種平等法破顯有無，此處爲地滿住空，以深空觀滅離人法二空，般若現前。

第三種相爲「三昧勝」，是十空三昧，也與三種般若有關。《華嚴經》云：「佛子！菩薩住此現前地，得入空三昧、自性空三昧、第一義空三昧、第一空三昧、大空三昧、合空三昧、起空三昧、如實不分別空三昧、不捨離空三昧、離不離空三昧。此菩薩得如是十空三昧門爲首，百千空三昧皆悉現前。」〔註174〕「入空」是人空，「自性空」是法空，「第一義空」即取前二空，以人法二空爲第一義，觀之亦空。此十空三昧，皆是從不同角度說明空定，故與般若有關。

第四種相爲「不壞心勝」。《華嚴經》云：「佛子！菩薩住此現前地，復更修習滿足不可壞心、決定心、純善心、甚深心、不退轉心、不休息心、廣大心、無邊心、求智心、方便慧相應心，皆悉圓滿。」〔註175〕以上十心，初總餘別。不壞心，是總說，指菩薩所發的智心、悲心皆能堅固而不退轉，餘法所不能壞。根據慧遠的說法十心中除不壞心爲總句外，其餘九句即上文之十空三昧，其中自性空三昧、第一義空三昧合爲一心，故九心攝十空三昧。九

〔註170〕八十《華嚴》卷37，《大正藏》冊10，頁194中～下。
〔註171〕參見《演義鈔》卷68，《大正藏》冊36，頁542上。
〔註172〕八十《華嚴》卷37，《大正藏》冊10，頁194下。
〔註173〕《華嚴經疏》卷40，《大正藏》冊35，頁812下。
〔註174〕八十《華嚴》卷37，《大正藏》冊10，頁194下。
〔註175〕八十《華嚴》卷37，《大正藏》冊10，頁194下。

心中與三種般若有關的爲前二心，分述如下：「決定心」是信理決定，《十地經論》爲「信觀不壞」，即「入空三昧」以明不壞。「純善心」是行堪調柔，《十地經論》爲「堪受調柔不壞」，即「自性空三昧、第一義空三昧」以說不壞，取有心息，能入法空、第一義空。《十地經論》之「堪受」，即於空不著；〈十地品〉之「純善」，是不著於空，皆是第一義空。行堪調柔之「行」，即前觀人法二空之行。所以，「決定心」即入空三昧，爲人空；「純善心」即「自性空三昧、第一義空三昧」，爲法空、第一義空二空。〔註176〕

綜上所述，在十波羅蜜中，六地現前地以般若波羅蜜特別殊勝，包括生空無分別慧、法空無分別慧、俱空無分別慧三般若，皆出現在第三分彼果勝：對治行勝之空解脫門、離障勝之離彼我想、三昧勝之十空三昧、不壞心勝之十心。

六地菩薩般若波羅蜜之殊勝爲何呢？六地菩薩如實觀察十二緣起，住緣起智引發般若無分別智現前，通達緣起性空，離一切染淨相。六地菩薩勤修十二緣起，在《十地經論》有六十重緣起，澄觀又兼取古人彼果分之空、無相、無願三解脫門，則有一百八十重緣起觀，可見三解脫門在六地之空觀佔著重要的位置。六地第三分彼果勝的對治行勝之空解脫門、離障勝之離彼我想、三昧勝之十空三昧、不壞心勝之十心，皆與生空、法空、俱空之般若三空慧相應，已證得般若現前，入滅盡定。此外，六地菩薩的般若，以無所得的空慧爲方便，就是三輪體空的般若波羅蜜多。

四、七地：方便波羅蜜

方便，其梵文爲 upāya，音譯作漚波耶，意譯爲善權、權巧施設，指巧妙地接近、施設、安排等，乃一種向上進展之方法。根據《成唯識論》云：「方便善巧有二種，謂迴向方便善巧、拔濟方便善巧。」〔註177〕迴向方便善巧，即以前六波羅蜜所集善根施與有情，並與有情共同迴向，祈求無上正等菩提；拔濟方便善巧，則指方便利益濟度諸有情。迴向即般若，拔濟即大悲，即以般若乃求涅槃，以大悲而不捨生死，也就是不捨生死，乃求涅槃。

七地是般若道與方便道的分界點，《大智度論》云：「菩薩道有二種：一者、般若波羅蜜道；二者、方便道。」〔註178〕般若道、方便道的差別，在於

〔註176〕參見《演義鈔》卷68，《大正藏》冊36，頁544上～中。
〔註177〕《成唯識論》卷9，《大正藏》冊31，頁51中。
〔註178〕《大智度論》卷100，《大正藏》冊25，頁754中。

自利、利他的不同，故「菩薩住七地中，破諸煩惱自利具足；住八地、九地利益他人，所謂教化眾生，淨佛世界。」〔註179〕般若道是「觀諸法實相」，故二乘人只求自利，發出離心而證涅槃解脫之樂，因尚未具足方便力，容易證入二乘的涅槃；方便道是「觀空不取證」，故菩薩以慈悲心，發四弘誓願，故不取證涅槃，靠習氣與願力繼續生於娑婆度眾生，淨佛國土。所以七地，是二乘人證入涅槃，或繼續行菩薩道的關鍵。

七地菩薩寄位在菩薩乘，修一切菩提分法之行，往生後感報作自在天王。《華嚴經》云：「菩薩住此地，多作自在天王，善為眾生說證智法，令其證入。」〔註180〕他化自在天，又作他化自轉天、他化樂天、化應聲天、波羅尼蜜天，為欲界最高處的第六天，此天之有情，能於他所變化的欲境自在受樂，故《俱舍論》云：「有諸有情樂受他化諸妙欲境，彼於他化妙欲境中自在而轉，謂第六他化自在天。」〔註181〕他化自在天之主稱為自在天王，身長一又二分之一俱盧舍，以人間一千六百年為一晝夜，定壽一萬六千歲。七地菩薩轉生為自在天王時，為眾生演說證入智慧的方法，同於菩薩。

在十波羅蜜中，七地難勝地以方便波羅蜜特別殊勝。在七地的第五分為彼果差別，依據《十地經論》有四種相：「一、業清淨；二、得勝三昧；三、過地；四、得勝行。」〔註182〕其中與方便波羅蜜有關的是第四種相的「得勝行」。得勝行又分為二：得寂滅勝行、得發起勝行。得寂滅勝行，在定不住，即空中方便慧，《華嚴經》云：

> （法）金剛藏菩薩言：佛子！菩薩從第六地來，能入滅定。今住此地，能念念入，亦念念起，而不作證。故此菩薩名為：成就不可思議身、語、意業，行於實際，而不作證。（喻）譬如有人乘船入海，以善巧力，不遭水難。（合）此地菩薩，亦復如是，乘波羅蜜船，行實際海，以願力故，而不證滅。〔註183〕

六地菩薩已能入滅盡定，因有出觀，故不能念念入。在法說中，說明七地比六地殊勝，菩薩能念念入滅盡定，也能念念起滅盡定，但得而不證滅，其主要原因是菩薩不捨眾生，能以善巧方便力，即寂起用，成就不思議三業，故

〔註179〕《大智度論》卷50，《大正藏》冊25，頁419中。
〔註180〕八十《華嚴》卷37，《大正藏》冊10，頁198上。
〔註181〕《俱舍論》卷11，《大正藏》冊29，頁60中。
〔註182〕《十地經論》卷9，《大正藏》冊26，頁176下。
〔註183〕八十《華嚴》卷37，《大正藏》冊10，頁197中。

能不起滅定，而現諸威儀。〔註184〕喻說，是指有人乘船進入大海，因為知行
船法，知水相之善巧方便，就不會遭覆沒之危險。合說，是指七地菩薩也如
乘船入海，得方便波羅蜜，為度眾生而不證入涅槃。所以，在喻說、合說中，
因為有善巧之方便波羅蜜，而不證入涅槃。得寂滅勝行，屬於《成唯識論》
二方便的「拔濟方便善巧」。

　　得寂滅勝行，已攝無著行；得發起勝行，即有中殊勝行，攝平等隨順一
切眾生迴向，《華嚴經》云：

> 佛子！此菩薩得如是三昧智力，以大方便，雖示現生死，而恒住涅
> 槃；雖眷屬圍遶，而常樂遠離；雖以願力三界受生，而不為世法所
> 染；雖常寂滅，以方便力而還熾然，雖然不燒；雖隨順佛智，而示
> 入聲聞、辟支佛地；雖得佛境界藏，而示住魔境界；雖超魔道，而
> 現行魔法；雖示同外道行，而不捨佛法；雖示隨順一切世間，而常
> 行一切出世間法；所有一切莊嚴之事，出過一切天、龍、夜叉、乾
> 闥婆、阿脩羅、迦樓羅、緊那羅、摩睺羅伽、人及非人、帝釋、梵
> 王、四天王等之所有者，而不捨離樂法之心。〔註185〕

七地菩薩證得滅定三昧，不入涅槃，故成大方便。引文中共有十句，除了第
十句外，有八句皆為「雖……而」的句子，第四句為「雖……以……雖」的
句子，正顯勝行。其中「雖」句、「而」句，可為能所治，二行共俱互攝。今
舉第一句「雖示現生死，而恒住涅槃」為例，以生死為所治，恆住涅槃為
能治，能治攝於所治，則不為生死所染；以涅槃為所治，示現生死為能治，
能治攝於所治，而不證於涅槃。得發起勝行，〈十地品〉、《十地經》皆為十
句，但《十地經論》將後三句合為一句，故只有八句，茲分述如下：（一）起
功德行，入生死為福業事。（二）上首攝餘行，既示生死，必為上首，攝眷屬
故。（三）願取有行，以願力受生，非業力所拘，故處而不染。（四）家不斷
行，十句中只有此句具「空中方便慧，有中殊勝行」，雖言不染，而示有妻
子，即空中方便慧，是觀空不礙有；雖然不燒，即有中殊勝行，涉有不迷於
空，示有常修梵行。（五）入行，非獨化凡夫，亦轉二乘入佛慧。（六）資生
行，飲食資身、睡夢資神，皆順五欲十軍，是魔境界。（七）退行，示老病死
衰退，即四魔等法。（八）轉行，轉凡夫煩惱之行，有三種轉：見貪轉、障礙

〔註184〕參見《華嚴經疏》卷41，《大正藏》冊35，頁818上。
〔註185〕八十《華嚴》卷37，《大正藏》冊10，頁197下。

轉、貪轉。以上七地菩薩之有中殊勝行，包括初四化凡夫，次一化二乘，次二化魔道，後一轉凡夫之惑。〔註186〕得發起勝行，與凡夫、二乘、魔道之有情，共同迴向，祈求無上正等菩提，屬於《成唯識論》二方便的「迴向方便善巧」。

綜上所述，在十波羅蜜中，七地遠行地以方便波羅蜜特別殊勝，包括二種：迴向方便善巧、拔濟方便善巧。得寂滅勝行中，即空中方便慧，以法喻合來說明，屬於二方便的「拔濟方便善巧」；得發起勝行，即有中殊勝行，屬於二方便的「迴向方便善巧」。

七地菩薩方便波羅蜜之殊勝為何呢？六地菩薩已具足般若妙智，但樂著於三空，不能於空中起有勝行；七地則起般若智之方便妙用，涉有不迷於空，觀空不礙於有，故能以迴向方便善巧、拔濟方便善巧調和空有二邊，又以大悲為首，其所行的六度，由於有般若智之觀照，更為圓滿，故能念念中具足十波羅蜜。此外，七地菩薩的方便，以無所得的空慧為方便，就是三輪體空的方便波羅蜜多。

〔註186〕參見《華嚴經疏》卷41，《大正藏》冊35，頁818中。

第七章　八至十地菩薩之修行特色

　　在第五章已介紹了初至三地菩薩之修行特色，是寄位在世間人天乘；第六章介紹四至七地菩薩之修行特色，是寄位在出世間三乘；第七章則要介紹八至十地菩薩之修行特色，是出出世間一乘。

　　本章爲八至十地菩薩之修行特色，分爲四節：第一節介紹八至十地之來意、釋名、斷障、證理、成行、得果等六門。第二節探討遠離體障及治想，包括：八地遠離心意識分別想、九地遠離四無礙障、十地遠離煩惱垢。第三節是精勤修行，包括：八地菩薩勤修淨佛國土，九地菩薩勤修說法行，十地菩薩勤修受位行。第四節是圓修波羅蜜，包括：八地願波羅蜜、九地力波羅蜜、十地智波羅蜜。

第一節　通釋六門

　　六門，是指來意、釋名、斷障、證理、成行、得果，澄觀在《華嚴經疏・十地品》的每一地釋文前，皆先說明此六門。

一、來意

　　澄觀在「來意」中，八至十地皆引用《瑜伽師地論》來印證。八地的來意，《華嚴經疏》云：

> 所以來者，《瑜伽》云：「雖於無相作意無缺無間，多修習住，而未能於無相住中，捨離功用，又未能得於相自在，修習得滿」，故次來也。又約寄位，初之三地，寄同世間；次有四地，寄三乘法；第八已去，寄顯一乘故。《莊嚴論》釋第七地云：「近一乘故。」《梁論》

亦說，八地已上，以爲一乘，是知從前差別，進入一乘，故次來
也。〔註1〕

八地的來意，具有二義：一、約實位，引用《瑜伽師地論》的說法，菩薩於
第七地已修習無相有功用行，未能達到無功用行及於諸相得大自在，故必須
再修習才能圓滿。二、約寄位，初三地寄世間法，四至七地寄三乘法，八至
十地爲一乘法。此外，澄觀又引用《大乘莊嚴經論》、《梁釋論》的說法，七
地只是接近一乘，到了八地才進入一乘。

九地的來意，《華嚴經疏》云：

所以來者，《瑜伽》意云：「前雖於無相住中，捨離功用，亦能於相
自在。而未能於異名眾相訓詞差別，一切品類宣說法中，得大自在，
爲令此分得圓滿故」，次有此來。〔註2〕

八地已達到無相無功用行，也能於諸相得大自在，亦即能隨意自在地示現眾
生所歡喜見到的種種形相，但尚未達到說法得大自在，即法、義、詞、辯四
無礙，故須再修習才能圓滿九地。

十地的來意，《華嚴經疏》云：

所以來者，《瑜伽》意云：「雖於一切品類宣說法中，得大自在，而
未能得圓滿法身，現前證受。今精勤修習，已得圓滿」，故有此來。
論云：「於九地中，已作淨佛國土，及化眾生，第十地中，修行令智
覺滿，此是勝故。」以八九二地同無功用，故對之顯勝，有此地來。
又一乘中，最居極故。〔註3〕

十地的來意，具有三義：一、引《瑜伽師地論》的說法，九地說法得大自在，
但尚未圓滿法身，故須勤修才能圓滿十地。二、引《十地經論》的說法，八
地身業的淨佛國土，九地口業的教化眾生，十地意業的智度圓滿，故十地最
爲殊勝。三、八九十這三地，皆是一乘，一乘中又以十地最爲殊勝。

二、釋名

八地不動地，又稱爲不退轉地、難得地、童眞地、生地、成地、究竟地、
變化地、力持地、無功用地、〔註4〕不轉地、王子地、涅槃地、加地、〔註5〕

〔註1〕《華嚴經疏》卷41，《大正藏》冊35，頁818下。
〔註2〕《華嚴經疏》卷43，《大正藏》冊35，頁826下。
〔註3〕《華嚴經疏》卷44，《大正藏》冊35，頁833下。
〔註4〕八十《華嚴》卷38，《大正藏》冊10，頁200下。

威德地、自在地、住持地、無功力地。〔註6〕《華嚴經疏》云：

> 言不動者，總有三義故，《成唯識》云：「無分別智，任運相續，相、
> 用、煩惱，不能動故。」謂任運故，功用不能動；相續故，相不能
> 動。總由上二，煩惱不動，與本分大同。……《攝論》云：「由一切
> 相有功用行，不能動故。」此則略無煩惱。無性釋意云：「第七地行
> 動相不動，此中行相俱不動」，世親同此。〔註7〕

根據《成唯識論》的說法，菩薩至八地，無分別智相續任運，不被相、用、
煩惱等所動。《攝大乘論》的論本與世親的釋本，指七地菩薩雖無一切相，但
仍是有功用行，不能任運自在，還不能稱爲不動。到了八地，菩薩已達到無
相無功用行，任運自在，已不爲相、功用所動，故稱不動。《成唯識論》與《攝
大乘論》的差異，是指相、用、煩惱三項中，《攝大乘論》略無煩惱，略無並
非全無，可說是相用即煩惱。〔註8〕

九地善慧地，又作善哉意地、善根地。《華嚴經疏》云：

> 言善慧者，《攝大乘》云：「由得最勝無礙智故。」無性釋云：「謂得
> 最勝四無礙解。」無礙解智，於諸智中，最爲殊勝，智即是慧，故
> 名善慧，即下文中十種四無礙是也。……《瑜伽·住品》、《十住論》、
> 《成唯識》等，文辭小異，義旨無殊。〔註9〕

九地的釋名，結合《攝大乘論》的論本與無性的釋本，善慧是指四無礙智，
又譯爲四無礙辯、四無礙解，即法、義、詞、辯四無礙。四無礙智，是以智
慧爲本質，菩薩具此智，能遍十方法界，爲有情眾生善說妙法，成就利他行，
故稱諸智中最勝。澄觀沒有直接引用《成唯識論》，其原文爲：「成就微妙四
無閡解，能遍十方善說法故。」〔註10〕成就四無礙辯，能普遍十方，辯才無
礙自在說法。

十地法雲地，又作法雨地。《華嚴經疏》云：

> 《攝大乘論》云：「由得總緣一切法智，含藏一切陀羅尼門、三摩地
> 門」，此喻含水義。總緣一切法契經等智，不離真如，如雲合空，總

〔註 5〕 《十地經論》卷 10，《大正藏》冊 26，頁 184 中。
〔註 6〕 六十《華嚴》卷 26，《大正藏》冊 9，頁 565 下～566 上。
〔註 7〕 《華嚴經疏》卷 41，《大正藏》冊 35，頁 818 下～819 上。
〔註 8〕 參見《演義鈔》卷 68，《大正藏》冊 36，頁 548 上。
〔註 9〕 《華嚴經疏》卷 43，《大正藏》冊 35，頁 826 下。
〔註10〕 《成唯識論》卷 9，《大正藏》冊 31，頁 51 中。

持三昧，即是水也。又云：「譬如大雲，能覆如空，廣大障故」，此
喻覆空義。即以前智，能覆惑智二障。又云：「又於法身能圓滿故。」
此有二義：一、喻霔雨義，即上之智，出生功德，充滿所依法身故；
二、喻遍滿，即前之智，自滿法身耳。……《成唯識》中，亦有三
義，全同《攝論》。〔註11〕

根據《攝大乘論》的說法，法雲具有三義：一爲含水義。法智猶如大雲，能
含藏總持三昧之功德水，此智所藏，如雲含水。二爲覆空義。法智猶如大
雲，能覆蔽廣大如虛空的惑智二障，不使現前。三爲法身圓滿，又具有二
義：一爲霔雨，法智猶如大雲，能降下法雨滋潤法身，出生無量的殊勝功德；
二爲遍滿，法智猶如大雲，悉能周遍，圓滿所證所依的法身。各種經論，對
「法雲」二字皆有所詮釋，然不出此三義，即「智慧含德，遍斷諸障，遍證
法身。」〔註12〕

三、斷障

八地的斷障，「故所離障，亦離無相中作加行障，由有加行，未能任運現
相及土。此地能斷，說斷二愚：一、於無相作功用愚；二、於相自在愚，令
於相中，不自在故。」〔註13〕無相中作加行障，即俱生所知障的一部分，使
無相觀不能任運生起。前五地，修有相觀多，無相觀少；第六地，修有相觀
少，無相觀多；第七地，純修無相觀，雖恒相續但有加行，由無相中尚有加
行之故，不能令無相觀任運顯現化身及國土。八地能斷除二愚及其粗重：於
無相作功用愚、於相自在愚，這二愚能使菩薩受現象的束縛，不得自在。無
相中作加行障，障礙八地的無功用道，入八地就能斷除。八地以上，俱生所
知障的現行，與前六識相應的不再現行，與第七識相應的微細所知障仍可現
行生起，因爲人空無漏能永恒相續而不間斷。

九地的斷障，《華嚴經疏》云：

故所離障，離利他中不欲行障，有四辯故，四無礙障，分成二愚，
前三爲一，名於無量所說法、無量名句字、後後慧辯，陀羅尼自在
愚，謂所說法是義，名句字是法，後後慧辯是詞，陀羅尼自在愚，

〔註11〕《華嚴經疏》卷44，《大正藏》冊35，頁834上。
〔註12〕《華嚴經疏》卷44，《大正藏》冊35，頁834中。
〔註13〕《華嚴經疏》卷41，《大正藏》冊35，頁819上。

通於上三。二、辯才自在愚，即愚第四無礙。〔註14〕

利他中不欲行障，即俱生所知障的一部分，菩薩不願勤奮去做利樂有情之事，而樂於修行利己之事，障九地之四無礙解，入九地就能永遠斷除。九地能斷除二愚及其粗重：「於無量所說法陀羅尼自在愚、於無量名句字陀羅尼自在愚、於後後慧辯陀羅尼自在愚」，即義、法、詞三無礙解之愚；「辯才自在愚」，即辯無礙解之愚。以上二愚，障礙四無礙解。

十地的斷障，「所覆麁重，即所離障，謂於諸法中未得自在障，此障十地大法智雲，及所含藏所起事業故。斯即二愚，障所起業，名大神通愚；障大智雲，即悟入微細祕密愚。」〔註15〕於諸法中未得自在障，即俱生所知障的一部分，使人對一切事物不得自在，能障礙十地的大法智雲及所含藏的陀羅尼、三摩地等各種功德，以及其所生起的各種神通，入十地就能永遠斷除。十地能斷除二愚及其粗重：「大神通愚」，即障礙大法智雲所生起的各種神通；「悟入微細祕密愚」，即障礙大法智雲及其所含藏的陀羅尼、三摩地等各種功德。

四、證理

八地的證理，「其所證如，名不增減，以住無相，不隨淨染有增減故，即此亦名相土自在所依眞如，證此眞如，現相現土，皆自在故。」〔註16〕八地證得不增減眞如，遠離增減的執著，不隨著染法或淨法之事物而有所增減。證得此眞如，即能自在變現各種化身與國土，故亦稱相土自在所依眞如。

九地的證理，「故所證眞如，名智自在所依，謂若證得此眞如已，於無礙解，得自在故。」〔註17〕智自在所依眞如，即對於四無礙智得自在。

十地的證理，「斷此障故，便能證得業自在等所依眞如，謂神通、作業、總持、定門，皆自在故。」〔註18〕業自在等所依眞如，即得一切神通、身口意三業、陀羅尼、三摩地等都得自在。

〔註14〕《華嚴經疏》卷43，《大正藏》冊35，頁826下。
〔註15〕《華嚴經疏》卷44，《大正藏》冊35，頁834上。
〔註16〕《華嚴經疏》卷41，《大正藏》冊35，頁819上。
〔註17〕《華嚴經疏》卷43，《大正藏》冊35，頁826下。
〔註18〕《華嚴經疏》卷44，《大正藏》冊35，頁834上。

五、成行

八地的成行，「故所成行，亦名無生法忍相土自在。」〔註19〕八地證得相土自在所依眞如，其修行的成就爲無生法忍相土自在。

九地的成行，「便成善達法器自在說法行。」〔註20〕九地證得智自在所依眞如，其修行的成就是具四無礙智，能自在地爲眾生說法。

十地的成行，「便成受位等行。」〔註21〕十地證得業自在等所依眞如，其修行的成就是受佛職位，圓滿成佛。

六、得果

八地的得果，「及所得果，即定自在等，皆由無相無功用故。」〔註22〕澄觀於《演義鈔》云：「言定自在等者，即《梁論》云：通達無增減法界，定自在等，得法身果意。」〔註23〕八地證得不增減眞如，具有相（定）自在依止義、土自在依止義，得法身果。

九地的得果，「《梁論》云：由通上眞如，得應身果。《金光明》中，得智藏三昧，皆一義耳。」〔註24〕九地菩薩具四無礙智，證得智自在眞如，得應身果，又稱成熟眾生果。〔註25〕

十地的得果，「具智波羅蜜，得化身三昧等果，即是雲雨。究竟成佛法身，及所證如，皆亦所遍虛空，其旨一耳。」〔註26〕十地於十度中屬於智波羅蜜，證得業自在等所依眞如，得化身果。十地已圓滿法身，於第十地的滿心、金剛喻定現前時，入如來地，究竟成佛，神通自在，遍滿虛空。

第二節　遠離體障及治想

八至十地的菩薩，爲一乘法，入八地斷除體障，八地以上至如來地斷除治想，配於出出世間。何謂體障呢？《演義鈔》云：「體障，謂觀非有非無之

〔註19〕《華嚴經疏》卷41，《大正藏》冊35，頁819上。
〔註20〕《華嚴經疏》卷43，《大正藏》冊35，頁826下。
〔註21〕《華嚴經疏》卷44，《大正藏》冊35，頁834上。
〔註22〕《華嚴經疏》卷41，《大正藏》冊35，頁819上。
〔註23〕《演義鈔》卷68，《大正藏》冊36，頁548下。
〔註24〕《華嚴經疏》卷43，《大正藏》冊35，頁826下～827上。
〔註25〕參見《演義鈔》卷70，《大正藏》冊36，頁558中。
〔註26〕《華嚴經疏》卷44，《大正藏》冊35，頁834上。

解，立已（己）能知，故曰體障。……八地已上，斷除體障。前第七地雖除分別有無之心，猶見己心以爲能觀，如爲所觀，其所觀如不即心，能觀之心不即如，心如別故，心外求法，故有功用，法外立心，故有體障。從第七地入八地時，破捨此障，觀察如外由來無心，心外無如，如外無心，心不異如，心外無如，如不異心，故能如心泯同法界，廣大不動，以不異故，自外推求，故捨功用，不復如外建立神智，故滅體障。體障滅故，名無障想。」〔註27〕

「體」是指建立神智之體，謂彼緣智正觀諸法非有非無，雖捨前四至七地智障之分別有無之心，而猶見己心以爲能觀，如爲所觀。見己心爲能觀，心與如異；如爲所觀，如與心別。所以己心與如別，即是心外求法，仍是有功用行，法外立心，不能消除神智之礙，稱爲體障。從第七地入八地時，遠離此障，心如合一同於法界，廣大不動，進入無功用行，不復建立神智，故滅體障，體障滅故，名爲無障想。

何謂治想呢？《演義鈔》云：「治想，謂妄識中，含如正慧。……第三治想，至佛方滅，故入八地，雖無障想，而有治想。從八地已上，無生忍體，轉轉寂滅，令彼治想，運運自亡，至佛乃窮，今此未盡，故說非無。」〔註28〕

治想，亦是緣智，對治神智之礙，雖心如合一，論其體性，猶是七識生滅之法，障於真證無生滅慧，故名爲障。入第八地，雖已遠離體障，故無障想，但仍有治想，八地以上漸次斷除，至佛地乃盡。入八地斷除體障，八地以上至如來地斷除治想，包括心意識分別想、四無礙障、煩惱垢，這些都是屬於障道法，能障無上菩提，故應遠離。

一、八地：遠離心意識分別想

依據《十地經論》的分法，八地共有七種相差別：「一、總明方便作集地分；二、得淨忍分；三、得勝行分；四、淨佛國土分；五、得自在分；六、大勝分；七、釋名分。」〔註29〕其中前二分爲趣地方便，也是入地心。第一分，是遠方便，總前七地集作此地方便；第二分，是近方便，七地已得下品無生忍光明，八地修熟令清淨。

七地菩薩已修習圓滿，欲入第八地，必先修習遠方便，《華嚴經》云：

善修習方便慧，善清淨諸道，善集助道法。大願力所攝，如來力所

〔註27〕《演義鈔》卷69，《大正藏》冊36，頁551中。
〔註28〕《演義鈔》卷69，《大正藏》冊36，頁551中～下。
〔註29〕《十地經論》卷10，《大正藏》冊26，頁179上。

加，自善力所持，常念如來力、無所畏、不共佛法，善清淨深心思
覺，能成就福德智慧，大慈大悲，不捨眾生，入無量智道。〔註30〕

總明方便作集地分，非獨第七地，而是總集前七地，說明前七地中諸地共證
的同相，以及諸地分證的別相，是進入第八地的遠方便智慧。《十地經論》分
為同相、別相，法藏、澄觀亦承襲之，茲依據《華嚴經疏》做說明：以上十
一句，正顯所集，前三句為同相，是諸地通行；後八句為別相，則是諸地異
修。同相三句，通前七地：善修習方便慧，《十地經論》為「二種無我上上證」，
即是證道，十地同證二無我，而地地轉勝；善清淨諸道，《十地經論》為「不
住道清淨」，即是不住道；善集助道法，《十地經論》為「彼方便智行所攝，
滿足助菩提分法」，助道法即是證道、不住道二者所攝之助。別相八句，攝八
句為七地，為諸地異修：初地十大願攝持，而能至此；二地攝十善戒，是如
來佛力加護，而證得十力、四無所畏；三地修禪定證神通，是自善根力得通
達；四地修習十法明門，又以十種法智教化眾生，得障淨勝，皆是念通達佛
法，即是十力、四無所畏；五地有十種平等深淨心，此心即是思覺；六地有
三種大悲，成就福德，三者皆是觀因緣生滅，成就智慧；七地有二句，初句
以空中方便慧、有中殊勝行之空有不二來度化眾生，後句以無量眾生界，而
入無量智道。〔註31〕

七地菩薩已修習遠方便，還要修習近方便，才能入地，《華嚴經》云：
入一切法，本來無生、無起、無相、無成、無壞、無盡、無轉、無
性為性，初中後際皆悉平等，無分別如如智之所入處。離一切心、
意、識分別想，無所取著猶如虛空，入一切法如虛空性，是名得無
生法忍。〔註32〕

第二分「得淨忍分」，即是近方便。其中「入一切法」是總句，即證悟通達萬
有理事之法，其餘共有十五句，法藏將其歸納為三部分，澄觀亦承襲之：初
十句，正明無生忍；次四句，明無生忍淨；後一句，結得忍名。茲依據《華
嚴經疏》分述如下：

（一）正明無生忍

菩薩於何地證得無生忍呢？根據《華嚴經疏》云：「然約實位，初地即得

〔註30〕八十《華嚴》卷38，《大正藏》冊10，頁199上。
〔註31〕參見《華嚴經疏》卷41，《大正藏》冊35，頁819中～下。
〔註32〕八十《華嚴》卷38，《大正藏》冊10，頁199上。

無生；今約寄位，當七八九。寄位何以有此不同？謂若約空無我理爲無生者，
即初地證如，所以名得。」〔註33〕約通相而言，初地、六地、七地皆得無生、
無我、空平等理三相，所以初地已證人法二空，證得眞如，名無生忍。若約
別相而言，初地、六地皆未得無生忍，因爲無生、無我、空平等理三相不同。
初地證得無我，四、五地證得空平等理，八、九地證得無生忍。〔註34〕七地
已證得無生忍，但仍是有功用行，無法任運修習無相觀，故名生澀；八地進
入無功用行，無相觀任運生起，故名純熟。

　　無生法忍，其梵文爲 anutpattika-dharma-kṣānti，又稱無生忍。無生，又作
無起，謂諸法之實相無生無滅之眞理；忍是一種智慧，不同於忍辱，謂安住
且不動心。正明無生忍，即淨忍分之初十句，主要敘述四種無生，即事無生、
自性無生、數差別無生、作業差別無生。茲說明如下：

1. 事無生

　　事無生之「事」，即實有七種事，故以七種無生來對治此七種實法的執著。
本來無生、無起、無相、無成、無壞、無盡、無轉等七句爲事無生，初四句
明不增，後三句明不減，所以事無生即是法性不增不減。事無生，即是對治
七種實法之執著，以下四句先遣初地以上聖位的執著：「淨分法中本有實」，
把自性住種當作實體存在，以「本來無生」來對治；「新新生實」，把習所成
種當作實體存在，以「無起」來對治；「相實」，把自性住種、習所成種所生
之行相，當作實體存在，以「無相」來對治；「後際實」，把將來成佛之時，
遠離煩惱，證得佛果，當作實體存在，以「無成」來對治。以上四種是實法
之執著，初句自性住佛性，次二句引出佛性，後一句至得果佛性，故以四種
無生來對治。

　　以下三句復遣地前凡夫的執著：「先際實」，是對後際佛果而言，把眾生
的煩惱當作眞實存在，必先去除煩惱，才能成佛，以「無壞」來對治；「盡實
諸眾生」，把眾生證得涅槃當作實體存在，以「無盡」來對治；「雜染實淨分」，
把轉染成淨當作實體存在，以「無轉」來對治。事無生七句中，無生、無起、
無相、無成四句屬於清淨法，無壞、無盡、無轉屬於染法，淨法不增，染法
不減，故曰無生。〔註35〕

〔註33〕《華嚴經疏》卷39，《大正藏》冊35，頁801下。
〔註34〕參見《華嚴經疏》卷39，《大正藏》冊35，頁801下～802上。
〔註35〕參見《華嚴經疏》卷41，《大正藏》冊35，頁819下～820上。

2. 自性無生

自性無生，澄觀將其分為顯詮與遮詮來說明：〈十地品〉為「無性為性」，此是顯詮；《十地經》為「非有有性」，即非有彼定執自性，此是遮詮。遮詮與顯詮（或稱表詮），反面與正面之表述方式雖不相同，但其義旨相同，如「非有有性」，非有即是無性，有性即是為性，故遮詮與顯詮是會合〈十地品〉、《十地經》二經之說法。自性無生，即是法無我理，了知諸法是因緣所生，實無自性實體，非先有今無的斷滅，亦非全無真體的妙有。

古代注疏家依據《十地經論》之「所有觀法無我，無二相故」〔註36〕之「無二相」，而將自性無生會歸為二種中道：「非有非無為中道」，無性則非有，為性則非無，以無性為性，故云此二亦不二，即以性無體有，為真諦中道；「不即不離為中道」，即事顯理為二諦中道，七實皆事，不之一字於理，今通達事理不二，入第一義。〔註37〕以上立二種中道，是由於《十地經論》之「無二相」，由無二故，顯法無我理，而入諸法自性無生。所以，非即非離是無二，為中道義。

在自性無生中，《十地經》、法藏只有遮詮「非有有性」，澄觀則增加了顯詮「無性為性」，以遮詮、顯詮二方式會合二經。此外，在自性無生中，《十地經論》只有「無二相」，澄觀歸納古代注疏家之說法，將之會歸為二種中道，這也是其創見之一。

3. 數差別無生

數差別無生，在《十地經論》、法藏之解釋，皆是「於三時中，染淨法不增減。」〔註38〕三時，即先際、中際、後際等三際。八地已證得不增減真如，三時之染淨法為不增不減，三際皆空，故無自性。澄觀又增加了《瑜伽師地論》的說法，約三世是約時辨異：後際、前際、中際，前際唯染，後際唯淨，中際約眾生，就染淨以明，揀濫而不適用於本文；〈十地品〉是約位以明三際，前際即七地以前，後際即九地以後，中際即當八地，雖約位有殊，而體無增減，故說「初中後際皆悉平等」。〔註39〕

〔註36〕《十地經論》卷10，《大正藏》冊26，頁179中。
〔註37〕參見《華嚴經疏》卷41，《大正藏》冊35，頁820上～中。
〔註38〕《十地經論》卷10，《大正藏》冊26，頁179中。
〔註39〕參見《華嚴經疏》卷41，《大正藏》冊35，頁820中。

4.作業差別無生

作業差別無生，或稱作業無生、業差別，是果位作用；以「如智」貫之，則無差別，無差別即是無生。八地已證得無分別智，此智在《十地經》爲「一切智智」，在六十《華嚴》爲「如來智」，在八十《華嚴》爲「如如智」，在《十地經論》爲「佛智」，澄觀以「如如智」做說明。如如智之第二個「如」是理如，第一個「如」是智如，智如於眞理，故無分別，此智是佛、菩薩最究竟的入處。今菩薩證如，同佛入處。〔註40〕

　　初十句，《十地經論》只分爲四種無生；法藏又增加了顯功能、約位、指廣三個方面來說明；澄觀則在法藏的基礎上，又增加了出體之面向。茲依據《華嚴經疏》分述如下：(1)顯其功能：事無生是破相，即遣有相；自性無生是破性，即遣有性；數差別無生是因泯，即離因相；作業無生是果離，即離果相。其中前二破相入如，一破有相，二破無相，二俱破相，二俱入如；後二證實相，並且捨相。(2)寄位：事無生是捨相入實，故是加行；自性無生是性相雙遣，故是正體（根本）；作業無生是用，故是後得，於理必然；數差別無生是通始終，三世別故。(3)出體：約法性收，不出眞妄，亦即三性，妄法通於依他起性、遍計所執性，眞法唯約圓成實性。(4)指廣：依《佛性》等論，說三性分別：約遍計所執性，是本來無生；約依他起性，是自性無生；約圓成實性，是數差別無生、作業差別無生。〔註41〕

（二）無生忍淨

　　無生忍淨，包括「離一切心意識分別想」之離障，以及「無所取著」等三句之顯治。「離」者，即《十地經論》之「示現行遠離」，謂契實捨妄，名行遠離，揀非心體離。離障，即離一切心意識分別想，所離一切略分爲二：離心，謂離報心憶想分別，《十地經論》爲「報分別境界想」，即離第八識異熟識，以及轉現、遍行；離意識，謂離方便心憶想分別，《十地經論》爲「離攝受分別性想」，即離第七末那識、第六意識，及其所攝心所。離心分別想、離意識分別想，是則心行處滅，名離一切想。以上離一切心意識分別想，即是要滅障法想，滅除有分別觀解之想。在八地中，即以「滅定喻」說明離六、七識及其心所，故動心憶想分別皆悉止息；住於報行，若約證道，即善住於阿賴耶識眞如法中，正證眞如，七地所修報熟現前，眞如之本識爲眞淨

〔註40〕參見《華嚴經疏》卷41，《大正藏》冊35，頁820中。
〔註41〕參見《華嚴經疏》卷41，《大正藏》冊35，頁819下。

分，為八地所住，由住真如，故八地捨離梨耶之名，一切我執從此不起。以「生梵天喻」說明生於梵天，則一切欲界的煩惱不會起現行，八地的菩薩亦如是，所有的心意識都能止息不再起現行。〔註 42〕所以，八地已捨分段生死，出離三界，故三界的煩惱不再起現行，只有第七識微細的所知障仍可現行生起，故仍有治想。

能治之「治」，即無分別智。治想有二義：揀凡夫小乘，外道之無想、二乘之滅定，皆非無分別智；揀如來，如來是寂照，非八地無生的照寂。〔註 43〕顯治有三句，即第八地超越第七地之三種殊勝處：無功自然行，即「無所取著」，觀心純熟，不假作意，任運趣果，名任性自進，此顯治妙；遍一切法想，即「猶如虛空」，顯無生智無所不遍，此顯治廣；入真如不動自然行，即「入一切法如虛空性」，此顯治深。〔註 44〕八地的無分別智，就像入於《大乘起信論》之離念相：「所言覺義者，謂心體離念。離念相者，等虛空界，無所不遍。法界一相，即是如來平等法身，依此法身說名本覺。」〔註 45〕本覺即是真如法界、如來法身，今入虛空，即入於法身本覺。

以上已介紹淨忍分，其中前十句正明無生忍，包括四種無生忍觀；次四句明無生忍淨，離一切心、意、識分別想即是離障是止，及超越第七地之三種殊勝處為顯治是觀，無功雙運，證得無生法忍之止觀，進入第八地不動地，自然成就「無功用行」。

此外，澄觀異於《十地經論》、法藏之處，即是他將無生忍分為二種：「然無生忍略有二種：一、約法；二、約行。約法，則諸無起作之理，皆曰無生，慧心安此，故名為忍，即正明中意。約行，則報行純熟，智冥於理，無相無功，曠若虛空，湛猶淳海，心識妄惑，寂然不起，方曰無生，即淨忍中意。前一猶通諸地，未得於後，不稱淨忍。」〔註 46〕澄觀將無生忍分為二種，一方面是詮釋的角度不同，另一方面是所證悟的境界不同。淨忍分之初十句，正明無生忍，即是從法體的角度說明無生忍；次四句，明無生忍淨，即是從行的角度說明無生忍。其中，無生忍之「法體」，通於諸地，八地所證之無生法，指對諸法無起無作之理，智慧能安住此理且不動心；而無生忍之「行」，

〔註 42〕 參見八十《華嚴》卷 38，《大正藏》冊 10，頁 199 上。
〔註 43〕 參見《演義鈔》卷 69，《大正藏》冊 36，頁 551 中。
〔註 44〕 參見《華嚴經疏》卷 41，《大正藏》冊 35，頁 820 中～下。
〔註 45〕 《大乘起信論》，《大正藏》冊 32，頁 576 中。
〔註 46〕 《華嚴經疏》卷 41，《大正藏》冊 35，頁 819 下。

則是無始劫來加功用行，於八地報行純熟，智慧與眞理冥契，修無相無功用行，達到心識妄惑已盡，諸法悉皆不生才證成。二種無生忍中，正明無生忍通於前七地，其法體在諸地之修行皆存在，而無生忍淨要到八地才證成，方稱爲「淨忍」。進入八地的障礙是心意識分別想，於無生忍淨已遠離心意識分別想及一切執著，心意識行皆能止息而不現行，捨有功用行，得無功用行，使無相觀能任運生起，進入八地，而成就無相無功用行。

二、九地：遠離四無礙障

依據《十地經論》的分法，九地之地行共有四分：「一、法師方便成就；二、智成就；三、入行成就；四、說成就。」〔註47〕八地是淨佛國土，教化眾生；九地是辯才說法，教化眾生，具前四分，成就一切相。八地菩薩已證得無生法忍，即可進入涅槃，但爲了度化眾生，而不入涅槃，更修十法才能進入第九地善慧地，此十法即是初分之入地心。初分「法師方便成就」，指第九地能起辯才說法，名法師地；趣地行而立，名爲方便。

八地淨佛國土教化眾生，已於諸相得大自在，但尚未於說法得大自在，故不具有四無礙辯，產生了利他中不欲行障，故以十法來對治，使進入此地之法師不僅能樂修己利，亦能利樂有情，使自他得大利益。《華嚴經》云：

> 欲更求轉勝寂滅解脫，復修習如來智慧，入如來祕密法，觀察不思議大智性，淨諸陀羅尼三昧門，具廣大神通，入差別世界，修力、無畏、不共法，隨諸佛轉法輪，不捨大悲本願力。〔註48〕

《十地經論》將此十句，分爲一一五三句，法藏、澄觀亦承襲之。茲依據《華嚴經疏》分述如下：初句「欲更求轉勝寂滅解脫」爲利他，九地菩薩已達到無色界的解脫境界，但菩薩不自求解脫，而只爲了利益他人，化其令得大般涅槃，故云轉勝；次句「復修習如來智慧」爲自利，未得究竟佛智，又修習如來智慧。次五句「入如來祕密法，觀察不思議大智性，淨諸陀羅尼三昧門，具廣大神通，入差別世界」是菩薩教化五類眾生而生起的利他行，包括：根熟眾生，教化令入如來祕密法，以身口意三密化益；邪念眾生，令觀察不思議智，而得正念；未知法眾生，爲其說法，令其得知；邪歸依眾生，示現廣大神通，令入正法；信生天眾生，令入差別世界佛淨土。以上五句，

〔註47〕《十地經論》卷11，《大正藏》冊26，頁186上。
〔註48〕八十《華嚴》卷38，《大正藏》冊10，頁202上。

是菩薩教化無證、無行、無解、無信眾生之利他行。後三句「修力、無畏、不共法，隨諸佛轉法輪，不捨大悲本願力」爲自利，包括三德：正覺內證之智德、轉法輪之外化恩德、無住涅槃之斷德等佛果的三種功德。〔註49〕所以此十句爲兩對自他利益，一一句爲一對，五三句爲一對，皆爲前句利他，後句自利。

澄觀除了依據《十地經論》的說法外，又增加了二種說法：前二句爲自利，亦即第一句也是自利，即八地得中品忍，寂滅現前，依七勸而起修，又追求上品忍名爲轉勝，達到即用而寂之眞解脫；十句皆通自利、利他二利，於理無失。〔註50〕

菩薩已修十法進入九地，包括自利、利他之二利事，已斷除了利他中不欲行障，即遠離四無礙障，能障礙四無礙解，入九地就能永遠斷除。八地以上，六識之所知障不再現行，但與第七識相應的微細所知障仍可現行生起，亦即治想猶存，必須漸次斷除，至佛地永捨。遠離四無礙障，即得四無礙辯，便能辯才無礙自在說法，以教化眾生。

三、十地：遠離煩惱垢

依據《十地經論》的分法，十地之地行有六分差別：「一、方便作滿足地分；二、得三昧滿足分；三、得受位分；四、入大盡分；五、地釋名分；六、神通力無上有上分。」〔註51〕十地之初分爲「方便作滿足地分」，即攝前九地所修諸行以爲方便，使十地得滿足，爲入地心。

在十地中，初地、八地、十地等三地，皆爲「總集方便」。初地收三賢位，爲趣地之遠方便，取四加行，爲近方便；〔註52〕八地總集前七地爲遠方便，無生忍淨爲近方便；十地總集前九地諸行以爲方便。八地之初分「總明方便作集地分」，與十地之初分「方便作滿足地分」名稱相似，其所敘述的內容是相同的，皆攝前七、九地所修諸行以爲方便，也分爲同相、別相。同相，是諸地通行，亦分爲證道、助道、不住道；別相，諸地異修，八地是闡述初地至七地的別相，十地則攝前七地合爲一相，以及八地的別相、九地之自分行、勝進分、十地的結行入位。《華嚴經》云：

〔註49〕參見《華嚴經疏》卷43，《大正藏》冊35，頁827中。
〔註50〕參見《華嚴經疏》卷43，《大正藏》冊35，頁827中。
〔註51〕《十地經論》卷12，《大正藏》冊26，頁193下。
〔註52〕參見《演義鈔》卷57，《大正藏》冊36，頁454中。

爾時金剛藏菩薩摩訶薩，告解脫月菩薩言：佛子！菩薩摩訶薩從初
地乃至第九地，以如是無量智慧觀察覺了已，善思惟修習，善滿足
白法，集無邊助道法，增長大福德智慧，廣行大悲，知世界差別，
入眾生界稠林，入如來所行處，隨順如來寂滅行，常觀察如來力、
無所畏、不共佛法，名為得一切種一切智智受職位。〔註53〕

「方便作滿足地分」分為總明、別顯二種。在總明中，「無量智」是廣智，「觀
察覺了」是證智。依《寶性論》之說法，地上菩薩起二修行：約根本智，名
如實修行，即此證智；約後得智，名遍修行，即此廣智。諸地具起以上二種
行，今於上二行決擇思修。別顯中有十句，《十地經論》攝為七相，其中初三
句、七八二句，合為一相。「善滿足白法，集無邊助道法，增長大福德智慧」，
為善修行，即是同相，謂初三句說明證道、助道、不住道，是諸地同修。善
修行是前九地同修之相，證、助、不住三者間，形成了前果後因之關係，依
次互釋。何以得證？由次句助道；何因成助？由後句不住道。以下共有六種
別相，分述如下：1.「廣行大悲」，即普遍隨順自利利他相，此攝前七地之二
利行相。2.「知世界差別」，令佛土淨，即八地的修行相。3.「入眾生界稠林」，
教化眾生相，即九地自分行，入十一種稠林。4.「入如來所行處，隨順如來寂
滅行」，善解相，謂解達真如是佛所行處，善順如來能證寂滅行。5.「常觀察
如來力、無所畏、不共佛法」，無厭足相，常觀察力等，欲趣入故。以上二句
中，前句解，後句行，為九地之勝進分。6.「名為得一切種一切智智受職位」，
地盡至入相，謂十地證窮，同前諸地，結行入位，得受佛職位。〔註54〕

九地菩薩入第十地法雲地時，攝前九地諸行以為方便，得到諸佛以智水
灌其頂，以為受法王職之證明，是為入地心。第九地辯才說法教化眾生，已
於說法得大自在，但尚未圓滿法身，故於諸法不得自在，障礙三摩地等各種
功德，故不具有三昧，產生了於諸法中未得自在障，故於受職進入十地之後，
修習第二分「得三昧分」，共有十種三昧，總離煩惱垢，別離八種垢，使進入
此地之菩薩能得三昧現前，《華嚴經》云：

佛子！菩薩摩訶薩以如是智慧，入受職地已，即得菩薩離垢三昧、
入法界差別三昧、莊嚴道場三昧、一切種華光三昧、海藏三昧、海
印三昧、虛空界廣大三昧、觀一切法自性三昧、知一切眾生心行三

〔註53〕八十《華嚴》卷39，《大正藏》冊10，頁205上～中。
〔註54〕參見《華嚴經疏》卷44，《大正藏》冊35，頁834下～835上。

> 昧、一切佛皆現前三昧，如是等百萬阿僧祇三昧，皆現在前。菩薩
> 於此一切三昧，若入若起，皆得善巧，亦善了知一切三昧所作差別，
> 其最後三昧，名受一切智勝職位。〔註55〕

三昧分中，有十種三昧，其中「離垢三昧」是總，離煩惱垢，十地是障盡
處，不加功力而自然現前。別中九定，六七合一，離八種垢：「入法界差別三
昧」，入密無垢，謂解入事事法界深密之處，無垢故不與惑俱。「莊嚴道場三
昧」，近無垢，行近佛果，萬行已圓，道場斯近，如《淨名》說。「一切種華
光三昧」，放光無垢，身智二光：光開心華，令其見實是智光；亦能坐種種大
寶蓮華，光無不照是身光，其正意在身光之業用。「海藏三昧」，陀羅尼無
垢，如海包藏，口辯總持無量佛法。「海印三昧」，起通無垢，無心頓現，而
意業現通。「虛空界廣大三昧、觀一切法自性三昧」，清淨佛土無垢，上句淨
土無量廣大，則盡法界之疆域，即自受用土；下句正觀深遠，窮國土之體
性，即法性土。「知一切眾生心行三昧」，化生無垢，知其心行，而化度眾生
之事。「一切佛皆現前三昧」，正覺無垢，謂勝進上覺，將成菩提時，一切諸
佛迭共現前而證知，如下受職處說，以本覺將現前。〔註56〕八垢中，前七自
分，後一勝進。七自分中，前六自利，後一利他。六自利中，前五法身行，
後一攝淨土行。法身行中又分為三：一解；二行；下三成德，即身口意三
密。十地菩薩不僅證得十種三昧，亦有百萬阿僧祇三昧久修成就，不加功力
而自然顯現於前。而且對於一切三昧，入起相即、隱顯無方，皆能善巧，知
其業用，最後獲得受一切智勝職位之三昧。

　　菩薩已證得十種三昧進入十地，遠離了煩惱垢，斷除了於諸法中未得自
在障，入十地就能永遠斷除。遠離煩惱垢，即得十種三昧，便能圓滿法身，
究竟成佛。

第三節　精勤修行

　　在第二節中，曾探討八地菩薩須修習「總明方便作集地分」之遠方便、
「得淨忍分」之近方便，九地須修「法師方便成就」之十法，十地須修「方
便作滿足地分」之七相，才能入地，遠方便、近方便，十法及七相皆為入地

〔註55〕八十《華嚴》卷39，《大正藏》冊10，頁205中。
〔註56〕參見《華嚴經疏》卷44，《大正藏》冊35，頁835上。

心。八至十地於入地前，或入地後，要遠離諸障道法，接著在住地心還要精勤修行。精勤修行，指八地必須勤修淨佛國土、九地勤修說法行、十地勤修受位行，此時已進入正住地。八至十地的菩薩已歷經了入地心、住地心的階段，接著還要精勤修行，才能證得佛果。

一、八地：勤修淨佛國土

八地之七種相差別中，第四分為安住地行，是正住之始，依前勝行，更起而修淨土之行，故稱「淨佛國土分」。八地的淨佛國土與一般所說的淨土有所不同，《華嚴經疏》云：

> 淨土有二：一是能淨之因，二是所淨之果。此有二對：一、相淨果，謂寶嚴等，以行業為因，謂直心等；二、自在淨果，謂三世間圓融等，以德業為因，謂淨土三昧等，今約後對。然淨土行業，始起在凡，滿在十地；淨土德業，始起不動，終在如來。〔註57〕

淨土有二義：以行業為因，感相淨果；以德業為因，感自在淨果。行業，始自凡夫，終至十地；德業，始於第八地不動地，終至成佛。兩種淨土中，前者是指諸佛所修之淨土法門，後者是指淨土三昧。所以不動地之淨佛國土，是指自在淨果，即淨土三昧。根據《華嚴經疏‧世界成就品》，大圓鏡智為自受用土；眾生與菩薩共構一緣的凡聖同居，為變化土；初地十大願之淨土願、八地以上功用不退行之淨土分，為他受用土。以上三土皆是行業淨，亦即以行業為因，感相淨果。八地以上、等覺、妙覺，為法性土，通為諸土之體，亦與受用土、變化土互相融攝，為自在淨，亦即以德業為因，感自在淨果。〔註58〕

《大智度論》云：「以諸法無所得相故，得菩薩初地乃至十地，有報得五神通，布施、持戒、忍辱、精進、禪定、智慧，成就眾生，淨佛國土。」〔註59〕初地至十地菩薩，有報得五神通、六波羅蜜，所以能在十方佛土，成就眾生、淨佛國土。菩薩證得無生法忍之後，其利生之事業即是成就眾生、淨佛國土。〔註60〕所以八地證得無生法忍，其淨佛國土，即以大方便智觀察

〔註57〕《華嚴經疏》卷42，《大正藏》冊35，頁822下。
〔註58〕參見《華嚴經疏》卷11，《大正藏》冊35，頁575中～下。《演義鈔》卷26，《大正藏》冊36，頁195下。
〔註59〕《大智度論》卷75，《大正藏》冊25，頁590下。
〔註60〕參見《大智度論》卷87，《大正藏》冊25，頁670下。

一切皆如實知，廣說則是八地菩薩於諸佛國土能化生應形的作用；其濟度有情，教化三界六道之眾生，即以神通力權示化現種種身相，如觀世音菩薩以三十三身之化現攝受眾生，稱為化現、應現，或稱為權化。

八地菩薩之淨佛國土，分為三種自在行：器世間自在行、眾生世間自在行、智正覺世間自在行，繼續完成度化眾生的事業。器世間，指三千世界，乃釋迦如來所化導之境，即是化處；眾生世間，乃釋迦如來所化之機眾，即是所化；智正覺世間，乃釋迦如來能化之智身，即是能化。三種自在行中，初一多約能淨，後二多約所淨，須具後二淨，方名為「淨土」；〔註61〕於此三法，能起化無礙，方名「自在」。茲分述三種自在行如下：

（一）器世間自在行

器世間，指一切眾生所居之國土世界，相當於依報之山河大地等，亦指八地菩薩度化眾生的處所，與「國土世間」、「住處世間」同義。器世間自在行，分為總標舉、別顯其相兩種。《華嚴經》云：「佛子！菩薩住此第八地，以大方便善巧智所起無功用覺慧，觀一切智智所行境。」〔註62〕總標舉者，以無功用智為能觀智，以智所行境為所觀境，方便善巧即無功用因，亦即七地得空中方便慧，有中殊勝行，修無功用，今得自在。〔註63〕

別顯其相，有五種自在，《十地經論》云：「器世間自在行者，有五種自在：一、隨心所欲，彼能現及不現；二、隨何欲，彼能現；三、隨時欲，彼即時現；四、隨廣狹欲，彼能現；五、隨心幾許欲，彼能現。」〔註64〕澄觀則將此五種自在，稱為：隨心欲、隨何欲、隨時欲、隨廣陜（狹）欲、隨心幾許欲。

1. 隨心欲，《華嚴經》云：「所謂觀世間成，觀世間壞。」〔註65〕五種自在中，經與論之觀點不同，今舉「隨心欲」說明：〈十地品〉以觀知為主，只約能淨之面向來詮釋，隨自心欲知即能知故，故唯約因；《十地經論》欲顯義兼於果，而約所淨之面向來詮釋，約所淨論隨，隨眾生心樂，欲見者則現成現壞，不欲見者則不現故，故云隨現，即轉變自

〔註61〕參見《華嚴經疏》卷42，《大正藏》冊35，頁822下。
〔註62〕八十《華嚴》卷38，《大正藏》冊10，頁199下。
〔註63〕參見《華嚴經疏》卷42，《大正藏》冊35，頁822下。
〔註64〕《十地經論》卷10，《大正藏》冊26，頁182上。
〔註65〕八十《華嚴》卷38，《大正藏》冊10，頁199下。

在。〔註66〕所以，〈十地品〉只約能淨，並沒有所淨之能現及不現，故與《十地經論》有所不同。

2. 隨何欲，《華嚴經》云：「由此業集故成，由此業盡故壞。」〔註67〕約能淨，隨何業成，隨何業壞，欲知即知；約所淨，隨物欲知何業之成壞相，皆能現故。

3. 隨時欲，《華嚴經》云：「幾時成？幾時壞？幾時成住？幾時壞住？皆如實知。」〔註68〕約所淨，隨時間之長短，即能現故。若約能淨，即隨時智，如此世界成二十劫，初劫成器世間，餘成眾生世間；壞亦二十劫，先壞眾生世間，後一壞器世間，並稱事稱理，名如實知。四劫的住劫，為器世間與眾生世間安穩、持續之時期，有二十中劫的時間。

4. 隨廣狹欲，《華嚴經》云：「又知地界小相、大相、無量相、差別相；知水、火、風界小相、大相、無量相、差別相。知微塵細相、差別相、無量差別相，隨何世界中所有微塵聚，及微塵差別相，皆如實知。隨何世界中，所有地、水、火、風界各若干微塵，所有寶物若干微塵，眾生身若干微塵，國土身若干微塵，皆如實知。知眾生大身、小身，各若干微塵成，知地獄身、畜生身、餓鬼身、阿脩羅身、天身、人身，各若干微塵成，得如是知微塵差別智。」〔註69〕約所淨，隨境界之廣狹差別，彼能現故。若約能淨，即隨廣狹智，廣相，是地水火風之小相、大相、無量相、差別相等四大差別；狹相，是微塵之細相、差別相、無量差別相等三大差別；雙明廣狹相，隨何世界所有地水火風界各若干微塵等，知能所成，名如實知。小相，散心所知，非定地境界；大相，定心所知，初至四禪緣三千，為定地境界；無量相，為如來境界。小相、大相、無量相是事分齊，皆以境界智知。差別相，是法分齊，以相智知，知其自相同相差別。

5. 隨心幾許欲，約所淨，隨三界差別，隨應現身教化，即能現故。若約能淨，分為二種：約智知自在、約通明自在。約智知自在，《華嚴經》云：「又知欲界色界無色界成，知欲界色界無色界壞，知欲界色界無色

〔註66〕參見《華嚴經疏》卷42，《大正藏》冊35，頁822下。
〔註67〕八十《華嚴》卷38，《大正藏》冊10，頁199下。
〔註68〕八十《華嚴》卷38，《大正藏》冊10，頁199下。
〔註69〕八十《華嚴》卷38，《大正藏》冊10，頁199下。

界小相、大相、無量相、差別相,得如是觀三界差別智。」〔註70〕以
上引文是就三界互望成壞、大小等相,今舉一界之中,自分大小,來
說明約智知自在,名觀三界差別智如實知:欲界中,人境為小、天境
為大;色界中,覺觀為小、無覺觀為大;無色界中,在佛法中,凡境
為小、聲聞菩薩為大。

約通明自在,即隨機教化眾生如實知,《華嚴經》云:

> 佛子!此菩薩復起智明,教化眾生。所謂善知眾生身差別,善分別
> 眾生身,善觀察所生處,隨其所應,而為現身,教化成熟。此菩薩
> 於一三千大千世界,隨眾生身信解差別,以智光明,普現受生,如
> 是若二若三,乃至百千,乃至不可說三千大千世界,隨眾生身信解
> 差別,普於其中,示現受生。此菩薩成就如是智慧故,於一佛剎,
> 其身不動,乃至不可說佛剎眾會中,悉現其身。〔註71〕

約通明自在,隨物現化,又分為三:一、隨機現化,先標能化智,「所謂」下,
明所知機有三種:菩薩知眾生身之類別不同;知曉隨著不同身類,適宜使用的
方便不同;知曉生於何等界才能利益眾生,其中現身是指生處,故屬器界。二、
明化分齊,「此菩薩於一三千」下,菩薩為了度化某類眾生,以種種方便,而與
眾生同類受生。三、明現自在,「此菩薩」下,謂菩薩之身不動而遍三千,猶如
月入百川,亦可於不可說的佛國土中,顯現自在。〔註72〕

澄觀發現,〈十地品〉之五自在行,只約能淨的角度來詮釋,而《十地經
論》則約所淨的角度來論述,這是經與論之相異處。但法藏、澄觀皆承襲〈十
地品〉、《十地經論》的說法,約能淨、所淨兩方面來闡述。此外,根據《攝
大乘論本》云:「第八地中由不增不減義,相自在依止義、土自在依止義。」
〔註73〕八地菩薩證得不增不減真如,具有二種依止:相自在依止、土自在依
止。其中相自在依止,相約現身,隨其所欲即能現前,可以任運顯現化身;
土自在依止,土約器界,於所現土而得自在,可以任運顯現國土。所以,相
自在依止,相當於眾生世間自在行;土自在依止,相當於器世間自在行之五
種自在的所淨。

〔註70〕八十《華嚴》卷 38,《大正藏》冊 10,頁 199 下。
〔註71〕八十《華嚴》卷 38,《大正藏》冊 10,頁 200 上。
〔註72〕參見《華嚴經疏》卷 42,《大正藏》冊 35,頁 822 下～823 中。
〔註73〕《攝大乘論本》卷下,《大正藏》冊 31,頁 145 下。

（二）眾生世間自在行

眾生世間，指正報中除佛以外的一切有情。一切眾生為五蘊假合而成，無有實體，又稱假名世間、有情世間。眾生世間自在行，即隨感能應，調伏眾生自在，亦即八地菩薩以種種神通，來教化三界六道的眾生。《華嚴經》云：「佛子！此菩薩隨諸眾生身心信解，種種差別，於彼佛國眾會之中，而現其身。所謂於沙門眾中，示沙門形；婆羅門眾中，示婆羅門形；……各隨其類，而為現形。又應以聲聞身得度者，現聲聞形；……應以如來身得度者，現如來形。佛子！菩薩如是於一切不可說佛國土中，隨諸眾生信樂差別，如是如是而為現身。」〔註74〕眾生世間自在行，澄觀分為三個層次：初總明感應；「所謂」下，別顯感應；「佛子」下，總結感應。〔註75〕法藏則三分為：總明自在、別顯自在、總結自在。〔註76〕

眾生世間自在行，《十地經論》云：「彼調伏自在故，彼行化眾生，身心自同事，自身心等分示現。」〔註77〕「彼調伏自在」，即是法藏之總明自在，澄觀之總明感應。「彼行化眾生」以下，法藏與澄觀二位祖師之意見相左，茲列表說明如下：

表 7-1：法藏與澄觀「眾生世間自在行」之比較

法藏〔註78〕	澄觀〔註79〕
總明自在：論釋中彼調伏眾生自在，是總釋其相。以此菩薩調伏眾生中得自在故，能種種現。	總明感應：佛子！此菩薩隨諸眾生身心信解，種種差別，於彼佛國眾會之中，而現其身。
別顯自在：彼行化眾生，分為二種。言身心自同事者，釋別顯文內化同物身，謂菩薩自身隨眾生心，以自己身同形事，故言身心自同事也。言身心等分示者，此釋中化應物心，菩薩自身隨眾生必量宜而現，名等分示，謂應以聲聞身等。	「所謂」下，別顯感應。化生行，有二自在：一、化同物身，沙門中現沙門形等故，即身自同事；二、「又應」下，化應物心，以身不必同其所化，即心自同事。故論云：彼行化眾生，身心自同事。
總結自在：所有不可說諸佛國中，隨眾生身信樂差別，現為受身。	「佛子」下，總結感應。如是如是者，現類眾多故，若身若心，無偏頓應。故論結云：自身心等分示現也。

〔註74〕八十《華嚴》卷38，《大正藏》冊10，頁200上。
〔註75〕《華嚴經疏》卷42，《大正藏》冊35，頁823中。
〔註76〕《探玄記》卷14，《大正藏》冊35，頁363上。
〔註77〕《十地經論》卷10，《大正藏》冊26，頁182下。
〔註78〕《探玄記》卷14，《大正藏》冊35，頁363上。
〔註79〕《華嚴經疏》卷42，《大正藏》冊35，頁823中。

　　依據上表，法藏是將《十地經論》之「彼行化眾生，身心自同事、自身心等分示現。」解讀為彼行化眾生，分為二種：身心自同事、自身心等分示現，此二種屬於別顯自在。而澄觀則解讀為彼行化眾生，即是身心自同事一項，而將「自身心等分示現」，歸為總結感應。

　　法藏之別顯自在，或澄觀之別顯感應，其內容不外乎：化同物身，菩薩以身同的形式來度化眾生，如「沙門眾中，示沙門形」等；化應物心，以身不必同其所化，菩薩以心同而身不同的形式來度化眾生，如「應以聲聞身得度者，現聲聞形」。法藏之總結自在，或澄觀之總結感應，其內容亦為：所有不可說諸佛國中，隨眾生身信樂差別，現為受身。所以法藏與澄觀將眾生世間自在行分為三分，其內容是相同的，只是將《十地經論》之「彼行化眾生，身心自同事，自身心等分示現」之解讀方式不同而有所差異。若從身心自同事、身心等分示現之詞語來說，此二個詞語皆包括身、心兩部分，澄觀將身心自同事，分為化同物身、化應物心，已包括身心；自身心等分示現，則有「若身若心無偏頓應故」，所以澄觀之詮釋應較為合理。

　　在《法華經・觀世音菩薩普門品》中，觀世音菩薩能變現三十三種化身來救濟眾生：「若有國土眾生，應以佛身得度者，觀世音菩薩即現佛身而為說法；應以辟支佛身得度者，即現辟支佛身而為說法；……應以執金剛身得度者，即現執金剛身而為說法。」〔註80〕這三十三種化身，若以華嚴宗法藏、澄觀的說法是屬於「化應物心」，菩薩以心同而身不同的形式來度化眾生。在〈十地品〉中，化應物心只列舉四種化身：聲聞、辟支佛、菩薩、如來，與〈觀世音菩薩普門品〉相同者則有三種，聲聞、辟支佛、如來。日本學者神林隆淨則認為，第八地的菩薩即是觀自在菩薩。〔註81〕八地菩薩如觀世音菩薩一樣，能起如幻三昧，能普現一切身，普說一切法，而能自在無礙。

（三）智正覺世間自在行

　　智正覺世間，指正報中的佛，佛具有大智慧，能覺了世間、出世間法，亦指八地菩薩能化的智身。智正覺世間自在行，今就行體，以智正覺一切

〔註80〕《法華經》卷7，《大正藏》冊9，頁57上～中。

〔註81〕參見神林隆淨著，許洋主譯：《菩薩思想的研究・下》，頁286。神林隆淨以二經來證明，八地菩薩即觀自在菩薩：八十《華嚴》卷39：「具十自在觀世間，以此而昇善慧地，以微妙智觀眾生。」（《大正藏》冊10，頁210上。《大毘盧遮那成佛神變加持經》卷2：「八地自在菩薩三昧道，不得一切諸法，離於有生，知一切幻化，是故世稱觀自在者。」《大正藏》冊18，頁9下。

法，名智正覺；智於二諦正覺無礙，故名自在。智正覺世間自在行，包括二
諦智：第一義智、世諦智。第一義智，《華嚴經》云：「佛子！此菩薩遠離一
切身想分別，住於平等。」〔註82〕第一義智，是由自身他身不分別故名離
妄，住於平等故名住實。第一義智，不同於二乘的第一義諦，它不能說是法
空，也不能說是即俗而眞，是非一也非異的相即不二。〔註83〕

　　智正覺世間自在行之二諦智中，偏重於世諦智之詮釋，分爲三方面，澄
觀乃承襲法藏之說法，〔註84〕但名稱稍異，茲依據《華嚴經疏》說明如下：

1.總知十身

　　總知十身，即是菩薩知曉眾生身等十身。《華嚴經》云：「此菩薩知眾生
身、國土身、業報身、聲聞身、獨覺身、菩薩身、如來身、智身、法身、虛
空身。」〔註85〕俗諦智總知十身，根據《十地經論》則攝爲三分：初三是染
分，次六是淨分，後一是染淨不二分。染分，即眾生世間、國土世間，彼二
生因，謂業煩惱，是名業報身；淨分，以三乘爲淨分，即聲聞、獨覺、菩薩、
如來四身，其中菩薩與如來只是因果之異，智身爲三乘及佛的能證智慧，法
身爲三乘及佛所證的理法；不二分，即虛空身，通前二依，是非染非淨，正
約事空而兼理空，係上述諸身之所依。〔註86〕

2.十身相作顯通自在

　　「相作」，就是將眾生身等十身，視爲自身；或將自身，視爲眾生等十身。
十身與自身，可以互用的化現，稱爲自他相作自在。《華嚴經》云：

> 此菩薩知諸眾生心之所樂，能以眾生身作自身，亦作國土身、業報
> 身，乃至虛空身。又知眾生心之所樂，能以國土身作自身，亦作眾
> 生身、業報身，乃至虛空身。又知諸眾生心之所樂，能以業報身作
> 自身，亦作眾生身、國土身，乃至虛空身。又知眾生心之所樂，能
> 以自身作眾生身、國土身，乃至虛空身。隨諸眾生所樂不同，則於
> 此身現如是形。〔註87〕

〔註82〕八十《華嚴》卷38，《大正藏》冊10，頁200上。
〔註83〕參見《華嚴經疏》卷42，《大正藏》冊35，頁823中。
〔註84〕《探玄記》卷14：「世諦智中有三：初、列所知十身；二、明諸身相作；三、
　　　　釋十身義。」《大正藏》冊35，頁363上。
〔註85〕八十《華嚴》卷38，《大正藏》冊10，頁200上。
〔註86〕參見《華嚴經疏》卷42，《大正藏》冊35，頁823中～下。
〔註87〕八十《華嚴》卷38，《大正藏》冊10，頁200上～中。

八地菩薩有十身，包括自身，則有十一種，隨眾生心之所樂，「能以眾生身作自身，亦作國土身、業報身，乃至虛空身」，即他作自；「能以自身作眾生身、國土身，乃至虛空身」，即自作他。十身相作，分為二種：(1)別顯相作，略有四翻，云何法、智、虛空，得為自身？入法智中，自然應現自己身故，令於虛空忽見自身，故名為作，作餘亦爾。〔註88〕別顯相作，是澄觀之自設問答，問：法身、智身、虛空身，皆無形質，不可作身，云何言作自身？答：智證於法，自然應現；令於虛空，忽見自身，即是作義。(2)總結例餘，在十身相作中，〈十地品〉只列眾生身、國土身、業報身、自身四種相作，理應具十，成一百身，然自身即是菩薩，若將自望菩薩，別則有百一十身，故云則如是現。〔註89〕菩薩以一身作自身，然後再示現其他九身，亦即一身可示現十身，則十一身可以示現一百一十身。澄觀於〈疏序〉云：「故得十身歷然而相作，六位不亂而更收。」〔註90〕其中上句總明三世間相成，即是十玄門之第四「諸法相即自在門」。

表7-2：相作無礙自在顯現，略有三意，《探玄記》與《華嚴經疏》之差異

《探玄記》〔註91〕	《華嚴經疏》〔註92〕
法性融通門：自身他身平等不分別。	由證即事第一義：事無理外之事，事隨理而融通，即第一義智。
緣起相由門：六十《華嚴》偈：「菩薩於因緣，和合中自在，乃至能隨意，為現於佛身。」	緣起相由：六十《華嚴》偈：「菩薩於因緣，和合中自在，乃至能隨意，為現於佛身。」此經無此偈。
菩薩自在智力：彼自在中所作攝取行種種示現者，謂智正覺自在中作攝他行，諸身相作名種種示現，皆隨物心所現也。	業用自在：彼自在中所作攝取行種種示現者，謂彼正覺自在中作攝取眾生行，故隨心樂，種種示現。

　　法藏與澄觀之「相作無礙自在顯現」三意，名異而實同。法性融通與緣起相由二門，為華嚴教義之二大根本，論說諸法一即一切之理及重重無盡之緣起性。法性融通旨在說明理事無礙，緣起相由旨在說明事事無礙。「相作無礙自在顯現」三意中，與相作之關係：由證即事第一義，於第一義智中已經

<hr>

〔註88〕《華嚴經疏》卷42，《大正藏》冊35，頁823下。
〔註89〕參見《華嚴經疏》卷42，《大正藏》冊35，頁823下。
〔註90〕《華嚴經疏》卷1，《大正藏》冊35，頁503上。
〔註91〕參見《探玄記》卷14，《大正藏》冊35，頁363中。
〔註92〕參見《華嚴經疏》卷42，《大正藏》冊35，頁823下。

探討，並無相作的意思；緣起相由，八十《華嚴》無此偈，引用六十《華嚴》「因緣和合是緣起」來印證相作之因；業用自在，《十地經論》則爲「彼自在中所作攝取行種種示現」明相作之意。此處主要討論「相作」之意，其經文爲「隨諸眾生所樂」，通相作之因與相作之意，相作之意主要在攝取眾生，所以隨意能作即業用因，亦即「隨諸眾生所樂」爲以上三門之業用自在，爲相作之因。〔註93〕

3. 別顯知相彰智自在

別顯知相，即是說明十身的具體相狀。《華嚴經》云：

> 此菩薩知眾生集業身、報身、煩惱身、色身、無色身。又知國土身小相、大相、無量相、染相、淨相、廣相、倒住相、正住相、普入相、方網差別相。知業報身假名差別，知聲聞身、獨覺身、菩薩身假名差別。知如來身有菩提身、願身、化身、力持身、相好莊嚴身、威勢身、意生身、福德身、法身、智身。知智身善思量相、如實決擇相、果行所攝相、世間出世間差別相、三乘差別相、共相、不共相、出離相、非出離相、學相、無學相。知法身平等相、不壞相、隨時隨俗假名差別相、眾生非眾生法差別相、佛法聖僧法差別相。知虛空身無量相、周遍相、無形相、無異相、無邊相、顯現色身相。〔註94〕

別顯知相中，廣顯十身，以四五六等三身合爲三乘身，故只有八身。(1)眾生身有五相，業身、報身、煩惱身，是業生煩惱、妄想、染差別，此總明三界；色身、無色身，爲上二界。(2)國土身有十相，前八爲一切相，後二爲眞實義相。(3)(4)業報身、三乘身，共有四身，皆云假名差別，但有自相同相差別，假名分別，實無我人。(5)佛身十相中，餘之九身也是佛身，各具十相，則已成百，若更相作，則重重無盡。(6)智身有十一相，攝爲三類：初二約體分別，次一因果分別，餘八約位分別。(7)法身有五相，分別代表理法、行法、教法、重顯理法所遍之境、果法。(8)虛空身有六相，分別代表芥子中空無分量、遍至一切色非色處、不可見、無障礙、無始終起盡之邊、能通受色相，持所持。〔註95〕

〔註93〕參見《演義鈔》卷69，《大正藏》冊36，頁554下。
〔註94〕八十《華嚴》卷38，《大正藏》冊10，頁200中。
〔註95〕參見《華嚴經疏》卷42，《大正藏》冊35，頁823下～824下。

〈十地品〉舉出佛有十身，智儼是最早將十身具足的法身佛分爲解境十佛、行境十佛者。〔註96〕且提出行境十佛與三身之關係：「辨說十佛化被於他，初三報佛，次三化，次四法佛。」〔註97〕法藏雖沒有具體的名稱，但「是十佛之身，通三世間。」〔註98〕十身中，前三染分，次六淨分，後一染淨不二分之解境十佛。此外，法藏於《華嚴經旨歸》提出，盧舍那佛身有十無礙，其中第十圓通無礙提出「三身即十身」之說法：「十、圓通無礙者，謂此佛身則理即事，則一即多，則依即正，則人即法，則此即彼，則情即非情，即深即淺，即廣即狹，即因即果，則三身即十身。」〔註99〕此盧舍那佛身，爲同一無礙法界身雲，是三種世間融會之解境十佛。法藏又詮釋如來之十身：「釋如來身中，自有十身：一、菩提身者，示成正覺故；二、願身者，願生兜率故；……十、法身者，所有如來無流界故，謂諸佛斷德名無流界，即十佛中名涅槃佛。」〔註100〕此如來之十身，即是行境十佛。

澄觀於《華嚴經疏》卷1，提出二種十身，即：融三世間十身、佛上自有十身。〔註101〕其中，「融三世間十身」相當於解境十佛，「佛上自有十身」相當於行境十佛。解境十佛，指華嚴圓教菩薩於因位以觀智解悟照了的境界，其境界雖不相同，約略可分爲十種，統稱爲解境十佛，即上文八地不動地所說的十身，又稱十佛。又十身中，第二爲國土世間，第一、第三至第六爲眾生世間，第七至第十爲智正覺世間。解境十佛是在染、淨、不二的境界下，融攝「眾生、國土、智正覺」之三世間所成，故謂爲融三世間的十身。

行境十佛，指華嚴圓教菩薩完成修行時，而體達究極的佛果，此一佛果超越了解境十佛的境界，係就一佛身之十德而分。行境十佛之十佛（十身）有二處：《華嚴經》卷53，有十佛：正覺佛、願佛、業報佛、住持佛、涅槃佛、法界佛、心佛、三昧佛、本性佛、隨樂佛。〔註102〕在解境十身中之第七佛身，又分出十身，即如來所得的十身：菩提身、願身、化身、力持身、相好莊嚴身、威勢身、意生身、福德身、法身、智身。此十佛與十身，雖

〔註96〕參見《華嚴經孔目章》卷2，《大正藏》冊45，頁560上。
〔註97〕《搜玄記》卷4，《大正藏》冊35，頁83下。
〔註98〕《探玄記》卷2，《大正藏》冊35，頁130中。
〔註99〕《華嚴經旨歸》，《大正藏》冊45，頁591下。
〔註100〕《探玄記》卷14，《大正藏》冊35，頁363下。
〔註101〕參見《華嚴經疏》卷1，《大正藏》冊35，頁505下～506上。
〔註102〕八十《華嚴》卷53，《大正藏》冊10，頁282上。

名異而實同，〔註103〕十佛即是十身。所以，「佛上自有十身」是從「融三世間十身」之第七佛身所開出，亦即這二種十身，皆是毘盧遮那佛所具備之法身。

　　澄觀在詮釋毘盧遮那佛身有十無礙，承襲法藏《華嚴經旨歸》，其中第十圓通無礙之「三身即十身」，又有新的創見：「即三身即十身者，若以佛身上十身者，菩提身、願身、化身、力持身、意生身，即三身中化身攝也；相好身、威勢身、福德身，義通報化；法身即法身；智身義通三身，局唯報身。故即三是十，即十是三，若約融三世間十身即三身者，如來身通三身，智身亦通三身，法身虛空身即法身，餘六通法化。」〔註104〕關於十身即三身，智儼是約行境十佛，法藏是約解境十佛，澄觀則是約解境十佛與行境十佛，亦即佛上自有十身即三身，融三世間十身即三身，「主要強調法身說法之義，他約體性而說二種十佛不二，直顯十義無礙，三身即十身。十身具足的法身佛，是佛說、菩薩說、眾生說，無一不說法，十身與三身，相即相融，無一法非佛身，無一法不說法，一切現象，皆是同一無礙法界身雲。」〔註105〕

　　綜上所述，智儼、法藏與澄觀對於佛身，皆有二種十身，以及十身即三身，而且其強調的十佛與三身具有相即的關係：智儼強調修因感果的關係，故以行境十佛為主，〔註106〕於行境十佛提出十身即三身；法藏則以十身具足之毘盧遮那佛為教主，為了顯示重重無盡法門，以解境十佛為主，〔註107〕又兼及果德圓滿的行境十佛，於解境十佛提出十身即三身；至於澄觀，提出了「融三世間十身」、「佛上自有十身」二種十身，將二種十身並列為毘盧遮那佛的法身，於「融三世間十身」、「佛上自有十身」皆提出十身即三身。

　　澄觀曾將淨土分為三種：世間淨土、出世間淨土、出世間上上淨土。出

〔註103〕十佛與十身之配對關係：正覺佛－菩提身，願佛－願身，業報佛－相好莊嚴身，住持佛－力持身，涅槃佛－化身，法界佛－法身，心佛－威勢身，三昧佛－福德身，本性佛－智身，隨樂佛－意生身。參見《演義鈔》卷 16，《大正藏》冊 36，頁 120 上。

〔註104〕《演義鈔》卷 4，《大正藏》冊 36，頁 31 上。

〔註105〕李世傑：《華嚴哲學要義》，頁 125。

〔註106〕參見《華嚴經孔目章》卷 2，《大正藏》冊 45，頁 560 上。

〔註107〕《探玄記》卷 2：「十身佛，表一乘法，六位齊說。以此所說，具足主伴，無盡法故，佛亦同此，十身無盡。」《大正藏》冊 35，頁 130 下。

世間上上淨土，又分爲眞極、未極兩種。眞極，是佛自受用，相累兼亡，而爲方便；未極，是等覺已還。未極又分爲二種：八地以上、七地之前。八地以上乃屬淨土，八地已得無生忍淨於色界而得自在，同於阿羅漢，並捨離分段生死出離三界，故云永絕色界之累。其特色是對於一切世間、出世間心悉不現前，故云照體獨立；稱性普周，故云神無方所。八地已經永絕色界之累，故其淨土之色相，難以命名。七地之前並非純淨，七地可爲染亦可爲淨，六地之前則爲染，故此土是染淨兼具，此時仍未出離三界，尚在分段生死的階段，故於無漏觀智仍有間斷。〔註108〕

二、九地：勤修說法行

八地於三世間已得自在，普與眾生身心同事，復能多身多音說法利樂眾生，其所得的智慧，各經論名稱稍異：《十地經》稱爲「無量智善思量智」，諸佛勸起，以無量智慧思量觀察，即是思修；慧遠稱「廣謂無量，深曰善思量」，諸佛勸與無量智是廣智，淨忍即是深智；澄觀則稱爲二諦智，第一義智、世諦智。〔註109〕第八地雖已能多身多音說法利樂眾生，具有二諦智，尚未達到九地之四無礙智，故還不是大法師。

「法師」一詞，其梵文爲 dharma-bhāṇaka，指常修梵行及通曉佛法，又能宣說教理、引導眾生修行之僧眾，又稱爲說法師、大法師。廣義之法師，指佛陀及其弟子；狹義則專指一般通曉經或律之行者，又稱爲經師或律師。在初期大乘佛教時期，弘布流傳經典者，包括在家與出家二眾，皆稱爲法師。以《法華經‧法師品》爲例，受持、讀、誦、解說、書寫，合稱爲「五種法師」，《法華經》並不是將「法師」限定於固定的人群上，只要是進入受持、讀、誦、解說、書寫等實踐層面，即是說法者、法師。〔註110〕所以，《法華經》所稱的「法師」，是指能廣宣佛法之五種人即是法師，並不限定於在家眾或出家眾。從當今佛教界的角度而言，「法師」一詞，包括出家之比丘、比丘尼等僧尼二眾；若從實踐層面而言，則指精通佛教聖典，並具有辯才無礙善於說法之出家二眾。

〔註108〕參見《華嚴經疏》卷 11，《大正藏》冊 35，頁 577 中。《演義鈔》卷 26，《大正藏》冊 36，頁 197 上～中。

〔註109〕參見《演義鈔》卷 70，《大正藏》冊 36，頁 558 中。

〔註110〕參見久保繼成：〈法華經的宗教性實踐〉，收入平川彰等著，林保堯譯：《法華思想》（台北：佛光文化事業有限公司，1999 年 6 月），頁 169。

　　佛教各部經論對於「法師」之內容有所不同，但總體而言，皆不出自利、利他之二利，亦即其共通點為「上求佛道，下化眾生」之菩薩道精神。釋天聞曾歸納出十一部經論，〔註111〕對於「法師」一詞可從三個面向來詮釋：一、學習佛法，以及以佛法教導眾生者，皆稱為法師；二、法師要能廣博多學，如說而行；三、法師要有慈悲心，愍念眾生而說法，不能貪著名聞利養、自讚毀他。〔註112〕所以，法師之職責，是以弘法為家務，利生為事業，不斷修學，自我充實，並廣宣佛法。

　　至於《華嚴經‧十地品》之「法師」，其內容為何呢？伊藤瑞叡曾經對十地法師之體系做過探討，並比對梵文、藏文之原典，而以有功用性、無功用性為分判標準，區分為二項：初地至七地為有功用性，包括「見佛與供養」、「法的聽聞與領受」、「法的修行與成就」、「法的總持與說示」；八地至十地為無功用性，包括「見佛與供養」、「法的聽聞與領受」、「法的總持與說示或問答」。〔註113〕所以，十地中皆有涉及「法師」等相關的內容，但稱為「大法師」則是指第九地，包括：見佛與供養、法的聽聞與領受、法的總持與說示三部分，〔註114〕而法師的基本特性為說成就，即是第三部分「法的總持與說示」，故以下之討論將以第九地為主。

　　九地之地行四分中，前三分為法師方便成就、智成就、入行成就，屬於事成就，才能安住此地。安住九地之後，進入第四分說成就，才攝善法行，辯才饒益，故稱勤修說法行，包括三種成就：智成就、口業成就、法師自在成就。智成就，即是先了知眾生心行的差別；口業成就則是善於說法，教化調伏眾生，令得解脫；法師自在成就，指大法師以四無礙智說法，具有四種成就。

（一）智成就

　　智成就，即是知法、知器、知化儀，亦即九地菩薩知種種法門、眾生根器、教化眾生的方法。《華嚴經》云：

〔註111〕十一部經論：《雜阿含經》、《大般涅槃經》、《大法炬陀羅尼經》、《仁王護國般若波羅蜜多經》、《妙法蓮華經》、《法華經玄贊》、《法華玄論》、《十住毘婆沙論》、《瑜伽師地論》、《華嚴經》、《十地經論》。

〔註112〕參見釋天聞：《《華嚴經》「法師」義研究》（台北：華嚴專宗學院研究所第十六屆畢業論文，2011 年），頁 12。http://www.huayencollege.org/grad/grad_thesis/PDF_format/1601.pdf，2013.08.30。

〔註113〕參見伊藤瑞叡：《華嚴菩薩道の基礎的研究》，頁 611～634。

〔註114〕參見伊藤瑞叡：《華嚴菩薩道の基礎的研究》，頁 612、629～630。

佛子！此菩薩善能演說聲聞乘法、獨覺乘法、菩薩乘法、如來地法。一切行處，智隨行故，能隨眾生根性欲解，所行有異，諸聚差別，亦隨受生、煩惱、眠縛、諸業習氣，而爲說法，令生信解，增益智慧，各於其乘，而得解脫。〔註115〕

智成就又分爲二：隨所知之法、隨所依之器，亦即第二分智成就、第三分入行成就皆是各別討論，今則總收二分共同討論，而以法逗器。隨所知之法，即法門之不同，三乘與一乘解脫法之差別，各含教證：教道以化眾生法，令解脫器得熟；證道以度眾生法，令解脫體正度。隨所依之器，即針對不同根器的眾生，宣說不同的教法，令其解脫。《十地經論》收爲七種器，「一切行處，智隨行故」爲第一器，即總明；「令生信解，增益智慧，各於其乘而得解脫」爲第七器，即結益；中間通爲五種器，即別顯。總明第一器，「說所說法對器」，即隨應度者，授予對治法，總明二句，上句是所對之器，下句是說所說法。別顯五器，初「能隨」至後「而爲說法」，即是說所說法，中間「根等諸林」，即是所對之器，共有十一種稠林，即是爲心、煩惱、業、根、解、性、樂欲、隨眠、受生、習氣、三聚稠林之眾生說法，包括五器：所說法器成、種種異行器、譬喻器、定不定根轉器、隨辭辯器。所以，總明與別顯，皆包括說所說法、所對之器二者。第七器結益，即「隨乘因能乘出器」，以上六器不出自乘解脫，即不出三乘因。〔註116〕

（二）口業成就

口業成就，是以「口」爲眾生說法，即是起而說法。口業成就，澄觀區分爲二：總明具說之德、正明口業成就。總明具說之德，兼具智成就及口成就，《華嚴經》云：「佛子！菩薩住此善慧地，作大法師，具法師行，善能守護如來法藏。」〔註117〕法藏、澄觀是先明智成就，復云口成就，《華嚴經疏》云：「以具法師行，即是智故；而言說者，護如來法藏，通於說故。斯則內持於智，外口說故。」〔註118〕《十地經論》則是先徵問口業，結云智成，分爲說者、持者兩種。說者，是指口業，大法師住在深妙義中，具有二十種功德；持者，是智成就，以顯守護佛陀所說之教法。〔註119〕

〔註115〕八十《華嚴》卷38，《大正藏》冊10，頁202下。
〔註116〕參見《華嚴經疏》卷43，《大正藏》冊35，頁831中～下。
〔註117〕八十《華嚴》卷38，《大正藏》冊10，頁202下。
〔註118〕《華嚴經疏》卷43，《大正藏》冊35，頁831下。
〔註119〕參見《十地經論》卷11，《大正藏》冊26，頁189下～190上。

　　關於法師之資格，各種經論之說法稍有不同。《十地經論》須具二十法：時、正意、頓、相續、漸、次、句義漸次、示、喜、勸、具德、不毀、不亂、如法、隨眾、慈心、安隱心、憐愍心、不著利養名聞、不自讚毀他。〔註120〕《十地經論》法師二十德，有內外之別，前十五德為外德，是隨順說，菩薩為利益他人，隨順眾生說一切法；後五德為內德，是清淨說，菩薩自心清淨，內心無過。《瑜伽師地論》則云：法師必須具備十德，才能成就眾相圓滿：善於法義、能廣宣說、具足無畏、言詞善巧、善方便說、具足成就法隨法行、威儀具足、勇猛精進、無有厭倦、具足忍力。〔註121〕雖然諸經論之開合不同，但其大旨是無別的。所以，《十地經論》之二十法合之則為十法；《瑜伽師地論》之十法，開之則為二十法。

表 7-3：《瑜伽師地論》法師十德與《十地經論》法師二十德之對照表

《瑜伽師地論》法師十德	《十地經論》法師二十德
善於法義	漸、次、句義漸次
能廣宣說	頓、具德
具足無畏	隨眾
言詞善巧	相續
善方便說	時、示、喜
具足成就法隨法行	如法、安隱心
威儀具足	正意
勇猛精進	勸、憐愍心
無有厭倦	不毀、不亂、慈心
具足忍力	不著利養名聞、不自讚毀他

　　正明口業成就，先略明，再廣顯。略明中，四無礙之名有內外之別，外是指菩薩以美妙言辭而演說法義，名四無礙辯；內是指由智而起，名四無礙智，此智即無量善巧智，以無漏後得智為體，是觀照差別相之智。大小乘是否皆具有「四無礙」呢？慧遠之說法，通而論之，四無礙是大小乘之通目，

〔註120〕《十地經論》卷11，《大正藏》冊26，頁189下。
〔註121〕參見《瑜伽師地論》卷81，《大正藏》冊30，頁754中。

故通於大小乘。若別而論之，各經論的說法不一，又分為二種：一為「大小乘皆具」，指小乘法中，唯利根阿羅漢具；大乘法中，種性以上皆具，部分十信菩薩亦具。二為「大乘有、小乘無」，即《涅槃經》所說：聲聞、緣覺，無四無礙。〔註122〕根據唯識宗窺基之說法：「初地分得，九地任運離障圓成，佛果滿足。」〔註123〕四無礙中，初地以上菩薩僅得部分的無礙辯，故稱初地分得；至九地離障，斷除利他中不欲行障，得四礙解，已達到自由任運的境界，此智一直存在並起作用，故無暫捨；至佛果時，始圓滿完成。四無礙智中，法等皆智境界，從緣境分為四種：「法」者，法體，謂法自體，有軌持故，為生法二空所攝，即真之俗境。「義」者，法境界體，謂於法體上有差別境，即上二空所攝，為真諦之境。亦可不約二諦而言，法約自體，義約差別。「辭」者，正得與眾生，謂通曉一切方言，與他人說。「樂說」者，正求與無量門，謂樂說乃辭中別義，以七種辯慧來剖析，名無量門。〔註124〕所以，四無礙智中，法、義二無礙智，主要是認識般若的作用面；辭、樂說二無礙智，著重在解說諸法的作用面。〔註125〕

四無礙智之廣顯，分為十種差別，又稱十種四無礙，或四十無礙辯才：自相、同相、行相、說相、智相、無我慢相、大小乘相、菩薩地相、如來地相、作住持相。此十種差別中，每一相皆具有四無礙智，即四種相，且前五相差別是三乘教理，通於染淨相；後五相差別是三乘行果，唯有淨相。茲說明如下：

1.自相

自相，謂知事法，其體各不相同。《華嚴經》云：「此菩薩以法無礙智，知諸法自相；義無礙智，知諸法別相；辭無礙智，無錯謬說；樂說無礙智，無斷盡說。」〔註126〕自相中，前二約總別以分法義，後二則約同體義來區別，澄觀是依據《十地經論》來說明，共分四種：「生法自相」，知色法之自相是有質礙、會變壞的，故稱變礙相。「差別自相」，知色法有五根、五境及法處所攝色等十一處之差別相。「想堅固自相」，以所覺知之法，隨彼言辭為眾生說法而無錯誤，名為堅固。「彼想差別自相」，想義與上同，但以次第不

〔註122〕參見《大乘義章》卷11，《大正藏》冊44，頁693上。
〔註123〕《妙法蓮華經玄贊》卷3，《大正藏》冊34，頁700中。
〔註124〕參見《華嚴經疏》卷43，《大正藏》冊35，頁831下～832上。
〔註125〕參見伊藤瑞叡：《華嚴菩薩道の基礎的研究》，頁517。
〔註126〕八十《華嚴》卷38，《大正藏》冊10，頁202下。

息，有無量眾多異名，〔註127〕具堅固義，為眾生說法令他人產生愛樂，名不斷盡。〔註128〕

2. 同相

同相，謂知理法，不論從體性或相狀而言，其理相同。《華嚴經》云：「復次，以法無礙智，知諸法自性；義無礙智，知諸法生滅；辭無礙智，安立一切法不斷說；樂說無礙智，隨所安立，不可壞無邊說。」〔註129〕同相中，約性與相，以分法義，共分四種：「一切法同相」，諸法緣起無自性，故以空性為其自性；「有為法同相」，諸法是無常的，故有生滅相；「一切法假名同相」，法是假名安立的，又以假名的言詮來說法，名不斷假名法說；「假名假名同相」，謂不壞前安立之假名，更以異異無邊的假名來說法，故重言假名。〔註130〕

3. 行相

行相，從時間來區分，法是過去、現在、未來三世遷流。《華嚴經》云：「復次，以法無礙智，知現在法差別；義無礙智，知過去、未來法差別；辭無礙智，於去、來、今法無錯謬說；樂說無礙智，於一一世，無邊法明了說。」〔註131〕行相中，約三世以分法義，共分四種：「生行相」，現在法是因緣而生，設知過去未來，亦名現在，以三世皆是當世現在。「已生未生行相」，設知現在，亦名過去未來，以現在是因緣而生，則見過去法謝，未來法未生。「物假名行相」，總說三世之物而不錯謬。「說事行相」，前所說之事法不出三世，故云一一世；對於三世之無邊法，是聞思二慧照法所顯現，亦能明了說。〔註132〕

4. 說相

說相，即知教法，而能對機宣教。《華嚴經》云：「復次，以法無礙智，知法差別；義無礙智，知義差別；辭無礙智，隨其言音說；樂說無礙智，隨其心樂說。」〔註133〕說相中，約本釋（即釋法）以分法義，共分四種：「修多

〔註127〕《探玄記》卷14云：「言想堅者，想是起言所依，是故餘論中或云想、或云聲、或云名、或云字、或云施設，皆是名之異號。以言名（名言）顯義，令義堅固，故名想堅。」《大正藏》冊35，頁370下。

〔註128〕參見《華嚴經疏》卷43，《大正藏》冊35，頁832上～中。

〔註129〕八十《華嚴》卷38，《大正藏》冊10，頁202下。

〔註130〕參見《華嚴經疏》卷43，《大正藏》冊35，頁832中。

〔註131〕八十《華嚴》卷38，《大正藏》冊10，頁202下～203上。

〔註132〕參見《華嚴經疏》卷43，《大正藏》冊35，頁832中。

〔註133〕八十《華嚴》卷38，《大正藏》冊10，頁203上。

羅相」，為一切佛法之總稱，故云說法；「解釋相」，對於法相的解釋；「隨順相」，隨眾生根器以不同言音，而為說法；「相似說相」，即隨心異說，謂隨諸眾生心樂聞何法，宜用何種譬喻來說，才能與眾生心相應。〔註134〕

5. 智相

智相，指能知智分為四無礙。《華嚴經》云：「復次，法無礙智，以法智知差別不異；義無礙智，以比智知差別如實；辭無礙智，以世智差別說；樂說無礙智，以第一義智善巧說。」〔註135〕智相中，前二約法類以分法義，後二約淺深來區分，共分四種：「現見智」，以法智觀如，謂觀差別二諦，與如相同，即諸法的本質是真如空理；「比智」即是類智，觀法智為能觀，如實分別之智，即以類推的方式，而知諸法的差別；「欲得方便智」，指相見道，依真假說，為後得智攝，故云世智，即以後得智為眾生說法；「得智」，以第一義智方便說，非顛倒異說。〔註136〕

此外，關於四無礙是否通於大小乘，澄觀先引用慧遠之說法：「大小乘皆具」，法比等智，本為小乘《俱舍論》十六心之八忍八智，通於大小乘；「大乘有、小乘無」，四無礙智，唯局大乘，故《涅槃經》說，唯菩薩有，聲聞設有，少故名無。澄觀則是以所觀、能觀，來說明通、局：「若就二智所觀，並通大小；約能觀智，唯局大乘。」〔註137〕即法比二智、四無礙智之所觀，皆通大小乘；但能觀之四無礙智，唯局大乘。

6. 無我慢相

無我慢相，總知三乘二諦離相明淨。《華嚴經》云：「復次，法無礙智，知諸法一相不壞；義無礙智，知蘊、界、處、諦緣起善巧；辭無礙智，以一切世間易解了美妙音聲、文字說；樂說無礙智，以轉勝無邊法明說。」〔註138〕無我慢相中，約真俗以分法義，分為四種：「第一義諦無我」，不言我知無我，我證無我，則不壞無我，故第一義諦無能、所之我。「世諦無我」，迷於蘊、界、處、諦緣起，執著積聚我、異因我、欲我、作我，今隨順觀察世諦緣生無實以為對治，得入第一義法無我，名善巧方便。「說美妙無我」，以愜情稱

〔註134〕參見《華嚴經疏》卷43，《大正藏》冊35，頁832中～下。
〔註135〕八十《華嚴》卷38，《大正藏》冊10，頁203上。
〔註136〕參見《華嚴經疏》卷43，《大正藏》冊35，頁832下。
〔註137〕《華嚴經疏》卷43，《大正藏》冊35，頁832下。
〔註138〕八十《華嚴》卷38，《大正藏》冊10，頁203上。

美，順理為妙的音聲或文字說法。「說無上無我」，無上故云轉勝，對於無邊之無我法，亦能明了說。

7.大小乘相

大小乘相，此約所行，通大小乘。《華嚴經》云：「復次，法無礙智，知一乘平等性；義無礙智，知諸乘差別性；辭無礙智，說一切乘無差別；樂說無礙智，說一一乘無邊法。」〔註139〕大小乘相中，約權實以分法義，分為四種：「觀相」，一觀不異，唯一事實，即一佛乘；「性相」，就彼根性，分為三乘；「解脫相」，會彼三乘，同歸一實，解脫相中無差別；「念相」，即開方便門，隨機念異，心行不同，以種種法明，分別說三乘法，然皆為一事，唯以佛之知見示悟眾生。〔註140〕大小乘相，主要說明《法華經》的三乘方便，一乘真實，會三歸一之思想。以知實為法，知權為義，會三歸一為辭，開方便門為樂說。

8.菩薩地相

菩薩地相，為一乘之因行。《華嚴經》云：「復次，法無礙智，知一切菩薩行、智行、法行、智隨證；義無礙智，知十地分位義差別；辭無礙智，說地道無差別相；樂說無礙智，說一一地無邊行相。」〔註141〕菩薩地相中，約地體相，以分法義，共分四種：「智相」，指一切菩薩行，即十地智體；「說相」，體雖一智，而相有十地分位，然此分位，是由心的差別；「與方便相」，巧說十地，授與眾生而不顛倒；「入無量門相」，入諸地相，各有差別。〔註142〕菩薩地相中，地體為法，地相為義，說相不違體為辭，說相隨機，此之體相，即證教二道，為樂說。

9.如來地相

如來地相，為一乘之體。《華嚴經》云：「復次，法無礙智，知一切如來一念成正覺；義無礙智，知種種時、種種處等各差別；辭無礙智，說成正覺差別；樂說無礙智，於一一句法無量劫說不盡。」〔註143〕如來地相，約真應以分法義，分為四種：「法身相」，即始覺、本覺無二之法身，故云一念成正

〔註139〕八十《華嚴》卷38，《大正藏》冊10，頁203上。
〔註140〕參見《華嚴經疏》卷43，《大正藏》冊35，頁833上。
〔註141〕八十《華嚴》卷38，《大正藏》冊10，頁203上。
〔註142〕參見《華嚴經疏》卷43，《大正藏》冊35，頁833上。
〔註143〕八十《華嚴》卷38，《大正藏》冊10，頁203上。

覺。「色身相」，隨何等劫（時），隨何國土（處），隨何等佛而應現佛身。「正覺相」，通說正覺，十佛之差別。「說相」，佛德無盡，故說亦無盡。〔註144〕

10.作住持相

作住持相，爲一乘之用。《華嚴經》云：「復次，法無礙智，知一切如來語、力無所畏、不共佛法，大慈大悲、辯才、方便、轉法輪，一切智智隨證；義無礙智，知如來隨八萬四千眾生心、行、根、解、差別音聲；辭無礙智，隨一切眾生行，以如來音聲差別說；樂說無礙智，隨眾生信解，以如來智清淨行圓滿說。」〔註145〕作住持相中，約諸佛能說德、所說聲教以分法義，分爲四種：「覺相」，即作住持德，覺法性相，知一切如來語等，總知爲如來所轉法輪，爲佛所覺悟之相；「差別相」，知佛隨著八萬四千種眾生之心行、種性等差別，而有不同的聲教；「說相」，用前音聲差別爲眾生說法；「彼無量相」，隨眾生之信解，示現菩薩無盡樂說，以及諸佛法身不可壞等各種不同的說法。〔註146〕

表7-4：四智與十相之對照表

四智〳十相	法無礙智	義無礙智	辭無礙智	樂說無礙智
自相	生法自相	差別自相	想堅固自相	彼想差別自相
同相	一切法同相	有爲法同相	一切法假名同相	假名假名同相
行相	生行相	已生未生行相	物假名行相	說事行相
說相	修多羅相	解釋相	隨順相	相似說相
智相	現見智	比智	欲得方便智	得智
無我慢相	第一義諦無我	世諦無我	說美妙無我	說無上無我
大小乘相	觀相	性相	解脫相	念相
菩薩地相	智相	說相	與方便相	入無量門相
如來地相	法身相	色身相	正覺相	說相
作住持相	覺相	差別相	說相	彼無量相

〔註144〕參見《華嚴經疏》卷43，《大正藏》冊35，頁833上。
〔註145〕八十《華嚴》卷38，《大正藏》冊10，頁203上。
〔註146〕參見《華嚴經疏》卷43，《大正藏》冊35，頁833上～中。

　　以上十種差別中，《十地經論》只是對每一相之四智做說明，但法藏、澄觀則對十種差別之四智歸納出其具有系統性，茲分述如下：四無礙智之法無礙智、義無礙智不同，法藏、澄觀皆約十門以分法義；辭無礙智、樂說無礙智大多相同，後二是同體義，只是廣略或淺深之不同。法藏前二智之十門：總別、二諦、三世、教本釋、現比分、眞俗、權實、地體相分、佛體用分、佛說總說；〔註147〕澄觀則分爲總別、性相、三世、本釋、法類、眞俗、權實、地體相、眞應、諸佛能說德所說聲教，名異而實同。四智中，以辭無礙智來說明法、義無礙智，而樂說無礙智乃辭之別義。這十種差別中，亦有例外者，以辭無礙智來說明法無礙智，以樂說無礙智來說明義無礙智。例如：第七大小乘相，法知一乘，辭說一切乘無差別，即同一乘；義知諸乘，樂說一一乘無邊法，即同說諸乘。〔註148〕

　　關於四無礙是否通於大小乘的問題，歸納以上之二處說法，澄觀雖然依據慧遠之說法，但於別論中有所抉擇：通而論之，大小乘皆具；別而論之，則主要採取《涅槃經》的說法，「大乘有、小乘無」，四無礙智，唯局於大乘，聲聞、緣覺之小乘，無四無礙。此部分也是澄觀之創見，法藏並未對此問題有所詮釋與發揮。

（三）法師自在成就

　　法師自在成就，是指九地的菩薩爲大法師，運用其四無礙智善巧說法，具有四種成就：持成就，得而不失；說成就，巧能演說；問答成就，能斷疑網；受持成就，更受勝法。其中前三自分，後一勝進；又前一得如來妙法藏，後三作大法師，於此四種皆無縛著，即攝第九迴向位菩薩，無著無縛解脫迴向，亦即九地善慧地與九迴向位有相通之處。茲分述如下：

1. 持成就

　　持成就，即是得而不失。《華嚴經》云：

> 得義陀羅尼、法陀羅尼、智陀羅尼、光照陀羅尼、善慧陀羅尼、眾財陀羅尼、威德陀羅尼、無礙門陀羅尼、無邊際陀羅尼、種種義陀羅尼，如是等百萬阿僧祇陀羅尼門，皆得圓滿，以百萬阿僧祇善巧音聲辯才門，而演說法。此菩薩得如是百萬阿僧祇陀羅尼門已，於無量佛所，一一佛前，悉以如是百萬阿僧祇陀羅尼門，聽聞正法，

〔註147〕參見《探玄記》卷14，《大正藏》冊35，頁370下～372上。
〔註148〕參見《華嚴經疏》卷43，《大正藏》冊35，頁832上。

聞已不忘，以無量差別門，爲他演說。〔註149〕

陀羅尼，意譯爲總持、能持、持，此處則譯爲「持」，所以十種陀羅尼，即是十種十持。持成就可從二方面來詮釋：一、初列十持，持先已得。十持是從所起的業用立名，包括身口意三業。初三起意業：持義、持教法、持能知智。次三起身業：善軟者，慈光攝受；剛強者，善慧降伏，種種施爲；上供諸佛，下攝貧窮，故名眾財。後四起口業：於大乘中狹劣眾生，示教大乘威德勝利，令生喜故；不斷辯才，智常說故；無盡樂說，深說故；種種義樂說，廣說故。「以百萬阿僧祇」下，顯持之用。二、用前十持，持當所得。「此菩薩得如是」下，即以「聞已不忘」，正顯持義，「爲他演說」，亦持之用。〔註150〕所以，以上持成就之二義，不管是先前已得，或未來才得，皆具有得而不失，蘊法於心，能爲人演說無邊諸佛法，以顯持之用。

2. 說成就

說成就，即是巧能演說。《華嚴經》云：「此菩薩初見於佛，頭頂禮敬，即於佛所，得無量法門；此所得法門，非彼聞持諸大聲聞，於百千劫所能領受。此菩薩得如是陀羅尼、如是無礙智，坐於法座而說於法，……其餘眾會，威德光明，無能與比。此菩薩處於法座，欲以一音，令諸大眾皆得解了，即得解了；或時欲以種種音聲，令諸大眾皆得開悟；……如是所念，一切隨心，無不得者。」〔註151〕說成就，包括三部分：初顯所受法多，菩薩從佛處領受無量法門；「此菩薩得如是」下，菩薩得十種十持、四無礙智，坐於法席上，能廣開演而說法；「此菩薩處於法座」下，隨心所念，皆能起說自在。

3. 問答成就

問答成就，即能斷疑網。《華嚴經》云：「佛子！此菩薩假使三千大千世界所有眾生，咸至其前，一一皆以無量言音而興問難，一一問難，各各不同，菩薩於一念頃，悉能領受，仍以一音，普爲解釋，令隨心樂，各得歡喜。如是乃至不可說世界所有眾生，一刹那間，……乃至不可說不可說世界滿中眾生，菩薩皆能隨其心樂、隨根、隨解，而爲說法，承佛神力，廣作佛事，普爲一切作所依怙。」〔註152〕問答成就，包括二部分：初爲一界答難；

〔註149〕八十《華嚴》卷38，《大正藏》冊10，頁203上～中。
〔註150〕參見《華嚴經疏》卷43，《大正藏》冊35，頁833中。
〔註151〕八十《華嚴》卷38，《大正藏》冊10，頁203中。
〔註152〕八十《華嚴》卷38，《大正藏》冊10，頁203中～下。

「如是」下，為一切世界的答難。不管是一界，或一切世界眾生的問難，菩薩皆能以一音為眾生解釋，決斷眾疑，使眾生獲得歡喜。亦即《大乘莊嚴經論》云：「菩薩於九地中，四無礙慧最為殊勝，於一剎那頃，三千世界，所有人天異類、異音、異義、異問，此地菩薩能以一音普答眾問，遍斷眾疑。」〔註153〕

4.受持成就

受持成就，即更受勝法。《華嚴經》云：「佛子！此菩薩復更精進，成就智明，假使一毛端處，有不可說世界微塵數諸佛眾會，一一眾會，有不可說世界微塵數眾生，一一眾生，有不可說世界微塵數性欲，彼諸佛隨其性欲，各與法門，如一毛端處，一切法界處，悉亦如是。如是所說無量法門，菩薩於一念中，悉能領受，無有忘失。」〔註154〕菩薩更加精進成就智慧的光明，不管於一毛端處，乃至一切世界處，皆能一念間領受佛的無量法門，而不忘失，成就勝法，為眾生宣說。

三、十地：勤修受位行

十地之地行有六分差別，第三分為「得受位分」，已進入正住地行，依前定力而攝佛智。受位分，又分為四：一、法；二、喻；三、合；四、結。茲說明如下：

（一）法

法又分為六：隨何等座、隨何等身、隨何眷屬、隨何等相、隨何出處、隨所得位。以上六法本來是指轉輪聖王之太子受職之時的六種殊勝，此處是指十地菩薩受佛職時的六種殊勝。法說，是指菩薩進入法雲地時，此三昧稱為「受一切智勝職位」，此三昧現前時，具有六種殊勝：坐於大寶蓮華座、身體大小與蓮華相稱、有無量的菩薩為其眷屬、其光明與音聲充滿十方法界、十處出光令惡道出離、佛光入菩薩頂，此時菩薩證得百萬三昧，入於佛的境界，具足十力，列入佛數。

1.隨何等座

《華嚴經》云：「此三昧現在前時，有大寶蓮華，忽然出生，其華廣大，量等百萬三千大千世界，以眾妙寶，間錯莊嚴，超過一切世間境界。出世善

〔註153〕《大乘莊嚴經論》卷13，《大正藏》冊31，頁659中。
〔註154〕八十《華嚴》卷38，《大正藏》冊10，頁203下。

根之所生起，知諸法如幻性，眾行所成，恒放光明，普照法界，非諸天處之所能有。毘瑠璃摩尼寶爲莖，栴檀王爲臺，碼碯爲鬚，閻浮檀金爲葉，其華常有無量光明，眾寶爲藏，寶網彌覆，十三千大千世界微塵數蓮華以爲眷屬。」〔註155〕隨何等座，是指世王子受職之時，坐於白象寶妙金之座；十地菩薩受佛職時，所坐的大寶蓮華王座爲其主華，《十地經論》將其歸納成十種相，法藏、澄觀亦承襲之，茲以圖表示之：

表 7-5：十地菩薩大寶蓮華座之十相

〈十地品〉經文	代表十種相
有大寶蓮華，忽然出生	主相
其華廣大，量等百萬三千大千世界	量相
以眾妙寶，間錯莊嚴	勝相，具德故
超過一切世間境界	地相，生處故
出世善根之所生起	因相
知諸法如幻性，眾行所成	成相
恆放光明，普照法界	第一義相。正觀普照法界現事故，如世蓮華，開敷菡萏，爲第一故
非諸天處之所能有	功德相，菩薩德招故
毘瑠璃摩尼寶爲莖，栴檀王爲臺，碼瑙爲鬚，閻浮檀金爲葉	體相
其華常有無量光明，眾寶爲藏，寶網彌覆	莊嚴相

除了主華之十相外，還有「十三千大千世界微塵數蓮華以爲眷屬」，即是眷屬華，共有十個三千大千世界微塵數的蓮華爲眷屬華。

2. 隨何等身

《華嚴經》云：「爾時菩薩坐此華座，身相大小，正相稱可。」〔註156〕隨何等身，指轉輪聖王之太子，爲正后所生，〔註157〕具足王相，爲得位身；

〔註155〕八十《華嚴》卷 39，《大正藏》冊 10，頁 205 中。
〔註156〕八十《華嚴》卷 39，《大正藏》冊 10，頁 205 中。
〔註157〕《演義鈔》卷 72：「然論經云：玉女寶所生。準《智論》玉女寶不生，乃是一說；準《薩遮尼犍子經》第三云：千子皆玉女生，彼名夫人寶。」《大正藏》

十地菩薩殊妙之身，爲受職身，與大寶蓮華座相稱合宜。

3. 隨何眷屬

《華嚴經》云：「無量菩薩以爲眷屬，各坐其餘蓮華之上，周匝圍遶，一一各得百萬三昧，向大菩薩，一心瞻仰。」〔註158〕隨何眷屬，指轉輪王子受位之時，文武百官共相輔弼；十地菩薩受佛職時，無量菩薩爲其眷屬共相圍遶，其數量之多無法以數字來計算，皆坐於眷屬蓮華座上。

4. 隨何等相

《華嚴經》云：「佛子！此大菩薩，并其眷屬，坐華座時，所有光明，及以言音，普皆充滿十方法界，一切世界，咸悉震動，惡趣休息，國土嚴淨，同行菩薩靡不來集，人天音樂，同時發聲，所有眾生，悉得安樂，以不思議供養之具，供一切佛，諸佛眾會悉皆顯現。」〔註159〕隨何等相，指世王子受位之時，張大網幔，建大幢幡，然香散花，奏諸音樂；十地菩薩受佛職時，周遍作業，如：大地震動、惡道息苦、世界嚴淨、菩薩來集、人天音樂同時發聲、眾生安樂、以供具來供佛、諸佛顯現等相。由於版本之不同，《十地經》及六十《華嚴》之隨何等相，只有五相：動地、息苦、光照、嚴界、見佛。〔註160〕

5. 隨何出處

隨何出處，指世王子受職之時，能具足行十善道，亦得名爲轉輪聖王；十地菩薩受佛職時，十處出光，令惡道出離，菩薩增行。《華嚴經》云：

> 佛子！此菩薩坐彼大蓮華座時，於兩足下，放百萬阿僧祇光明，普照十方諸大地獄，滅眾生苦；於兩膝輪，……；於臍輪中，……；從左右脇，……；從兩手中，……；從兩肩上，……；從其項背，……；從其面門，……；從兩眉間，……；從其頂上，放百萬阿僧祇三千大千世界微塵數光明，普照十方一切世界，諸佛如來道場眾會。右遶十匝，住虛空中，成光明網，名熾然光明，發起種種諸供養事，供養於佛。餘諸菩薩，從初發心，乃至九地，所有供養，而比於此，

冊36，頁576下。諸經對於轉輪聖王之太子，是何人所生？有不同的說法，《十地經》爲玉女寶所生；八十《華嚴》爲正后所生。至於玉女寶是否會生子？《大智度論》說玉女寶不能生子；《大薩遮尼乾子所說經》則說能生千子。

〔註158〕八十《華嚴》卷39，《大正藏》冊10，頁205中。

〔註159〕八十《華嚴》卷39，《大正藏》冊10，頁205中。

〔註160〕參見《十地經論》卷12，《大正藏》冊26，頁194下。六十《華嚴》卷27，《大正藏》冊10，頁571下～572上。

百分不及一，乃至算數譬諭所不能及，其光明網，普於十方一一如來眾會之前，雨眾妙香、華鬘、衣服、幢幡、寶蓋、諸摩尼等莊嚴之具，以爲供養，皆從出世善根所生，超過一切世間境界，若有眾生見知此者，皆於阿耨多羅三藐三菩提得不退轉。佛子！此大光明，作於如是供養事畢，復遶十方一切世界，一一諸佛道場眾會，經十匝已，從諸如來足下而入。〔註161〕

隨何出處，可分爲四方面：舒光作業、眾聖咸知、下類奔風、同聲相應。第一爲「舒光作業」，指十處放光有三種業：利益業、發覺業、攝伏業。今類例相從，且分爲四：(1)前之七光，包括兩足、兩膝輪、臍輪、左右脅、兩手、兩肩、項背，只有利益業，前五利益凡夫，後二利益小乘，放光的部位不同，象徵普照五凡二乘的眾生，拔除其苦。(2)第八「面門放光」，有二業半：一者利益，此光明能使初發心至九地菩薩皆得到利益；二者發覺，能令初發心至九地菩薩覺悟；一半者，攝伏之「攝」義，能攝九地以下菩薩皆來供養。(3)第九「兩眉間光」，亦二業半：一者利益，此光明能使十地等位菩薩得到利益；二者發覺，能令十地等位菩薩覺悟；一半者，攝伏之「伏」義，能使魔宮隱蔽不現。(4)第十「頂光」，只有發覺，能令一切諸佛覺悟，又分爲三：①顯照分齊，即是頂光普照十方。②「右遶」下，正顯作業：謂興供養成利益。利益即得不退轉，《十地經論》有四義：於登地證決定、入正定聚、定離放逸惡、定集善事。③「佛子」下，事訖收光。「足下」入者，指收光的位置，又分爲二：若約教相，頂光入足，顯深敬故；若約證實，終極之智，從下趣入，諸佛境故，《十地經論》是從下趣入，爲「平等智攝」，顯證佛境即自證。法藏則採遠公三釋，與澄觀之二釋名異而實同。〔註162〕

　　隨何出處之第二爲「眾聖咸知」，《華嚴經》云：「爾時諸佛及諸菩薩，知某世界中，某菩薩摩訶薩，能行如是廣大之行，到受職位。」〔註163〕由以上十光普照，令一切諸佛菩薩皆知，某世界的某位菩薩證入十地。

〔註161〕八十《華嚴》卷39，《大正藏》冊10，頁205中～下。
〔註162〕《探玄記》卷 14：「言入佛足下者，遠公三釋：一、就教相，頂光入足，顯深敬故。二、約相顯實，菩薩智光證入佛境，從下趣入名入足下，故論名爲『平等智攝』。三、約實以論，菩薩自已因行趣成果時，從下證入名入佛足。」《大正藏》冊35，頁374下。澄觀二釋之「顯證佛境即自證」，是入自佛境，因圓趣果，相當於遠公第三釋菩薩因行趣果。
〔註163〕八十《華嚴》卷39，《大正藏》冊10，頁205下。

隨何出處之第三爲「下類奔風」，《華嚴經》云：「佛子！是時十方無量無邊，乃至九地諸菩薩眾，皆來圍遶，恭敬供養，一心觀察。正觀察時，其諸菩薩即各獲得十千三昧。」〔註164〕下類，指下地菩薩爲十地以下的菩薩，如同風一樣奔來，來此廣興供養，先供養後得益，獲得十千三昧。

隨何出處之第四爲「同聲相應」，《華嚴經》云：「當爾之時，十方所有受職菩薩，皆於金剛莊嚴臆德相中，出大光明，名能壞魔怨，百萬阿僧祇光明以爲眷屬，普照十方，現於無量神通變化，作是事已，而來入此菩薩摩訶薩金剛莊嚴臆德相中，其光入已，令此菩薩所有智慧，勢力增長，過百千倍。」〔註165〕「同聲相應」，乃是《周易》之語，指同類的事物相互感應，今取同位，故曰同聲。同位菩薩指十地菩薩，以修平等因行相資，內有深廣之萬德，外於胸前有萬字放光，現相顯其利益。今放胸相萬字光，表心契懸同，德圓魔盡，名壞魔怨。

6. 隨所得位

隨所得位，如世王子受位之時，父王手執金鐘，盛四大海水置金瓶內，灌太子頂即名受王職位；十地菩薩受佛職時，十方諸佛於白毫所放一切智光，入菩薩頂名受佛位。《華嚴經》云：

> 爾時十方一切諸佛，從眉間出清淨光明，名增益一切智神通；無數光明以爲眷屬，普照十方一切世界，右遶十匝；示現如來廣大自在；開悟無量百千億那由他諸菩薩眾；周遍震動一切佛剎；滅除一切諸惡道苦；隱蔽一切諸魔宮殿；示一切佛得菩提處，道場眾會，莊嚴威德；如是普照盡虛空遍法界一切世界已，而來至此菩薩會上，周帀右遶；示現種種莊嚴之事。現是事已，從大菩薩頂上而入，其眷屬光明，亦各入彼諸菩薩頂，當爾之時，此菩薩得先所未得百萬三昧，名爲已得受職之位，入佛境界，具足十力，墮在佛數。〔註166〕

隨所得位中，又分爲二：放光；「現是事已」下，入頂成益。放光中十業：「爾時」下，利益一切智，令成佛故，是益業；「無數」下，眷屬光，是因業；「示現」下，示現如來，令他恭敬，是敬業；「開悟」下，是開悟業；「周遍震動」下，是震動業；「滅除」下，滅除諸惡道苦，是止惡業；「隱蔽」下，魔宮隱

〔註164〕八十《華嚴》卷39，《大正藏》冊10，頁205下～206上。

〔註165〕八十《華嚴》卷39，《大正藏》冊10，頁206上。

〔註166〕八十《華嚴》卷39，《大正藏》冊10，頁206上。

蔽，是降魔業；「示一切佛」下，是示現業；「如是」下，卷舒業，自在顯現；「示現種種」下，即變化業，示現各種神通。入頂成益中，「入頂」，若約化相，上收於下；若約實義，是爲光入。即菩薩頂光入佛足，則因上進於果，是上進；佛光入菩薩頂，是果收因，是下攝。以上二種，因果互相攝受，故云平等。「當爾之時」下，得益，得百萬三昧；「名爲」以下，結位，受佛職位，與入佛境所證相同，具足十力成就佛德，同列入佛數，如剛出家雖未受戒便列入僧數。

以上六種法說，前五自分德備，後一上攝佛果。德備中，初三位體，即依正眷屬；次一位相，後一位用。

（二）喻、合、結

喻說，是以譬喻來說明。《華嚴經》云：「佛子！如轉輪聖王所生太子，母是正后，身相具足；其轉輪王，令此太子坐白象寶妙金之座；張大網幔，建大幢幡，然香散花，奏諸音樂；取四大海水，置金瓶內，王執此瓶，灌太子頂，是時即名受王職位，墮在灌頂剎利王數；即能具足行十善道，亦得名爲轉輪聖王。」〔註167〕喻中，即譬喻上面「法說」之六事，但順序稍有變動：初喻隨何等身；「其轉輪」下，次喻隨何等座；「張大」下，喻隨何等相；「取四大」下，喻隨所得位。王喻眞身，手喻應身，瓶喻白毫，水喻於光。以上之引文缺一譬喻，應有第三隨何眷屬，謂文武百官以爲輔弼。「即能」下，明隨何出處。

合說，是命題肯定後的應用。《華嚴經》云：「菩薩受職，亦復如是，諸佛智水灌其頂故，名爲受職，具足如來十種力故，墮在佛數。」〔註168〕合說是此法也是如此，但合隨所得位，十地菩薩受佛職位也是如此，受到諸佛的灌頂，具足十力，列入佛數。

結說，是結論之陳述。《華嚴經》云：「佛子！是名菩薩受大智職。菩薩以此大智職故，能行無量百千萬億那由他難行之行，增長無量智慧功德，名爲：安住法雲地。」〔註169〕總結是結論之陳述，即法之重述。十地菩薩受職後，將候補佛位，不久將會成佛，能行無量難行之事，增長無量的智慧，積聚無量的功德，名爲「安住法雲地」。

〔註167〕八十《華嚴》卷39，《大正藏》冊10，頁206上。
〔註168〕八十《華嚴》卷39，《大正藏》冊10，頁206上。
〔註169〕八十《華嚴》卷39，《大正藏》冊10，頁206上～中。

第四節　圓修波羅蜜

　　十地菩薩於每一地中，都能修十種波羅蜜，只是每一地中皆有一種波羅蜜較爲殊勝，其中八地不動地，以願波羅蜜特別殊勝；九地善慧地，以力波羅蜜特別殊勝；十地法雲地，以智波羅蜜特別殊勝。

一、八地：願波羅蜜

　　願，即誓願，其梵文爲 praṇidhāna，音譯爲鉢羅尼陀那，指起希求之心，而發誓立願欲完成某事。根據《成唯識論》云：「願有二種，謂求菩提願、利樂他願。」〔註170〕求菩提願，爲了自求佛果；利樂他願，爲了救度一切眾生。此二願，即菩薩上求菩提、下化眾生之誓願，爲到達彼岸之大行者。

　　八地菩薩爲一乘法，捨所修之行，契合實理，離相離言，往生後感報作大梵天王。《華嚴經》云：「佛子！菩薩摩訶薩住此地，多作大梵天王，主千世界，最勝自在，善說諸義，能與聲聞、辟支佛、諸菩薩波羅蜜道，若有問難世界差別，無能退屈。」〔註171〕一般而言，大梵天王是位於色界初禪天之第三天，又稱大梵天、梵天、梵王，又名娑婆世界主、尸棄、世主天，主大千世界。大梵天之身長爲一由旬半，壽量爲一劫半。〔註172〕大梵天在印度的婆羅門教中，是世界的造物主，也是婆羅門教最推尊的主神。但在佛教裏，依據《大集經》記載，過去世諸佛，曾經將守護四大天下的使命，付囑大梵天與帝釋天，故二大天王被視爲佛教的護法神。〔註173〕而在〈十地品〉中，不動地菩薩往生感報爲色界第二禪的大梵天王，主一千世界。

　　在十波羅蜜中，八地不動地以願波羅蜜特別殊勝。在七地遠行地，已純修無相觀，但仍有加行之故，使無相觀不能任運生起。七地是般若道與方便道的分界點，有了方便道的「觀空不取證」，才能不取證涅槃，進入第八地繼續修行。八地菩薩已深入無相觀，上不求菩提，下不度眾生，沈於一切空寂之理，不能起波羅蜜行，故有「八地沈空難」，即菩薩修行過程中的退墮現象。

〔註170〕《成唯識論》卷9，《大正藏》冊31，頁51中。
〔註171〕八十《華嚴》卷38，《大正藏》冊10，頁201上。
〔註172〕《阿毘達磨大毘婆沙論》卷98：「大梵王身量一踰繕那半，……大梵王壽量一劫半。」《大正藏》冊27，頁509上～中。
〔註173〕《大方等大集經》卷51：「爾時，世尊復問娑婆世界主大梵天王言：過去諸佛，以此四大天下曾付囑誰令作護持養育？時娑婆世界主大梵天王言：過去諸佛，以此四天曾付囑我及憍尸迦令作護持，而我有失，不彰己名及帝釋名，但稱諸餘天王及宿曜辰護持養育。」《大正藏》冊13，頁343中。

八地之七種相差別中，第三分爲「得勝行分」，爲初住地行，依前淨忍發起勝修，又分爲深行勝、發起勝二種，其中與願波羅蜜有關者爲「發起勝」。菩薩進入八地之後，必須安住於本願力，而求中品無生法忍，此時諸佛親現其前，以意念加持其智慧，並讚言善哉善哉，善男子等「三加」，〔註174〕及勸修「七事」，鼓勵其繼續修行，來利益眾生，才不會退墮，故被視爲八地的沈空難。在《十地經論》並沒有特別標示七勸之相關詞語，所以《探玄記》採用慧遠之說法，七勸攝以爲二：前六舉多未作，轉其住心；後一明其少作能成，增其去心。以及將前六攝爲三對自利利他：初對中，一明自德未成，後一所化未出；第二對中，一化願未滿，後一自德未勝；第三對中，一明化業未廣，後一明自得法未窮。〔註175〕澄觀則與慧遠、法藏之意見相左，澄觀提出七勸皆含轉住增去，如初勸勿復放捨，即是轉住，令勤精進，即是增去，其餘六勸亦是如此。此外，前六攝爲三，並非兩兩相對之三對自利利他，而是前三勸其下化之利他，次三勸其上求之自利，故有所不同。〔註176〕

慧遠、智儼、法藏雖有「七勸」之名，但每一勸皆沒有具體的名稱，像法藏則以第一勸、第二勸等表示，到了澄觀則增加了七勸之總名及具體名稱，茲分述七勸如下：

（一）自德未成勸，勸修如來善調御智。《華嚴經》云：「然善男子！我等所有十力、無畏、十八不共諸佛之法，汝今未得，汝應爲欲成就此法，勤加精進，勿復放捨於此忍門。」〔註177〕勸修如來善調御智，分爲三層次：「明多未作」，菩薩尚未得十力、四無畏、十八不共等教授眾生法。「勸令修習」，力勸菩薩精進修習。「莫捨忍門」，不捨有二義：不應放捨身心而住此忍門，則不能成就一切佛法；依彼有力能作，不應全棄捨。

（二）生願未滿勸，勸悲愍眾生。《華嚴經》云：「又善男子！汝雖得是寂滅解脫，然諸凡夫，未能證得，種種煩惱，皆悉現前，種種覺觀，常相侵害，汝當愍念如是眾生。」〔註178〕勸悲愍眾生，分爲三層次：「明自所得忍」，

〔註174〕三加，爲諸佛加持菩薩之方法，包括身、口、意三種：身加，諸佛世尊，親現其前；意加，與如來智，令其得入法流門中；口加，作如是言：「善哉善哉！善男子！此忍第一，順諸佛法。」參見八十《華嚴》卷38，《大正藏》冊10，頁199上～中。

〔註175〕參見《探玄記》卷14，《大正藏》冊35，頁361中。

〔註176〕參見《華嚴經疏》卷42，《大正藏》冊35，頁821下。

〔註177〕八十《華嚴》卷38，《大正藏》冊10，頁199中。

〔註178〕八十《華嚴》卷38，《大正藏》冊10，頁199中。

菩薩自己雖已證得無生法忍；「明他無忍起過」，凡夫未得無忍而起過，在家多有煩惱，出家多起種種異念覺觀，皆是對眾生無利益事；「勸起悲心」，勸菩薩應起悲心，悲心依上而轉。

（三）本願未充勸，勸成其本願。《華嚴經》云：「又善男子！汝當憶念本所誓願，普大饒益一切眾生，皆令得入不可思議智慧之門。」〔註179〕勸成其本願，有二願：「依廣心」，是下化眾生；「依大心」，有令他得、令自得二義，是上求佛智，依此智行，能廣利故。

（四）自德未勝勸，勸求無礙智。《華嚴經》云：「又善男子！此諸法法性，若佛出世，若不出世，常住不異，諸佛不以得此法故，名為如來，一切二乘，亦能得此無分別法。」〔註180〕勸求無礙智，分為三層次：「法性真常」，不管諸佛有沒有出世，法性是常住不變的；「奪其異佛，勸其上求」，菩薩若證涅槃，與二乘之證果相同，故仍須勸其上求，以有深無礙智、大用無涯，才是如來；「抑同二乘，令不住忍」，三獸度河，同涉理故，說明三乘之人雖同證法性之空理，同渡生死之流，然因根機深淺之不同，二乘欲趣寂捨化，此是八地菩薩所垢病，故應勿住涅槃，須進求四無礙智。

（五）化業廣大勸，勸成佛外報。《華嚴經》云：「又善男子！汝觀我等，身相無量，智慧無量，國土無量，方便無量，光明無量，清淨音聲，亦無有量，汝今宜應成就此事。」〔註181〕勸成佛外報中，指菩薩曾見諸佛之身相、智慧、國土、方便、光明、清淨音聲等無量境界，這些都是佛的外報，即佛的六種化生事業，八地菩薩應成滿所見境界，則有力教化眾生，故勸修成就。

（六）自己所得法門未窮勸，勸證佛內明無量勝行。《華嚴經》云：「又善男子！汝今適得此一法明，所謂一切法無生、無分別。善男子！如來法明，無量入，無量作，無量轉，乃至百千億那由他劫不可得知，汝應修行，成就此法。」〔註182〕勸證佛內明無量勝行中，分三層次：「明所得未廣」，菩薩今始得無生之一法明；「示佛無量勝行」，無量入是所入法門差別，無量作是法門業用，無量轉是業用不斷；「結勸」，修行諸佛之無量無數之法明。

（七）少作能成增進眾德勸，勸總修無遺成遍知道。《華嚴經》云：「又善男子！汝觀十方無量國土、無量眾生、無量法，種種差別，悉應如實通達

〔註179〕八十《華嚴》卷38，《大正藏》冊10，頁199中。
〔註180〕八十《華嚴》卷38，《大正藏》冊10，頁199中。
〔註181〕八十《華嚴》卷38，《大正藏》冊10，頁199中。
〔註182〕八十《華嚴》卷38，《大正藏》冊10，頁199中。

其事。」〔註183〕勸總修無遺成遍知道，分二層次：「舉三種無量」，即淨土中三自在行；「結勸」，勸盡通達，去佛不遠，少分觀察，即能成就。

以上七勸，是八地菩薩心生退怯時，十方諸佛以七勸鼓勵他繼續修行，才不會沈空滯寂，並達成其度化眾生的本願，包括自利利他二利願，今攝為三：前三勸其下化眾生，初一化眾生法，次一正化眾生，後一化本願。次三勸其上求菩提，初一折其二乘所得非勝，後二引其求佛勝果，先外後內。最後一勸，總結多門，以所作無邊，別說難盡。〔註184〕七勸中，前三勸是利樂他願之利他，次三勸是求菩提願之自利。

菩薩修行至何種階位才能達到「不退」呢？根據澄觀之說法，不退可從三個面向來討論：「不退有三：一、位不退，七住已上；二、證不退，初地已上；三、念不退，八地已去。」〔註185〕不退包括位不退、證不退、念不退三種，此處的位不退是約三乘的立場，從七住以上，才不退墮聲聞、辟支佛地；若從終教的立場，入初住位即名不退，所以十住皆可稱為位不退。〔註186〕所以，不退的範圍很廣，包括十住及十地。在《華嚴經‧十地品》所談的不退轉，是指念不退，但各部經典的說法不一，有的出現在第七地，有的則是在第八地，如何會通呢？

《華嚴經》是在八地出現「沈空難」，然而在《大智度論》卻是七地沈空難，〔註187〕兩者是同或異呢？十地中的每一地，皆有入心、住心、滿心等三心，而七地的滿心，即是初始入八地的初心。所以，《大智度論》是在七地的滿心，說「七地沈空難」；而《華嚴經》是在八地的初心，說「八地沈空難」，故兩者只是滿心與初心之切入點不同，並不相違。

八地之七種相差別中，第六分為「大勝分」，是地滿行，又分為三種：智大、業大、彼二所住功德大，與願波羅蜜有關者為業大、彼二所住功德大。首先，介紹業大，《華嚴經》云：「此菩薩如是入已，如是成就已，……般若波羅蜜增上，大悲為首，方便善巧，善能分別，善起大願，佛力所護，常勤

〔註183〕八十《華嚴》卷38，《大正藏》冊10，頁199中。
〔註184〕參見《華嚴經疏》卷42，《大正藏》冊35，頁821下～822上。
〔註185〕《華嚴經疏》卷18，《大正藏》冊35，頁640上。
〔註186〕參見《演義鈔》卷37，《大正藏》冊36，頁285下。
〔註187〕《大智度論》卷10：「如七住（地）菩薩，觀諸法空無所有，不生不滅。如是觀已，於一切世界中心不著，欲放捨六波羅蜜入涅槃。」《大正藏》冊25，頁132上。

修習利眾生智，普住無邊差別世界。」〔註188〕業大，指行業寬廣。「般若」以下四句，智攝不染，作利益眾生行等：智悲一對，謂由般若攝彼大悲，故不染愛見，能起方便利益眾生行。「善起大願，佛力所護」，因攝：謂內由大願，為自行他行之因，又外蒙佛攝，得成二因。「常勤修習利眾生智，普住無邊差別世界」，作業所持：初句利益眾生，後句淨佛國土。〔註189〕所以業大中，包括利樂他願、求菩提願。

其次，說明彼二所住功德大，《華嚴經》云：「佛子！菩薩住此地：得善住深心力，一切煩惱不行故；得善住勝心力，不離於道故；得善住大悲力，不捨利益眾生故；得善住大慈力，救護一切世間故；得善住陀羅尼力，不忘於法故：得善住辯才力，善觀察分別一切法故；得善住神通力，普往無邊世界故：得善住大願力，不捨一切菩薩所作故；得善住波羅蜜力，成就一切佛法故；得如來護念力，一切種、一切智智現前故。」〔註190〕以上引文是彼二所住功德大，指智大、業大所成。「得善」以下，顯所住德，共有十句，依七種功德：初四為一善住道功德，此是德體，以二利行為菩薩道，初二自利，後二慈悲利他。後六各一，約修辨德，初三三輪化益，修上利他；後三願行相符，外招佛護，修上自利。〔註191〕所以，彼二所住功德大中，共十句，有五句自利、五句利他，故包括利樂他願、求菩提願兩種。

八地菩薩願波羅蜜之殊勝為何呢？大波羅蜜多，指八至十地的菩薩因位，已進入第三阿僧祇劫，修布施等十波羅蜜，其勢力轉增長，能畢竟伏止一切煩惱，而永不令現行，但還有所知障的微細現行和種子，以及煩惱障的種子，所以還沒有究竟成佛。〔註192〕八地菩薩勤修淨佛國土，已證得中品無生法忍，能起無相無功用行，任運自在變現各種化身及國土，如觀世音菩薩變現三十三種化身，以及隨心欲等五種自在顯現國土，繼續完成度化眾生的求菩提願、利樂他願等二利願，才不會退墮「八地沈空難」。此外，八地菩薩之願，以無所得的空慧為方便，就是三輪體空的願波羅蜜多。

二、九地：力波羅蜜

力，其梵文為 bala，音譯為波羅，指力用、智力等。大多指佛、菩薩的能

〔註188〕八十《華嚴》卷38，《大正藏》冊10，頁200中。
〔註189〕參見《華嚴經疏》卷42，《大正藏》冊35，頁825上～中。
〔註190〕八十《華嚴》卷38，《大正藏》冊10，頁200中～下。
〔註191〕參見《華嚴經疏》卷42，《大正藏》冊35，頁825中。
〔註192〕參見《成唯識論》卷9，《大正藏》冊31，頁52中。

力，或力用。根據《成唯識論》云：「力有二種，謂思擇力、修習力。」〔註193〕思擇力，指思惟揀擇一切善法而得其力；修習力，指修行數習殊勝妙行。

九地菩薩寄位在一乘，以無量智觀察無邊境界，說法教化眾生，往生後感報作大梵天王。《華嚴經》云：「佛子！菩薩摩訶薩住此地，多作二千世界主大梵天王，善能統理，自在饒益，能為一切聲聞、緣覺，及諸菩薩，分別演說波羅蜜行，隨眾生心，所有問難，無能屈者。」〔註194〕八地不動地與九地善慧地之菩薩，往生感報皆為大梵天王，但善慧地是色界第三禪主二千世界，故有所不同。

在十波羅蜜中，九地善慧地以力波羅蜜特別殊勝。九地的地行共有四分，其中與力波羅蜜有關的為第二分的智成就、第三分的入行成就、第四分的說成就。

（一）智成就

第二分智成就，即是了知種種法門的智慧。依據澄觀之說法，九住法王子住，與九地善慧地有相通之處：「此下二三段，攝王子住，知法知根，皆法王軌度等故。」〔註195〕九地之第二分智成就，了知種種法門；第三分入行成就，了知眾生根器，皆與九住法王子住之軌度相通。〔註196〕《華嚴經》云：

> 如實知善不善無記法行、有漏無漏法行、世間出世間法行、思議不
> 思議法行、定不定法行、聲聞獨覺法行、菩薩行法行、如來地法行、
> 有為法行、無為法行。〔註197〕

九地菩薩如實了知各種法門之智慧，而為眾生說法。十句中，初句是總，包括三性：淨、染、不二，不二即無記。其餘九句，《十地經論》展轉別開為六，澄觀亦承襲之；法藏則於善法中，別開三重。茲依據《華嚴經疏》分述如下：

〔註193〕《成唯識論》卷9，《大正藏》冊31，頁51中。
〔註194〕八十《華嚴》卷38，《大正藏》冊10，頁204上。
〔註195〕《華嚴經疏》卷43，《大正藏》冊35，頁827中。
〔註196〕八十《華嚴》卷16：「佛子！云何為菩薩王子住？此菩薩善知十種法，何者為十？所謂善知諸眾生受生、善知諸煩惱現起、善知習氣相續、善知所行方便、善知無量法、善解諸威儀、善知世界差別、善知前際後際事、善知演說世諦、善知演說第一義諦，是為十。」《大正藏》冊10，頁85中。九住法王子住之前四法，相當於九地善慧地之十一種稠林，故為第三分入行成就；九住之第五法，相當於九地之第二分智成就，故說兩者之軌度相通。其對應關係，請參見《演義鈔》卷38，《大正藏》冊36，頁295中～下。
〔註197〕八十《華嚴》卷38，《大正藏》冊10，頁202上。

1.有漏無漏法行。於淨法中，開出有漏、無漏。布施、持戒等十度，若取相心修善，即是有漏；反之，若離相心修善，即是無漏。2.世間出世間法行。於無漏中，復開世間、出世間。見道以前，名世間；見道以後，名出世間。3.思議不思議法行有二義：一約世間出世間而言，地前行布門，爲可思議；地上圓融門，爲不可思議。二約出世間而言，基於阿含教說而實踐者是教道，是可思議；契合悟境眞理之實踐者是證道，是不可思議。4.定不定法行。於思議中，復開定不定。思議有二義：雖地前思議、有漏之善，大乘十住種性堅固，俱名爲定；十信如輕毛，爲緣所動，名爲不定。此外，定不定亦可將佛性稱爲定，餘一切法皆悉不定。亦即通諸乘說，聲聞忍心、緣覺世第一、菩薩十迴向已去名定，餘必不定。5.聲聞獨覺法行、菩薩行法行、如來地法行。總上諸善，開出三乘。聲聞、緣覺、菩薩三乘，其修行法門爲四諦、十二因緣、十度，皆是有漏無漏、世間出世間、教證二道、定不定等四種法，故云皆通。其中，佛果是無漏法，屬於菩薩乘之果。6.有爲法行、無爲法行。於三乘，復開有爲無爲。四諦中，滅諦緣性，所證眞理，稱爲無爲；道諦緣智，能證修起，稱爲有爲。〔註198〕對於智成就，法藏之別開三重與澄觀之展轉別開爲六，兩者間有些差異，茲列表說明如下：

表7-6：法藏與澄觀智成就之比較

六　　重	法藏別開三重〔註199〕	澄觀別開六重〔註200〕
有漏無漏	見道前善名有流，見道後善名無流。	取相心修名有漏，離相心修名無漏。
世間出世間	緣修阿含名世間，正證眞行名出世間。	見道前名世間，見道後名出世間。
思議不思議	地前可思，地上不可思。	地前可思，地上不可思；教道可思，證道不可思。
定不定	初教：聲聞忍位、緣覺世第一、菩薩十迴向名定；以下名不定。 終教：十住名定，十信名不定。	通諸乘說，小乘忍心已去名定，餘必不定；〔註201〕大乘十住名定，十信名不定。
聲聞、獨覺、菩薩、如來	彼復就善開出三乘。 能證修起名有爲，所證眞理名無爲。	總上諸善開出三乘，唯佛果是無漏。
有爲、無爲		滅諦緣性，彼岸眞理，名無爲；道諦緣智，能證修起，名有爲。

〔註198〕參見《華嚴經疏》卷43，《大正藏》冊35，頁827中～下。
〔註199〕參見《探玄記》卷14，《大正藏》冊35，頁366下～367上。
〔註200〕參見《華嚴經疏》卷43，《大正藏》冊35，頁827中～下。
〔註201〕《演義鈔》卷70，《大正藏》冊36，頁559上。

法藏別開三重與澄觀別開六重之差異：「見道前後」，法藏以此來分判有漏無漏，澄觀則以此來分判世間出世間；「教道、證道」，法藏以此來分判世間出世間，澄觀則是以此來分判思議不思議。所以法藏、澄觀對於這二重之解釋不同，等於差了一重。

智成就，即是為眾生說法應知曉種種法門的智慧，應知彼法是有漏法、無漏法，或三乘法、一乘法之差別，即能分辨法門之不同。所以智成就，就是九地菩薩善於思擇各種法門來教化眾生，是力波羅蜜二力之思擇力。

（二）入行成就

入行成就，即是達所化器之心行，如實知眾生心之種種差別。九地菩薩為了教化眾生，必先了解眾生的根機，知其煩惱之所在，才能應病與藥。《華嚴經》云：「此菩薩以如是智慧，如實知眾生心稠林、煩惱稠林、業稠林、根稠林、解稠林、性稠林、樂欲稠林、隨眠稠林、受生稠林、習氣相續稠林、三聚差別稠林。」〔註202〕稠林之「林」是指眾多，「稠」是指難知，「《論經》十（一）林，皆有行字，謂不正信義故，名心行等稠林。心行若絕，證信圓明，非稠林行。」〔註203〕在《十地經》之十一種稠林，皆有「行」字，比喻眾生之邪見煩惱，交絡繁茂，有如稠林般眾多難知，直到心行處滅，沒有思慮分別的境地，才能證得佛智。

十一種稠林中，「眾生心稠林」為總，其餘十種為別。《十地經論》以「依共」為總，是其餘十種染淨所共依；十種為別，不出煩惱、業、生等三種雜染。〔註204〕「煩惱雜染」共二種，煩惱稠林、隨眠稠林；「業雜染」共五種，業稠林、根稠林、解稠林、性稠林、樂欲稠林；「生雜染」為受生稠林；習氣相續稠林、三聚差別稠林二種，通三雜染。由於眾生依心行的造作，產生種種煩惱執著，而成為業力，因而受生於三界。

廣釋經文時，分為九段，解稠林、性稠林、樂欲稠林合為一例，稱為例三稠林，此三者與根稠林性相順入，即依根生解、依解成性、依性起欲，皆悉相似，故在例三稠林中只是略例，而不廣說。由於九段稠林範圍太廣，無法一一介紹，故只說明前二種稠林。

〔註202〕八十《華嚴》卷38，《大正藏》冊10，頁202上。
〔註203〕《華嚴經疏》卷43，《大正藏》冊35，頁828上。
〔註204〕參見《十地經論》卷11，《大正藏》冊26，頁186下。

1. 心稠林

心稠林共有十相，其中二三與後二合爲一相，故攝爲八相，指菩薩了知眾生之心有種種相狀。《華嚴經》云：

> 此菩薩如實知眾生心種種相，所謂雜起相、速轉相、壞不壞相、無
> 形質相、無邊際相、清淨相、垢無垢相、縛不縛相、幻所作相、隨
> 諸趣生相。如是百千萬億乃至無量，皆如實知。〔註205〕

「雜起相」，即心之差別相，第八識心、第七識意，與前六識有所不同。「速轉、壞不壞相」，二相合爲心的四種行相，即四相遷流，速是住、轉是異、壞是滅、不壞是生。「無形質相」，即第一義相，觀彼心離心，心身不可得，與《大乘起信論》的「心體離念」相同。「無邊際相」，即自相，順行無量境界去攀緣。「清淨相」，爲自性不染相，依不空性，染而不染之眞如門，名自性清淨。「垢無垢相」，即同煩惱不同煩惱相，在纏不染，雖隨緣有垢，但性恆離。「縛不縛相」，即同使不同使相，與垢無垢相的意義相同，是不染而染之生滅門，但所詮釋的角度不同，垢無垢相是從現行而言，縛不縛相是從種子而言。〔註206〕「幻所作相、隨諸趣生相」，二相合爲心之因相，隨因受生，菩薩以幻智願力而受生，餘眾生隨業力諸趣而受生。〔註207〕心之前四相，通染淨，屬妄心，是心之空性，如來藏中煩惱爲空，爲空如來藏，其中初二爲心相，三是心體，四是心用。心之後四相，明淨心隨緣，屬眞心，是心之不空性，如來藏與煩惱不離、不脫、不異，爲不空如來藏，其中第五爲清淨心，六七煩惱染示現，第八隨業生染。

2. 煩惱稠林

煩惱稠林，指菩薩了知諸煩惱之種種相狀，共有九相，其中初二各一，後七合爲一相，攝爲遠入相、難知相、染相等三相。《華嚴經》云：

> 又知諸煩惱種種相，所謂久遠隨行相、無邊引起相、俱生不捨相、
> 眠起一義相、與心相應不相應相、隨趣受生而住相、三界差別相、
> 愛見癡慢如箭深入過患相、三業因緣不絕相。略說乃至八萬四千，
> 皆如實知。〔註208〕

〔註205〕八十《華嚴》卷38，《大正藏》冊10，頁202上～中。
〔註206〕《華嚴經疏》卷43：「縛不縛者，同使不同使相，義不異前，但種現有別耳。」
　　　　《大正藏》冊35，頁828中。《演義鈔》卷70：「隨現煩惱，故有第六；隨煩
　　　　惱種，故成第七。」《大正藏》冊36，頁560中。
〔註207〕參見《華嚴經疏》卷43，《大正藏》冊35，頁828中。
〔註208〕八十《華嚴》卷38，《大正藏》冊10，頁202中。

「久遠隨行相」，即遠入相，煩惱是無始劫來常相隨行，乃至有頂天才可斷除。若小乘，以非想非非想處天，為欲界、色界、無色界之絕頂，故稱有頂，三界之煩惱，是從四住之煩惱現行來說明；若大乘，以金剛喻定，斷除最後一品微細無明才斷除，則是從種子的角度來說。「無邊引起相」，即難知相，一一善中皆有煩惱，惑與善俱，所以煩惱之相難知。「俱生不捨相」以下七相，即染相，為三雜染，煩惱與業生，二俱起故，即分為三：初三句，當體明煩惱染；次二句，生明煩惱染；後二句，業明煩惱染。(1)當體明煩惱染：「俱生不捨相」為能所縛，能縛的煩惱與所縛的妄心同時生起，能所不離。「眠起一義相」為能縛，使為能縛，是隨眠的舊譯，與「煩惱」同義，為煩惱種子；起即現行。現行由使不得解脫，以現行及種子同一惑義。「與心相應不相應相」為所縛事，事即真心，心被妄染，名為相應，是繫縛非解脫；心的本性是清淨的，名不相應，示可解脫。(2)生明煩惱染：「隨趣受生而住相」，由於有煩惱，才有六道輪迴之因；「三界差別相」，有煩惱，才有三界受生之因。(3)業明煩惱染：「愛見癡慢如箭深入過患相」，在《十地經》只有愛、見、癡三分是業因障礙解脫，此處則為我愛、我見、我癡、我慢等四惑，為末那識相應之四種根本煩惱。「三業因緣不絕相」，此惑隨順世間身口意業，不斷起因。〔註209〕以上只是略說九種煩惱相，攝為三種事，又以八萬四千種「煩惱相」來總括世界所有眾生之煩惱，此地菩薩亦能如實知曉。

入行成就，即是菩薩以如是智慧，如實知眾生之十一種稠林，是染淨共依，而知其煩惱所在，應眾生之根機，應病與藥，才能藥到病除，令其解脫。所以入行成就，就是九地菩薩善於思擇十一種稠林，能息諸惡行，修諸善行，即是力波羅蜜二力之思擇力。

此外，力波羅蜜之修習力，即是修行四無礙智，已於本章第三節精勤修行之「九地：勤修說法行」介紹，茲不再重述。由此思擇與修習二力，能令所修的六種波羅蜜多無間斷的念念現行，是為「力波羅蜜」。

九地菩薩力波羅蜜之殊勝為何呢？九地菩薩勤修說法行，善於思擇各種法門、眾生根器來教化眾生，即是力波羅蜜之思擇力；具四無礙智，成為大法師，能辯才無礙自在說法，不僅能樂修己利，亦能利樂有情，使自他得大利益，即是力波羅蜜之修習力。此外，九地菩薩之力，以無所得的空慧為方便，就是三輪體空的力波羅蜜多。

〔註209〕參見《華嚴經疏》卷43，《大正藏》冊35，頁828中～下。

三、十地：智波羅蜜

智，其梵文為 jñāna，音譯為若那，即如實知一切法之智。根據《成唯識論》云：「智有二種，謂受用法樂智、成熟有情智。」〔註 210〕受用法樂智，證一切種智，恆自受用，得大自在。成熟有情智，教化饒益一切眾生，成就道果。

十地菩薩寄位在一乘，以法身為雲，普覆眾生，觀察覺了，意業自在，往生後感報作摩醯首羅天王。《華嚴經》云：「佛子！菩薩住此地，多作摩醯首羅天王，於法自在，能授眾生、聲聞、獨覺、一切菩薩波羅蜜行，於法界中所有問難，無能屈者。」〔註 211〕摩醯首羅，意譯為大自在，又翻威靈，或云三目，故為三界尊極之主。在印度教中，大自在天被視為世界最高位的神，是宇宙世界的創造者。但在大乘佛教中，被視為是位居法雲地的聖者，它是以色界四禪天之頂上為住處。《大智度論》揭示其像容：「八臂三眼，騎白牛。」〔註 212〕佛教界自古以來皆用「伊字三點」、「天主三目」之語來比喻鼎立之三位。十地法雲地之菩薩，往生感報為色界四禪之摩醯首羅天王，主三千世界。

在十波羅蜜中，十地法雲地以智波羅蜜特別殊勝。十地的地行共有六分，其中與智波羅蜜有關的為第四分的入大盡分。入大盡分，依《十地經論》又分為五種大，法藏、澄觀承襲之：智大、解脫大、三昧大、陀羅尼大、神通大。澄觀提出，十住灌頂住之十智，〔註 213〕與十地法雲地之五種大，兩者間有共通之處。〔註 214〕五種大依五種義，茲分述如下：依正覺實智義，離智障故；依心自在義，離煩惱障故；依發心即成就一切事義，意定力故；依一切世間隨利益眾生義，意能遍持、口能遍隨故；依堪能度眾生義，身及諸通廣能運故。前二自利，內智外用，後三利他，包括身口意三業，即意業起用、

〔註 210〕《成唯識論》卷 9，《大正藏》冊 31，頁 51 中。

〔註 211〕八十《華嚴》卷 38，《大正藏》冊 10，頁 208 中。

〔註 212〕《大智度論》卷 2，《大正藏》冊 25，頁 73 上。

〔註 213〕八十《華嚴》卷 16：「此菩薩得成就十種智，何者為十？所謂震動無數世界、照耀無數世界、住持無數世界、往詣無數世界、嚴淨無數世界、開示無數眾生、觀察無數眾生、知無數眾生根、令無數眾生趣入、令無數眾生調伏。」《大正藏》冊 10，頁 85 中～下。

〔註 214〕十住灌頂住之前五智，為神通大兼解脫大，即作用解脫；後五智攝餘三大，多同智大，故為智成就說。參見《演義鈔》卷 38，《大正藏》冊 36，頁 296 上～中。

依發語業、身業變化。〔註215〕所以，此五種大之前二種即受用法樂智，是自受用之自利，後三種即成熟有情智之饒益有情之利他。其中五種大中，前二種個別說明，後三種則合例說明。

智大又分為七種：集智大、應化智大、加持智大、入微細智大、密處智大、入劫智大、入道智大。七種智大中，茲不一一列舉，只以應化智大為例：《華嚴經》云：「佛子！此菩薩摩訶薩以如是上上覺慧，如實知眾生業化、煩惱化、諸見化、世界化、法界化、聲聞化、辟支佛化、菩薩化、如來化、一切分別無分別化，如是等皆如實知。」〔註216〕應化智大，即依前緣集智身起化用，如實了知應化眾生差別的智慧。十句中，初三句「眾生世間自在化」，化眾生善惡業及利鈍使，令眾生見，似真造作；次一句「器世間自在化」；次五句「智正覺世間自在化」，法界化，為三乘所說法行，餘四化為三乘人及果，故說三乘正覺；後一句通「三世間」，有情眾生以有分別智應化，無情的器世間以無分別智應化，智正覺世間以分別智、無分別智二種應化。〔註217〕以上七種智是一切諸佛之智慧，廣大無量，此地菩薩皆能得入，故名智大。

解脫大，即金剛藏菩薩向與會大眾宣說，十地菩薩所獲得的十種解脫法門。《華嚴經》云：「佛子！菩薩摩訶薩住此地，即得菩薩不思議解脫、無障礙解脫、淨觀察解脫、普照明解脫、如來藏解脫、隨順無礙輪解脫、通達三世解脫、法界藏解脫、光明輪解脫、無餘境界解脫，此十為首，有無量百千阿僧祇解脫門，皆於此第十地中得。」〔註218〕十種解脫法門，可分為四對，前三一對，次三一對，次二一對，後二一對。（一）「不思議解脫」，神通的境界，是言語道斷心行處滅，不可用言語表達、心思計度。「無障礙解脫」，依於菩薩所發的願智力，能至無量世界而無拘礙。「淨觀察解脫」，明離障解脫，故云「淨觀」。離障有二：約位，則世間、出世間所離障不同；就出世中，有學、無學亦不同。（二）「普照明解脫」，約心所具有的神通而言，如觀音普門示現，能隨意轉變，一時普應。「如來藏解脫」，即法陀羅尼，顯如來藏中蘊含恒沙之功德。「隨順無礙輪解脫」，具有無礙之辯才，能破他言，達到解脫圓滿。（三）「通達三世解脫」，通達三世劫，隨意住持，是入劫智。「法

〔註215〕參見《華嚴經疏》卷44，《大正藏》冊35，頁836上。
〔註216〕八十《華嚴》卷39，《大正藏》冊10，頁206中。
〔註217〕參見《華嚴經疏》卷44，《大正藏》冊35，頁836上～中。
〔註218〕八十《華嚴》卷39，《大正藏》冊10，頁206下。

界藏解脫」，一切種智，包藏於法界之中。（四）「光明輪解脫」，菩薩光明輪不離一身，而能普照眾生使其解脫，是解脫光輪。「無餘境界解脫」，即一時而能知多時無量世界諸眾生心。〔註219〕

五種大之其餘三種大，分別為「三昧大」、「陀羅尼大」、「神通大」，則合例說明，又稱為總例餘三。《華嚴經》云：「如是乃至無量百千阿僧祇三昧門、無量百千阿僧祇陀羅尼門、無量百千阿僧祇神通門，皆悉成就。」〔註220〕以上三種大，是利他，即是三業，三昧大是意業，陀羅尼大是口業，雖也有意持，但主要在口說，神通大是身通。

十地菩薩智波羅蜜之殊勝為何呢？十地菩薩勤修受位行，指十地菩薩受佛職位，為諸佛智水灌其頂，具足十力，列入佛數，具足智波羅蜜，即是入大盡分的五種大：智大、解脫大、三昧大、陀羅尼大、神通大。其中前二種大，即受用法樂智，是自受用之自利；後三種大，即成熟有情智之饒益有情之利他。此外，十地菩薩之智，以無所得的空慧為方便，就是三輪體空的智波羅蜜多。

〔註219〕參見《華嚴經疏》卷44，《大正藏》冊35，頁836下～837上。
〔註220〕八十《華嚴》卷39，《大正藏》冊10，頁206下。

第八章　唯心與緣起的開展

　　八十《華嚴·十地品》第六地的名句「三界所有，唯是一心」的三界唯心，以及「十二有支，皆依一心」的一心緣起，兩者皆有「一心」，亦即其本源皆歸結於「一心」，但此心是真心或妄心，兩者是同或異呢？一直是學界間所關注的重要課題。三界唯心思想，運用範圍極廣，舉凡世親的《二十唯識論》、〔註1〕護法的《成唯識論》〔註2〕皆有所引用，甚至法藏的十重唯識，以及澄觀的十重一心，皆是從三界唯心之議題予以發揮與開展。本章主要探討三界唯心與一心緣起兩者間的關係，將依照時代的先後次序，分為〈十地品〉、《十地經論》這二部經論，以及法藏、澄觀二位祖師的說法進行討論，此一心是真心或妄心，以及兩者是同或異的關係。

　　本章為唯心與緣起的開展，分為四節：第一節「〈十地品〉的唯心與緣起」，先介紹〈十地品〉的唯心，分為三界的起源、〈十地品〉的四種心；以及〈十地品〉的緣起，分為十二緣起的起源、〈十地品〉的十二緣起。第二節「《十地經論》的唯心與緣起」，先探討《十地經論》之心識說，《十地經論》之心意識屬於第幾識呢？將分為心意識與阿梨耶識兩部分來說明；《十地經論》的十二緣起，即世親之三種觀門：成答相差別、第一義諦差別、世諦差別。第三節「法藏的唯心與緣起」，先說明法藏之唯心觀，分為二部分，一是承襲智儼的染法緣起，一是十重唯識；其次法藏的緣起觀，分為二部分，一是依據〈十地品〉之「依持門」，一是依據《十地經論》之詮釋。第四節「澄

〔註1〕　《唯識二十論》卷1：「安立大乘，三界唯識，以契經說，三界唯心。」《大正藏》冊31，頁74中。

〔註2〕　《成唯識論》卷7：「如契經說，三界唯心。」《大正藏》冊31，頁39上。

觀的唯心與緣起」，唯心觀，從法相宗的相應心、不相應心，與法性宗的十重一心兩個立場來探討；緣起觀，則是從一念心頓具十二因緣來談。

第一節　〈十地品〉的唯心與緣起

三界與十二因緣之本源，皆歸結於「一心」，此節將探討這兩種「一心」之關係是同或異。首先，介紹〈十地品〉的唯心，將此心分為四種，與八識之間的對應關係。其次，說明〈十地品〉的緣起，以六地之「一心所攝門」為主，並與其餘五種譯本做比較。

一、〈十地品〉的唯心

八十《華嚴・十地品》第六地「三界所有，唯是一心」之名句，此「一心」究竟是真心或妄心呢？這個議題在學術界已有多篇論文之討論，如玉城康四郎的〈唯心的追究〉中，將三界唯心歸為妄心；〔註3〕鎌田茂雄的〈唯心と性起〉提出，後世的研究家將「三界唯一心」的「心」解為妄心是錯誤的，它應是真心說，為如來藏思想之心性本淨說。〔註4〕三枝充悳的〈緣起與唯心〉中，提出《華嚴經》「心」的本質，是諸法實相的「空」，所以，〈十地品〉與龍樹，都是站在實相心立場的緣起觀。〔註5〕

（一）三界的起源

關於「三界」一詞，可能是承襲吠陀時代的天、空、地三界而來，此三界說被視為吠陀時期的世界觀。〔註6〕在原始佛教時期，三界是指欲界、色界、無色界，它並非具體客觀的空間世界，而是指觀念上心的狀態，亦即人的精神世界。如果感官的欲求較多，就是欲界；初禪至四禪的禪定狀態，就是色界；進而達到寂靜的精神統一狀態，就是無色界。〔註7〕原始聖典中，三

〔註3〕參見玉城康四郎：〈唯心的追究〉，《華嚴思想》，頁366～370。

〔註4〕參見鎌田茂雄：〈唯心と性起〉，收入平川彰等編：《華嚴思想》，頁225～227。

〔註5〕李世傑：〈譯者序（二）〉，《華嚴思想》，頁161。

〔註6〕參見高楠順次郎・木村賢泰著，高觀廬譯：《印度哲學宗教史》（台北：臺灣商務印書館股份有限公司，1995年2月），頁64～65。

〔註7〕參見水野弘元著，郭忠生譯：《原始佛教》（台北：菩提樹雜誌社，1990年7月），頁61～62。水野弘元著，香光書鄉編譯組譯：《佛教的真髓》，頁271～272。

界之名稱，並不統一，亦有稱爲色界、無色界、盡界；〔註8〕色界、無色界、
滅界。〔註9〕

　　到了部派佛教時期，爲了說明業力論，才將三界發展成具體存在的世
界。三界，指欲界、色界、無色界，它是有情眾生所居住的三種界域。欲
界，指有淫、食二欲之有情所居之處，即地獄、餓鬼、畜生、修羅、人間及
六欲天。色界，遠離欲界之淫、食二欲，但仍有色質之有情所居之處，即四
禪十八天。無色界，沒有色法，只有受想行識四心之有情所居之處，即四無
色天。

　　三界，在原始、部派佛教時期，尚未歸結爲一心所作，到了大乘佛教時
期的《十地經》或《華嚴經・十地品》的「三界唯心」思想才成立的，主張
三界之生死，皆由一心所造作的，有情眾生在未解脫之前，於三界之中生死
輪迴不息。

（二）〈十地品〉的四種心

　　在八十《華嚴》中，有關唯心的思想，並非只是此句，〔註10〕故應該以
更宏觀的視野來處理。鄧克銘則將八十《華嚴》之「心」的用例做一考察，
歸納爲四種類型：一般心理意義之「心」；作爲修行主體、樞要之「心」；屬
於法性空寂、幻化不實之「心」；具有某種程度的如來藏意義之「清淨心」。
〔註11〕此四種類型中，法性空寂心、如來藏清淨心，學界皆有所討論。至於
一般心理意義之「心」，相當於玉城康四郎所說的一般的「心」。〔註12〕鄧克
銘特殊的洞見，是將一般所說的三界唯心，歸於修行主體、樞要之「心」，這
是學界尚未提出的看法，也使得唯心思想的視野更加寬廣。然而其不足之處，
是未將四種心對應於唯識學之八識，故筆者嘗試將二者之間做連結。

　　本文將依照鄧克銘之分法，將〈十地品〉之心分爲四種，其中第二種心

〔註8〕　《長阿含經》卷8，《大正藏》冊1，頁50上。
〔註9〕　《雜阿含經》卷17，《大正藏》冊2，頁118上。
〔註10〕　八十《華嚴》之唯心思想，尚有二處：(1)〈菩薩問明品〉卷13：「世間所見
　　　　法，但以心爲主。」《大正藏》冊10，頁66下。(2)〈夜摩宮中偈讚品〉卷
　　　　19：「心中無彩畫，彩畫中無心，然不離於心，有彩畫可得。……心如工畫師，
　　　　能畫諸世間，五蘊悉從生，無法而不造。……若人欲了知，三世一切佛，應
　　　　觀法界性，一切唯心造。」頁102上～中。
〔註11〕　鄧克銘：《華嚴思想之心與法界》，頁11。
〔註12〕　參見玉城康四郎：〈唯心的追究〉，《華嚴思想》，頁363～366。

又與各種版本比較，並且找出四心與八識之對應關係，茲分述如下：

1. 一般心理意義之心

一般心理意義之心，具有主體意志之能力，相當於唯識學八識之第六識「意識」。〔註13〕此心是〈十地品〉最普遍的心理活動，偏重於菩薩與眾生修行上的意義，其例子不勝枚舉，今列舉八例說明如下：

(1) 欲入第二地，當起「十種深心」。（185 上）

(2) 欲入第五難勝地，當以「十種平等清淨心趣入」。（191 中）

(3) 菩薩如是見如來智慧無量利益，見一切有為無量過患，則於一切眾生，生「十種哀愍心」。（187 中）

(4) 佛子！菩薩住此現前地，復更修習滿足不可壞心、決定心、純善心、……求智心、方便慧相應心，皆悉圓滿。（194 下）

(5) 佛子！菩薩發如是大願已，則得利益心、柔軟心、隨順心、……不動心、不濁心。（182 中）

(6) 而諸凡夫心墮邪見，無明覆翳，立憍慢高幢，入渴愛網中，行諂誑稠林，不能自出。心與慳嫉相應不捨，恒造諸趣受生因緣。（182 下）

(7) 此菩薩以他心智，如實而知他眾生心：所謂有貪心，如實知有貪心；離貪心，如實知離貪心；有瞋心、離瞋心，有癡心、離癡心，……雜染心、非雜染心，廣心、非廣心，皆如實知。（188 中）

(8) 此菩薩如實知眾生心種種相，所謂雜起相、速轉相、壞不壞相、無形質相、無邊際相、清淨相、垢無垢相、縛不縛相、幻所作相、隨諸趣生相，如是百千萬億乃至無量，皆如實知。（202 上～中）

以上八例中，前二例是入地心，二地發起十種深心，五地發起十種平等清淨心。第三至八例皆為住地心，第三例是三地悲愍眾生淪溺，所發起的十種哀愍心；第四例是六地修習不壞等十心；第五例是初地發起十大願熏心，則得

────────────

〔註13〕《唯識無境——佛教唯識觀》一書，發現心理學與唯識學具有相似性，故將西方心理學與八識互相對照，馮特所說的知覺（情感、意志）、弗洛伊德的意識（自我）、榮格的意識，相當於唯識學的意識。楊維中，（北京：宗教文化出版社，2006 年 12 月），頁 16。

利益等十心；第六例是初地以十二因緣說明具足諸苦觀，其中無明、行、識前際三支有九種邪見，無明一支有五種邪見；第七例是菩薩具他心通，如實知眾生之二十六心，善惡對顯；第八例是心稠林有十相，前五並通染淨，後五明淨心隨緣。

以上八例，又可歸納為：前四例皆是菩薩修行上積極意義的發心、修習；第五例是菩薩發願後所得的果報；第六例是凡夫墮入邪見之心，為退墮心；第七、八例，菩薩如實知眾生無量無邊的心相，有染有淨，並能應病與藥，加以對治，以化導眾生。

2. 修行主體、樞要之心

修行主體、樞要之心，強調心在修行上佔著關鍵性的地位。此心除了具有主體意志能力外，還有第六識的了別、第七識的思量作用，甚至「三界唯心」思想，亦被視為第八識的阿梨耶識。所以，此心的範圍甚廣，包括了唯識學八識之六、七、八等三識。此心在〈十地品〉中，包括「自心」與「一心」二種，其中「自心」只有第一例，其餘皆是「一心」的例子，今列舉六例說明如下：

(1) 又發大願，願與一切菩薩同一志行，無有怨嫉，集諸善根，一切菩薩平等一緣，常共集會，不相捨離，隨意能現種種佛身，任其自心能知一切如來境界威力智慧，得不退如意神通，遊行一切世界，現形一切眾會，普入一切生處，成就不思議大乘，修菩薩行。（182 上）

(2) 不貪於利養，唯樂佛菩提，一心求佛智，專精無異念。（184 上～中）

(3) 佛子！是時，十方無量無邊乃至九地諸菩薩眾皆來圍遶，恭敬供養，一心觀察。（205 下～206 上）

(4) 普發此等妙音聲，稱讚如來功德已，眾會歡喜默然住，一心瞻仰欲聽說。（198 下）

(5) 一心恭敬待，我承佛力說，勝法微妙音，譬諭字相應。（181 上）

(6) 三界所有，唯是一心。如來於此分別演說十二有支，皆依一心，如是而立。（194 上）

以上六例中，前五例之「自心」、「一心」，是指吾人所見外在的一切現象及其存在之意義，或吾人自身之思惟觀察本身，都依「心」之動向來決定，此種

看法具有濃厚的內省觀照的力量，﹝註14﹞偏向於唯心思想之清淨心。尤其是第六例，被視爲「三界唯心」的重要議題。三界唯心，是指欲界、色界、無色界等三界中，一切諸法皆由一心所變現，否認心識之外，另有實體事物的存在，又名三界唯一心、三界一心。茲依照時代先後順序，列出〈十地品〉中「三界唯心」的其餘譯本：

(1) 西晉‧竺法護《漸備一切智德經》云：「其三界者，心之所爲。」（T10, 476 中）

(2) 姚秦‧鳩摩羅什《十住經》云：「三界虛妄，但是心作。」（T10, 514 下）

(3) 東晉‧佛馱跋陀羅之六十《華嚴》云：「三界虛妄，但是心作。」（T9, 558 下）

(4) 後魏‧菩提流支《十地經論》云：「經曰：是菩薩作是念，三界虛妄，但是一心作。」（T26, 169 上）

(5) 唐‧尸羅達摩《佛說十地經》云：「所言三界，此唯是心。」（T10, 553 上）

三界唯心之梵文爲 cittamātram idaṃ yad idaṃ traidhātukam，以上五種漢譯本再加上八十《華嚴》，其「心」可歸爲二類：一爲「心作」、「一心作」、「心之所爲」；另一爲「唯是一心」、「此唯是心」。主張譯爲「心作」者，如世親的《十地經論》，將「心」或「一心」，解釋成「阿梨耶識」和「阿陀那識」。於《十地經論》譯出之後，引起了菩提流支、勒那摩提二人對於世親的「一心」與「阿梨耶識」產生了意見分歧，從而形成南北二派。郭朝順提出，譯爲「心作」者，容易發展出心識緣起三界萬法的思維，又分爲兩種：一爲主張眞心即如來藏緣起萬法的學說；另一則爲主張由妄心生起三界。以上兩種思想，不論是存有論義或者認識論義，「心」都具有緣起論中根源義的意涵。若譯爲「唯是一心」者，不具有上述之明顯的能緣／所緣的本末因果的意味，近乎一種對於三界本質之說明，說明它是等同於心。﹝註15﹞

鄧克銘則提出，關於此「心」之說明，不管是從一般之心理作用或眞心、妄心，乃至第八識阿賴耶識來說明，皆是相對於外境之主體的範圍。所

﹝註14﹞ 參見鄧克銘：《華嚴思想之心與法界》，頁 14。

﹝註15﹞ 參見郭朝順：〈從「十重唯識觀」論華嚴宗與唯識思想的交涉〉，《佛學研究中心學報》第 8 期（2003 年 7 月），頁 109～110。

以，從經文中「唯心」用例之考察，而推論其主體性及唯心無境觀，似有未可。〔註16〕

3. 法性空寂、幻化不實之心

六根之「意根」，佛教有二派說法：一為主張過去意，一為主張現在意。現在意，指六識生起的同時，即有意根存在。〔註17〕《大智度論》云：「為是相續心故，諸心名為一意。」〔註18〕六識剎那生滅，念念不住，然生滅皆為幻化，生非實有生，滅亦非實有滅，乃是六識心之相續不斷。六識的本質與般若系統是一致的，站在諸法實相的立場，是幻化不實的空性說。〈十地品〉中，屬於空寂之心者，今列舉六例說明如下：

(1) 持心如金剛，深信佛勝智，知心地無我，能聞此勝法。（179 下）

(2) 隨順無明起諸有，若不隨順諸有斷，此有彼有無亦然，十種思惟心離著。（195 中～下）

(3) 知法無生無起相，無成無壞無盡轉，離有平等絕分別，超諸心行如空住。（201 中）

(4) 譬如日月住虛空，一切水中皆現影，住於法界無所動，隨心現影亦復然。（201 中）

(5) 寂靜調柔無垢害，隨所入地善修習，心如虛空詣十方，廣說佛道悟群生。（201 下）

(6) 其心寂滅恒調順，平等無礙如虛空，離諸垢濁住於道，此殊勝行汝應聽。（209 下）

以上六例中，是以「無我」、「離著」、「空住」、「現影」、「虛空」、「寂滅」等來表示，這些詞語皆只有假名而無實體，來說明心之幻化不實，故與般若性空思想相通。

4. 如來藏之清淨心

在《華嚴經》中，也隱含著如來藏的思想，它是以譬喻或象徵的方式來表現，釋印順稱為「含蓄的如來藏說」。〔註19〕南道派主張真常淨識，把第八識的阿梨耶識，和《楞伽經》的如來藏心，及《涅槃經》之佛性視為等

〔註16〕參見鄧克銘：《華嚴思想之心與法界》，頁17～19。
〔註17〕參見釋印順：《佛法概論》（台北：正聞出版社，1992年1月），頁108。
〔註18〕《大智度論》卷36，《大正藏》冊25，頁325下。
〔註19〕參見釋印順：《如來藏之研究》（台北：正聞出版社，1981年），頁98。

同。所以如來藏清淨心，相當於南道派的第八識阿梨耶識。茲列舉七例說明如下：

（1）悲先慧爲主，方便共相應，信解清淨心，如來無量力。（184上）

（2）諸菩薩聞此，最勝微妙地，其心盡清淨，一切皆歡喜。（185上）

（3）解脫月菩薩，知眾心清淨，樂聞第二地，所有諸行相。（185上）

（4）菩薩住此焰慧地，其心清淨永不失，悟解決定善增長，疑網垢濁悉皆離。（191上）

（5）於過去佛法平等清淨心、未來佛法平等清淨心、……於一切菩提分法上上觀察平等清淨心、教化一切眾生平等清淨心。菩薩摩訶薩以此十種平等清淨心，得入菩薩第五地。（191中）

（6）時解脫月復請言：此諸大眾心清淨，第七地中諸行相，唯願佛子爲宣說。（196上）

（7）佛子！譬如大摩尼珠有十種性出過眾寶，何等爲十？一者、從大海出；二者、巧匠治理；三者、圓滿無缺；四者、清淨離垢；五者、內外明徹；六者、善巧鑽穿；七者、貫以寶縷；八者、置在瑠璃高幢之上；九者、普放一切種種光明；十者、能隨王意，雨眾寶物，如眾生心，充滿其願。佛子！當知菩薩亦復如是，有十種事出過眾聖，何等爲十？一者、發一切智心；……十者、受佛智職，墮在佛數，能爲眾生廣作佛事。（209中）

以上七例中，前六例「清淨心」，是指本性清淨心，若依早期的如來藏說，還不是地論學派或攝論學派所傳的第八識或第九識的自性清淨心，它只是平常心識的本性，仍只是第六識。〔註20〕第七例之寶珠喻，並沒有出現清淨心，但十地皆有鍊金喻，主要說明十地的功德善根，一地比一地展轉增勝。大摩尼寶珠從海中得來，其本性是清淨的，只是染上塵垢而已，經冶鍊去除雜質後，就恢復了其本具的清淨心。所以，〈十地品〉並沒有「如來藏」一詞，但其所論之清淨心，與如來藏視爲同一內容。

綜上所述，四心與八識之對應關係：一般心理意義之「心」，相當於唯識學之第六識；修行主體、樞要之「心」，相當於唯識學之第六、七、八三識；法性空寂、幻化不實之「心」，相當於唯識學之第六識；如來藏之「清淨心」，相當於南道派的第八識。以上從四個面向來討論〈十地品〉之心，是以

〔註20〕參見釋印順：《如來藏之研究》，頁176。

更宏觀的視野來分類，發現〈十地品〉對於心的討論範圍很廣，而非僅是「三界唯心」一句所能概括，它與其它經論所說並無太大的差異，但經由地論師及華嚴宗祖師的發揮，使得「心」的觀念更加多元與活潑。今舉一例說明如下：四心之第三種的「持心如金剛，深信佛勝智，知心地無我，能聞此勝法」。此經之原意，指十地法門深奧，必須具備三德才能聽聞此一勝法：與會大眾之心堅固如金剛、深信佛的殊勝智慧、知曉心地無我。《十地經論》分爲總、別來說明，法藏、澄觀亦承襲之，但稍有不同，〔註21〕茲依澄觀之說法爲例：初句爲總，謂持聽法之心，堅如金剛，則能得聞。下二句爲別，堅有二種：決定信堅、證得堅，其中與心有關的是「證得堅」。證得堅，即「知心地無我」，知是能證，心地是所證。「無我」，通能所證；「心地」，即二空眞理所依之事，謂唯識相。《十地經論》云：「隨心所受三界中報」，此即八識異熟識；「又隨心所行一切境界，亦名心地」，此即第七識及第八識所緣之境。於此二類之心，能如實了知，即達到我法二空，成就無我智。〔註22〕由此可知，〈十地品〉本身對於「心」的觀念，是較原始、素樸的風貌，但經由祖師們的注疏，已將其意義擴大了，且更具有華嚴圓教的圓融義涵，並重新賦予「心」一種新的生命力。

二、〈十地品〉的緣起

上文曾提到「三界唯心」，它與「十二有支，皆依一心」這二句，是將三界與十二因緣之本源，皆歸結於「一心」，亦即從不同的面向來說明心體，前者是就宇宙論方面而言，後者則是從解脫論方面而言。

（一）十二緣起的起源

十二緣起之起源，來自於原始佛教時期，它是世尊在菩提樹下所證悟的內容。緣起，其梵文爲 pratītya-samutpāda，是由緣、由條件而生起的意思。《雜阿含經》對於「緣起」一詞之定義：

> 所謂此有故彼有，此生故彼生，謂緣無明有行，乃至生、老、病、死、憂、悲、惱、苦集；所謂此無故彼無，此滅故彼滅，謂無明滅

〔註21〕《十地經論》之堅如金剛，堅有二種：決定信堅、證得堅，是總；其餘是別。法藏、澄觀皆以初句爲總，下二句爲別，決定信堅、證得堅。參見《十地經論》卷1，《大正藏》冊26，頁129上。《探玄記》卷9，《大正藏》冊35，頁290下。《華嚴經疏》卷32，《大正藏》冊35，頁746上。。

〔註22〕參見《華嚴經疏》卷32，《大正藏》冊35，頁746上。

則行滅，乃至生、老、病、死、憂、悲、惱、苦滅。〔註23〕

緣起法中最基本的句子：「此有故彼有，此生故彼生；此無故彼無，此滅故彼滅。」此句也道出了緣起的意義，即「因條件而生起的現象，也會因條件消失而滅亡」。原始佛教之緣起觀，具有二種：一為迷界的流轉緣起，即無明為行之緣，行為識之緣，乃至生為老病死憂悲惱苦之緣；一為悟界的還滅解脫緣起，即無明滅則行滅，行滅則識滅，乃至生滅則老病死憂悲惱苦滅。流轉緣起，相當於四諦的苦集二諦，述說生死流轉的苦果及其原因；還滅解脫緣起，相當於四諦的滅道二諦，則是說明如何脫離流轉，達到涅槃的修行方法。

十二因緣是佛教的基本教義，共通於大小乘。在〈十地品〉中，「十二有支，皆依一心」，將十二因緣之本源歸結於「一心」，則使得十二因緣之緣起說，轉變為「一心緣起」說。十二因緣中，無明是生死流轉與還滅的關鍵，「無明生起」與諸善、惡行合一，而有六道、十二因緣的生死流轉，故「無明不起」則不再生死流轉，為十二因緣之還滅。但從解脫論而言，心才是輪迴之根源，十二因緣之流轉與還滅，皆因心而起，欲求解脫不再生死輪迴，唯有從心下手。

（二）〈十地品〉的十二緣起

日本學者三枝充悳，曾將初地至十地之廣義的緣起資料做了整理，發現緣起大體上集中在第六地現前地，〔註24〕故本文對於緣起之探討，將以六地為主。〈十地品〉云：「如來於此分別演說十二有支，皆依一心，如是而立。」〔註25〕十二因緣所依之一心，與三界唯心之「心」，是同或異呢？在〈十地品〉中，有十種十二因緣，其中與「一心」有關的是第二種，故將重心放在第二種「一心所攝門」。茲依照時代先後順序，列出〈十地品〉中「十二因緣」的梵文原文、六種漢譯本、日譯本：

1. 梵文原文：yasmiṃ vastuni rāgasaṃyuktaṃ cittam utpadyate tad vijñānaṃ / vastu saṃskāraḥ / yaḥ saṃskāre sammohaḥ sa avidyā / avidyācittasahajaṃ nāmarūpaṃ / 〔註26〕

〔註23〕《雜阿含經》卷10，《大正藏》冊2，頁67上。
〔註24〕參見三枝充悳：〈緣起與唯心〉，《華嚴思想》，頁223～234。
〔註25〕八十《華嚴》卷37，《大正藏》冊10，頁194上。
〔註26〕玉城康四郎：〈唯心的追究〉，《華嚴思想》，頁374。

2. 西晉・竺法護《漸備一切智德經》云:「若諸根等,心生貪欲,悉
由神識;生死之癡,因從無明;其名色者,心爲伴侶,而立迷惑。」
（T10, 476 中）

3. 姚秦・鳩摩羅什《十住經》云:「隨事生貪欲心,是心即是識;事
是行;行誑心故名無明;識所依處,名名色。」（T10, 514 下）

4. 東晉・佛馱跋陀羅之六十《華嚴》云:「隨事生欲心,是心即是
識;事是行;行誑心故名無明;識所依處,名名色。」（T9, 558
下）

5. 後魏・菩提流支《十地經論》云:「經曰:……隨事貪欲共心生,
即是識;事即是行;行誑心故名無明;無明共心生,名名色。」
（T26, 169 上）

6. 唐・實叉難陀之八十《華嚴》云:「隨事貪欲與心共生,心是識;
事是行;於行迷惑是無明;與無明及心共生是名色。」（T10, 194
上）

7. 唐・尸羅達摩《佛說十地經》云:「若於事中貪欲相應,心起是識;
事即是行;於行迷惑是即無明;行與無明及心共生,是謂名色。」
（T10, 553 上）

8. 日譯:不管是什麼,凡於事物,附帶有貪欲之心生起時,其心乃
是識,事物乃是行,於行而惑者,是無明,與無明之心一起生的,
乃是名色。〔註27〕

以上之十二緣起,稱爲一心緣起,是受到說一切有部之刹那緣起的影響。刹
那緣起,是指由貪念而起了殺人的念頭, 刹那間即具十二因緣。釋長恒提
出,「刹那緣起」的影響,可在八十《華嚴・十地品》看到其脈絡,此經文可
說是《阿毘達磨大毘婆沙論》「刹那緣起」的翻版,然在〈十地品〉是被稱爲
「一心緣起」的,且有唯心之傾向。〔註28〕釋印順也提出,《俱舍論》之「刹
那緣起」,與〈十地品〉的「一心緣起」,雖不完全一致,但非常近似。一刹
那,是極短的時間;約心說,就是一念。一念中有十二支緣起,對於一心中
安立十二緣起,歸結到「十二有支皆依一心」,應該是有啓發性的。所以,一

〔註27〕 玉城康四郎:〈唯心的追究〉,《華嚴思想》,頁 374。

〔註28〕 參見釋長恒:〈略探十二緣起支中之分位緣起與刹那緣起〉,《福嚴佛學研究》
第 4 期,2009 年 4 月,頁 78。

心緣起，可說是受到刹那緣起的影響。〔註29〕

以上六種漢譯本中，最接近梵文原文的是八十《華嚴・十地品》，其次為《佛說十地經》，再其次為《十住經》、六十《華嚴・十地品》、《十地經》，而以《漸備一切智德經》與梵文的差異最大。竺法護的漢譯本與梵文本差異的原因非常複雜，可能跟經典的來源、原始文字、譯經團隊的素質等有關。從竺法護的譯經，可以了解初期大乘經典的來源可能很複雜，大部份是由中亞到中國；經典的原始文字是當時的西域語，也可能是中亞各國不同的俗語，特別是犍陀羅俗語；竺法護要依賴中國助手幫助翻譯，所以文字風格、文筆順暢與否要看助手的國學程度而定。〔註30〕除了第一種《漸備一切智德經》之外，其餘五種版本，文字表達稍異，但其內容是相同的。上文之一心緣起之前三支，與傳統十二緣起之差異，即是前三支不依次第，意顯一心頓具，初即識支，二是行支，三是無明。所行貪事，必依心起，於諸境了別，故心即識支；貪事即是意業之行；行而迷惑，便稱無明；後九支則依次第關係排列。而《漸備一切智德經》，則少了「事即是行」，亦即前三支之一心緣起，少了行支。

十二因緣之最初根源是事（vastu），而生貪欲心（rāgasaṃyuktaṃ cittam），即識（vijñāna）；事即是行（saṃskāra）；行而迷惑（sammoha），乃是無明（avidyā）。所以，前三支之一心緣起，皆與事（行）有關。故此處所說之「一心」，是隨事而生識、行、無明、名色、六入、……至老死等十二因緣，但此心是真心或妄心呢？似乎無法判斷。在《漸備一切智德經》出現了一些端倪：「其三界者，心之所為，其計於斯十二緣起、五趣所歸，如來至真之所解暢，又此一切一種一心，同時俱成。所以者何？若諸根等，心生貪欲，悉由神識。」〔註31〕其它譯本以事（行）為發端，但在竺法護的譯本中，以心為發端生起貪欲，而有十二因緣之流轉，故此一心屬於妄心。

在〈十地品〉中，三界與十二因緣之本源，皆歸結於「一心」，所以欲求解脫，不再三界、六道輪迴，唯有從心下手。由上之論述可知，〈十地品〉之四種心中，三界唯心是第二種，是修行主體、樞要之心，此心屬於主體性及

〔註29〕參見釋印順：《初期大乘佛教之起源與開展》，頁1092。《印度佛教思想史》，1993年4月，頁191。
〔註30〕參見梅迺文：〈竺法護的翻譯初探〉，《中華佛學學報》第9期，1996年7月，頁49。
〔註31〕《漸備一切智德經》卷3，《大正藏》冊10，頁476中。

唯心無境觀；而十二因緣之一心，是指妄心。所以，「三界所有，唯是一心」
與「十二有支，皆依一心」之「一心」，二者之意思是不同的。在〈十地品〉
中，其一心的涵義仍是較素樸的，尚未夾雜祖師們的注疏思想在裏面，但相
對而言，其華嚴圓教的圓融色彩較不濃厚，故這二種一心不具有一致性。

第二節　《十地經論》的唯心與緣起

　　大約在西元一世紀前後，大乘佛教發展之初期，在印度佛教界出現了「大
乘非佛說」之論諍。部分的傳統佛教者，指斥大乘菩薩行的經典，認爲他們
非佛所說。〔註 32〕《十地經論》的作者爲世親，約四、五世紀北印度犍馱羅
國人，其最初在小乘的說一切有部出家，受持小乘三藏，並曾否定大乘佛
教，認爲大乘非佛所說。其兄無著先入大乘，苦勸世親，據說其迴小向大的
轉機，是從聽聞《十地經》而來。根據《大唐西域記》的記載，世親在北印
度宣揚小乘，其兄無著憫念其弟，假託生病，引誘其來，命弟子於半夜世親
之鄰室，讀誦《十地經》，他聽聞之後深有所悟，遂歸投大乘。〔註 33〕此外，
根據《成唯識論掌中樞要》的記載，則是命二弟子，一人讀誦《華嚴經・十
地品》，一人讀誦《阿毘達磨・攝大乘品》。〔註 34〕當世親歸投大乘之後，無
著囑付他造二釋本，所以《十地經論》、《攝大乘論釋》爲他歸投大乘後最初
的著作。〔註 35〕世親造《十地經論》完成之日，出現了種種瑞相，大地震動，
放大光明，因造大乘論書而感得地動，故稱爲「地震光流」。〔註 36〕

一、《十地經論》之心識說

　　在原始、部派佛教時期，仍然只有六識說，到了大乘唯識宗則增加了末

〔註 32〕　參見釋印順：《初期大乘佛教之起源與開展》，頁 1。
〔註 33〕　參見《大唐西域記》卷 5，《大正藏》冊 51，頁 896 下～897 上。
〔註 34〕　《法華經玄贊要集》卷 7：「《攝大乘論》是西方菩薩造，簡要云，解他西方《阿
　　　　毗達麼經》，此經有七百卷，此方不來，唯有一品，名〈攝大乘品〉。此品偏
　　　　共眾生有緣，菩薩所已造《攝乘論》，偏解一品。」《卍續藏》冊 34，頁 331
　　　　中。《阿毘達麼大乘經》有七百卷，未傳入中土，傳入中國的只是〈攝大乘品〉
　　　　一品，是本經的中心思想。《攝大乘論》之首尾，皆說此論是解釋《阿毘達麼
　　　　大乘經》的〈攝大乘品〉。參見《攝大乘論釋》卷 1，《大正藏》冊 31，頁 154
　　　　上；卷 15，頁 270 上。
〔註 35〕　參見《成唯識論掌中樞要》卷 1，《大正藏》冊 43，頁 608 上。
〔註 36〕　參見《演義鈔》卷 15，《大正藏》冊 36，頁 114 中。

那識與阿梨耶識，成立八識說。《十地經論》之心意識，到底屬於第幾識呢？世親皆沒有說明，又因爲世親在解釋心意識時，又使用阿梨耶識來解說，所以南道地論師認爲阿梨耶識與心意識是不同的。《十地經論》屬於世親唯識學早期的著作，屬於較不成熟的作品，以「阿梨耶識」爲例，充滿了許多矛盾、不統一的現象，讓後代祖師無所適從，因而分裂爲南北二派。

（一）心意識

世親在《十地經論》中曾提及《十地經》所說的心意識，並以《十地經》所無的阿梨耶識一語加以說明，因而後代祖師在詮釋時認爲阿梨耶識與心意識是不同的。由於世親未將阿梨耶識定位爲第八識，所以祖師對於「心意識」一詞產生了不同看法。法上、慧遠爲早期的南道地論師，皆有《十地經論》之著疏留存，但可惜皆不完整。法上對《十地經論》之著疏爲《十地論義疏》，只剩下近代在敦煌石窟中發現的殘卷，包括卷一及卷三共兩卷，〔註37〕慧遠對《十地經論》之著疏爲《十地經論義記》原爲七卷，每卷各分本末，故以十四卷本行世。但第九卷至十四卷已佚失，現僅存八卷，其內容只有初地至三地的部分。

在《十地經論》中，「心意識」一詞出現五例，法上係以阿梨耶爲第七識，慧遠則以阿梨耶爲第八識，但兩者皆將心意識配屬於前七識。本文依據法上、慧遠之說法，將「心意識」解讀爲七六五識，茲分述如下：

1. 論曰：菩薩盡者，法身離心意識，唯智依止，如經：「法身智身」故。（125 中～下）

2. 經曰：而諸凡夫心墮邪見：爲無明癡闇蔽其意識；常立憍慢幢；墮在念欲渴愛網中；……隨順欲漏、有漏、無明漏，相續起心意識種子。論曰：而諸凡夫心墮邪見者，邪見有九種：一者、蔽意邪見，如經「爲無明癡闇蔽其意識」故；……九者、心意識種子邪見，如經「隨順欲漏、有漏、無明漏，相續起心意識種子」故。（142 上）

3. 經曰：是菩薩遠離一切心意識憶想分別，無所貪著，如虛空平等，入一切法如虛空性，是名得無生法忍。論曰：次示現行遠離報分別境界想，攝受分別性想故。如經「是菩薩遠離一切心意識

〔註37〕收入於《大正藏》冊85，頁 761 上～782 中。

憶想分別」故。想者遠離障法想，非無治法想，彼治想。（179 中
～下）

4. 經曰：佛子！譬如生在梵天，欲界煩惱一切不行。如是佛子，菩
薩住此菩薩不動地，一切心意識等不行，一切佛心、菩提心、菩
薩心、涅槃心不行，何況當行世間心？論曰：生梵天喻者，於下
地心一向不行得報地故，此說遠離勝，如經「佛子！譬如生在梵
天」乃至「何況當行世間心」故，是中順行不順行二分心等，佛
等不行故。……是中順行者，順行分中心等不行故，如經「一切
心意識等不行」故；是中不順行者，不順行分中佛等不行故，如
經「佛心」乃至「涅槃心不行」故。（179 下～180 上）

5. 經曰：是菩薩如實知眾生諸心種種相：心離相、心輕轉生不生
相、……乃至無量百千種種心差別相，皆如實知。論曰：是中心
行稠林差別者，心種種差別異故，如經「是菩薩如實知眾生心種
種相」故。彼心種種相，有八種：一、差別相，心意識六種差別
故，如經「心雜相」故。（187 上）

以上五例中，「心意識」一詞，只出現在《十地經》之二至四例共三次，而
《十地經論》則出現五次。第一例，世親並沒有對心意識三識詳細說明，法
上、慧遠皆依《楞伽經》之說法，採取第七識名心，第六識名意，第五識名
識。〔註38〕第二例，凡夫心墮邪見有九種，前五種說明無明，次三種說明
行，後一種說明識。根據《十地論義疏》、《十地經論義記》的說法，經中多
說以業為種子，只能生苦果樂果；此處以心意識為種子，是就因緣體性或本
性而言，一切生死皆由心起。但《十地論義疏》之因緣體性為識的種子，第
七識為本識阿梨耶識是六識心的根本，即生死的根源；《十地經論義記》則以
心意識三者名異而實同，識為種子，真心即種子，即第八識。〔註39〕第三例，

〔註38〕《十地論義疏》卷 1：「法身者法性身，心者第七心，意者第六意，識者五識
　　　　識。故《楞伽經》云：心為採集主，意為廣採集，現識分別五，離此七種，
　　　　識轉為智，故云唯智依止。」《大正藏》冊 85，頁 763 下。《十地經論義記》
　　　　卷 1：「若依《楞伽》別就五識、六識、七識以分三種，如彼經中第七妄識集
　　　　起之本說名為心，第六意識遍伺諸塵說以為意，五識之心了別現境說名為
　　　　識。」《卍續藏》冊 45，頁 44 中。
〔註39〕參見《十地論義疏》卷 3，《大正藏》冊 85，頁 772 上。《十地經論義記》卷 3，
　　　　《卍續藏》冊 45，頁 106 中。韓鏡清云：「識種為一切生死本性之因起。識為
　　　　種子，即識能生起。亦可就真而論，則真心即種子：則真心即差別之功能。

離一切心意識憶想分別，包括二種：一為離報心境想分別，即行遠離，詮釋第七識之「心」；二為離方便心憶想分別，即攝受分別性想，詮釋第六、五識之「意、識」。第四例，「順行不順行二分心等」，即將一心分為染淨，順行即世間心，菩薩住於八地不動地，一切染心之心意識皆不現前；不順行即出世間心，一切淨心之佛心、菩提心、菩薩心、涅槃心，亦不現前。此句中，心意識是指七、六、五等三識。第五例，「心意識六種差別」，心及意識共六種，亦即第七識的心為總說之心，分化而為第六識的意，與前五識的識，而有六種差別。所以此句之心意識，為七、六、五三識。

以上五例中，前二例是依據法上、慧遠之說法，其餘三例為第八、九地，是二種著疏所亡佚的部分，故筆者只能依據上下文脈來做分析。第一、三、四、五例之心意識，是指妄心或妄識，為七、六、五三識；第二例之心意識種子，法上為妄識，亦即《十地論義疏》為七識，慧遠為真識，亦即《十地經論義記》為八識。

（二）阿梨耶識

《十地經論》第六地云：「經曰：是菩薩作是念，三界虛妄，但是一心作。論曰：但是一心作者，一切三界唯心轉故。」在《十地經》中，將三界之本源，歸結於「一心」。世親之詮釋，則強調唯識思想，故其三界之一心，是唯心所轉，偏重於第一義諦之說明，亦即清淨心的生起。世親的三界唯心之「心」是指阿梨耶識，則將唯心思想予以唯識化，而成為阿梨耶識緣起。

在《十地經論》中，只散見心意識及阿梨耶識之名稱，可見當時阿梨耶識的定位尚未明確，並無八識之名，直至菩提流支所譯的魏本《入楞伽經》，才明示第八識為阿梨耶識。〔註40〕《十地經論》中，闡述阿梨耶識共有五例，茲分述如下：

1. 云何餘處求解脫？是凡夫如是愚癡顛倒，常應於阿梨耶識及阿陀那識中求解脫，乃於餘處我、我所中求解脫。此對治，如經：是菩薩作是念，三界虛妄，但是一心作，乃至老壞名死故。（170

心意識三者同實異名，所同之實即真心也，真心始實為一切法生起之本。即所謂生死涅槃之根源也。」〈淨影八識義述〉，《現代佛教學術叢刊》26，頁362。

〔註40〕《入楞伽經》卷8：「言善不善法者，所謂八識，何等為八？一者、阿梨耶識；二者、意；三者、意識；四者、眼識；五者、耳識；六者、鼻識；七者、舌識；八者、身識。」《大正藏》冊16，頁559中。

　　下）

2. 復住報行成者，善住阿梨耶識眞如法中。（180 上）

3. 一者、報相，名色共阿黎耶識生。……二者、彼（阿梨耶識）因
　　相，是名色不離彼（阿梨耶識），依彼（阿梨耶識）共生故。（142
　　上）

4. 一身生隨逐故，眼等諸入門六種生集識，同生隨逐故，及阿黎耶
　　熏故隨逐，如經「開諸入門集相」故。（188 中）

5. 四、依彼阿黎耶識觀，如經「大空三昧」故；五、觀轉識，如經
　　「合空三昧」故。（172 中）

第一例，世親責怪凡夫眾生愚癡，執著自身爲實我、外物爲我所有，甚至於
小乘外道處追求解脫，而不了解阿梨耶識和阿陀那識才是眞正證得解脫之
處。世親所說的「心」或「一心」，是指阿梨耶識或阿陀那識，它是悟入出世
間解脫之依據，此處雖沒有明說其性質，但蘊藏著清淨的含義。此處阿陀那
識爲阿梨耶識之異名，故二者視爲相同。〔註41〕第二例，阿梨耶識爲眞如
法，所以是自性清淨心。第三例，阿梨耶識與名色共生，且共處不離，則屬
於染法。第四例，一身生隨逐，即是遍一身根識境。依六根集生六識，使
與同生，依識緣塵熏本識，成種時亦隨逐故。亦即阿梨耶識和六識，是隨逐
生起的生滅心，故爲妄識。第五例，阿梨耶識爲淨識，觀轉識爲妄識，屬
於眞妄和合識。依《攝論》，除賴耶外，其餘諸識統名轉識，轉識不得爲眞
淨，所以爲妄識。〔註42〕五例中，第一、二例，具有清淨的意涵，歸爲梨耶
眞識；第三、四例，皆爲染污之意，故歸爲梨耶妄識；第五例，則爲眞妄和
合識。

　　從以上五例得知，世親於《十地經論》中，對於阿梨耶識的性質並無明
確，有眞識、妄識，或眞妄和合識三種說法，後來地論師則依據自己之理解，
各取其中一種做爲立論之根基，因而產生歧異爭端，形成南北二道。

〔註41〕　《攝大乘論》卷 1：「名阿梨耶識，彼亦名阿陀那識。」《大正藏》冊 31，頁
　　　　　97 下。《攝大乘論釋》卷 1：「於阿梨耶識中身種子具足故，以是義故，阿梨
　　　　　耶識亦名阿陀那。」《大正藏》冊 31，頁 158 上。

〔註42〕　參見牟宗三：《佛性與般若》（台北：臺灣學生書局，1984 年 9 月），頁 269。
　　　　　此種說法，應較高峰了州所說的「阿黎耶識是一心，屬眞識，而阿陀那識，
　　　　　乃屬爲妄才對！」更爲恰當，因爲此處轉識未必是阿陀那識。高峰了州著，
　　　　　釋慧嶽譯：《華嚴思想史》，頁 68。

二、《十地經論》的十二緣起

世親將六地之十二因緣分為三種觀門：一、成答相差別；二、第一義諦差別；三、世諦差別。茲說明如下：

（一）成答相差別

成答相差別，又分為三種：成差別、答差別、相差別。成差別，即說明眾生輪迴於五道的原因，是因為我執，所以要遠離我執，就不會有轉生之處，這樣無我之義才能成立。答差別，外道有二問難：「若實無我，云何著我；……如是，實無有我，有何次第貪著於我，得有生間受身生處？」〔註43〕即以十二因緣回覆外道之二問難，說明無我義。相差別，分為順、逆觀，以第一義諦來詮釋。順觀，即眾生迷於第一義諦，而產生無明，而有十二因緣之流轉。逆觀，第一義諦中無作者，也無作事。成答相差別，即是十種因緣觀之第一種「因緣分次第」。

（二）第一義諦差別

論曰：云何第一義諦差別？如是證第一義諦，則得解脫，彼觀故。

經曰：是菩薩作是念，三界虛妄，但是一心作。

論曰：但是一心作者，一切三界唯心轉故。（169上）

第一義諦差別的目的，是為了證得第一義諦，獲得究竟解脫。第一義諦差別，是指「三界唯心之觀法」，又可從二個面向來說明：一、從客觀立場，三界唯心，即是第一義諦；二、從主觀立場，觀三界唯心才能證得第一義諦，得到解脫。〔註44〕若從論書之文脈而言，「如是證第一義諦，則得解脫，彼觀故」，應屬於第二種立場，觀三界唯心即觀法的實踐，而證得第一義諦。為了與世諦差別的目的做區隔，採取第一種立場，三界唯心本身即是第一義諦，其心為勝義諦的真心。

（三）世諦差別

論曰：云何世諦差別？隨順觀世諦，即入第一義諦。此觀有六種：

一、何者是染染依止觀；二、因觀；三、攝過觀；四、護過觀；五、不厭厭觀；六、深觀。（169上）

世親將十二因緣分為三種觀門，但第一義諦差別並沒有涉及「十二因緣」的

〔註43〕《十地經論》卷8，《大正藏》冊26，頁168下。

〔註44〕參見玉城康四郎：〈唯心的追究〉，《華嚴思想》，頁372～373。

討論，三種觀門之目的其實是相同的，爲了證入第一義諦，獲得解脫爲終極目標，但其進路有所不同。

表 8-1：《十地經》十因緣觀、《十地經論》相諦差別觀、世諦差別六觀對照表

《十地經》十種因緣觀	《十地經論》相諦差別觀	世諦差別六觀
因緣分次第	成答相差別	
一心所攝		染依止觀
自業成		因觀（他因觀）
不相捨離		因觀（自因觀）
三道不斷		攝過觀
觀先後際	世諦差別	護過觀
三苦集		不厭厭觀
因緣生		深觀（自因生、緣生）
因緣生滅縛		深觀（隨順生）
隨順有盡觀		深觀（隨順有）

對照表 6-5 與表 8-1 之不同，除了《十地經》十種因緣觀與〈十地品〉十門，名稱稍有不同之外，即是世親「第一義諦差別」並不在十種因緣觀內，亦即不被「一心所攝」。其原因何在呢？《十地經論》的第一義諦差別，只有三界唯心觀，沒有十二因緣觀，所以不被攝入十種因緣觀，但其前後卻爲十二因緣觀所包圍，所以經論是給予其特殊的著眼點。〔註45〕智儼爲了解決此問題，而將其安插於適當的位置，亦即一心所攝分爲上半門、下半門，上半門是第一義諦差別，下半門是世諦差別的染依止觀，後來法藏與澄觀亦承襲之。〔註46〕以上九種十二因緣觀，或稱爲世諦差別六觀，是從不同的角度來詮釋十二因緣的順逆觀，其目的是爲了證入第一義諦。

以上說明了十二緣起之三種觀門，在成答相差別中的「相差別」是以第一義諦來詮釋十二因緣，第一義諦差別是觀三界唯心，世諦差別是以世俗諦

〔註45〕參見玉城康四郎：〈唯心的追究〉，《華嚴思想》，頁 372。
〔註46〕《搜玄記》卷 3，《大正藏》冊 35，頁 62 下。《探玄記》卷 13，《大正藏》冊 35，頁 344 下。《華嚴經疏》卷 39，《大正藏》冊 35，頁 802 下。

的觀點來詮釋九種十二因緣。雖然這三種觀門之進路有所不同，但其目的是相同的，爲了證入第一義諦，所以是以第一義諦來貫穿這三種觀法，而不是以十二因緣來貫穿。

綜上所述，三界唯心是屬於三種觀門之第二種「第一義諦差別」，而十二緣起則是第三種觀門「世諦差別」，相當於世諦差別之六種觀法的染依止觀，「是中，染依止觀者，因緣有分，依止一心故。」但此一心，到底是眞心或妄心呢？還是沒有說明。接著《十地經論》云：「經曰：如來所說十二因緣分，皆依一心。……論曰：此是二諦差別，一心、雜染和合因緣集觀。」〔註 47〕十二因緣觀，包括眞俗二諦，眞諦之一心與俗諦之雜染，二諦眞妄之和合，才有因緣集觀。亦即，十二因緣之一心爲心體，是眞諦的眞心，屬於清淨的；而三界唯心之一心爲第一義諦，亦是眞心，故兩者具有一致性。

第三節　法藏的唯心與緣起

法藏對於唯心與緣起之探討，乃是依據〈十地品〉、《十地經論》之闡釋，以及承襲了智儼之說法，但於十重唯識中，前五重參考了窺基的著作，後五重之理事無礙、事事無礙法界的運用，則做了較大的發揮與創新。

一、法藏的唯心

法藏之唯心觀，分爲二部分，一是承襲智儼的染法緣起，一是十重唯識。染法緣起中，法藏並無說明，欲了解其內容只能回溯到智儼的原文中尋找。十重唯識之前五重乃是參考窺基的著作而建立，後五重之理事無礙、事事無礙法界則是法藏之發揮。

（一）染法緣起

智儼於《搜玄記》中，將法界緣起分爲二種：「一、約凡夫染法，以辨緣起；二、約菩提淨分，以明緣起。」〔註 48〕亦即染法緣起與淨法緣起。法藏承襲了智儼的二種緣起，又增加了「染淨合說」，而發展成三種緣起。六十《華嚴・十地品》的「三界虛妄，但是心作」，「十二緣分，是皆依心」之唯心與緣起的名句，出現在染法緣起中，故本文只介紹染法緣起的部分。

〔註47〕《十地經論》卷8，《大正藏》冊26，頁169上。
〔註48〕《搜玄記》卷3，《大正藏》冊35，頁62下。

　　法藏的三種緣起，各有四門，其中染法緣起之四門爲：緣集一心門、攝本從末門、攝末從本門、本末依持門。〔註49〕只是法藏並沒有對每一種緣起之四門解釋，只以「並如別說」來表示，可能是指智儼《搜玄記》的記載，所以欲了解其內容，只有回溯到智儼的原文中。智儼將染法緣起分爲二門：緣起一心門、依持一心門。緣起一心門又分爲三門：眞妄緣集門、攝本從末門、攝末從本門。〔註50〕

　　智儼的緣起一心門的眞妄緣集門，相當於法藏的緣集一心門。所謂的眞妄緣集門，是指十二因緣是眞妄和合而成；攝本從末門，是指十二因緣是無明的妄心所造作；攝末從本門，是指十二因緣是眞如心所造作。智儼的依持一心門，相當於法藏的本末依持門，指第六、七識，皆依阿賴耶識而成立，十二緣生亦依阿賴耶識。緣起一心門與依持一心門是相對的，其相異處：「緣起一心，染淨即體，不分別異；此依持門，能所不同，故分二也。」〔註51〕緣起一心門，指心外無別法，染淨爲一體，不可區分；依持一心門，指阿賴耶識是所依，六、七識爲能依，故有能所依持之不同，此一心即第八識阿賴耶識。

（二）十重唯識

　　法藏雖然沒有對染法緣起做解釋，但在詮釋「三界虛妄，但是心作」等句子，則與染法緣起有關：

　　　　第二、就一心所攝中，亦四門同前。初約經分二：先明心作三界，是約集起門；後明心持十二，是約依持門。前中言三界虛妄但一心作者，此之一文諸論同引證成唯識。今此所說是何等心？云何名作？〔註52〕

以上之引文，在《十地經》是配置於「一心所攝觀」，智儼則更改爲「依止一心觀」。依止一心觀，以十二因緣爲能依，心者即梨耶心，就此以題章，即以梨耶緣起爲此觀體。〔註53〕所以依止一心觀，就是十二因緣是依止一心阿梨耶識而成立，相當於《十地經論》世諦差別六觀的第一種染依止觀。智儼將

<hr>

〔註49〕參見《探玄記》卷13，《大正藏》冊35，頁344中。
〔註50〕參見《搜玄記》卷3，《大正藏》冊35，頁63中。
〔註51〕《搜玄記》卷3，《大正藏》冊35，頁63下。
〔註52〕《探玄記》卷13，《大正藏》冊35，頁346下～347上。
〔註53〕參見《搜玄記》卷3，《大正藏》冊35，頁64中。

法界緣起之染門，分爲緣起一心門與依持一心門二種。法藏將「三界虛妄，但是心作」歸爲集起門，相當於智儼的緣起一心門之三門；「十二緣分，是皆依心」歸爲依持門，相當於智儼的依持一心門。所以法藏之一心所攝門，乃是在詮釋法界緣起之染法緣起。

　　智儼的染法之緣起一心門，乃是依據如來藏思想，此處的一心，包括眞心、妄心、眞妄和合，若依法藏之判教，則爲五教之終教。法藏又將智儼的緣起一心門之三門擴大爲十重唯識，成爲五教中的始、終、頓、圓四教：

　　　　今釋此義，依諸聖教，說有多門：一、相見俱存故說唯識。……二、攝相歸見故說唯識。……三、攝數歸王故說唯識。……四、以末歸本故說唯識。……五、攝相歸性故說唯識。……六、轉眞成事故說唯識。……七、理事俱融故說唯識。……八、融事相入故說唯識。……九、全事相即故說唯識。……十、帝網無礙故說唯識。〔註54〕

十重唯識，又名十門唯識，乃唯識之十種層次，來闡明一切諸法皆由一心所現，故說萬法唯識，它並不是十種心識，而是一心有十種淺深的差別。法藏之十重唯識，乃是依據〈十地品〉的「三界虛妄，但是心作」而來，爲何不直接稱「一心」，而稱「唯識」呢？澄觀、宗密二位祖師就順著經文之原意，而直接改爲「十重一心」。法藏不隨順經文而稱唯識之用意，是爲了和玄奘的唯識對辯而以唯識爲大乘教的序門，從而引進於華嚴的一心法界，所以，十重唯識的名目雖是從玄奘系的唯識而來，但其主要精神卻在華嚴家的一心法界。〔註55〕法藏之十重唯識觀之前五重，乃是參考窺基《大乘法苑義林章》及《般若波羅蜜多心經幽贊》的五重唯識觀之基礎而建立的，這是無有疑議的，學界間已有多篇論文之探討，〔註56〕茲不再重述。至於後五重，則是法

〔註54〕參見《探玄記》卷13，《大正藏》冊35，頁347上～中。
〔註55〕參見村上專精著，釋印海譯：《佛教唯心論概論》，頁198。
〔註56〕鎌田茂雄：〈唯心と性起〉，頁247～251。方立天：《法藏》，頁212～219。郭朝順：〈從「十重唯識觀」論華嚴宗與唯識思想的交涉〉，頁103～132。釋道厚：〈法藏「十重唯識觀」中的心識思想〉，《大專學生佛學論文集》19（台北：華嚴蓮社，2011年10月），頁419～457。但鎌田茂雄與方立天對於二者名目的對應關係有所不同：(1)鎌田茂雄：將窺基的「1 遣虛存實、2 捨濫留純」對應於法藏的「1 相見俱存」；「3 攝末歸本」對應於「2 攝相歸見」；「4 隱劣顯勝」對應於「3 攝數歸王」；「5 遣相證性」對應於「5 攝相歸性」。（頁249）。(2)方立天：將窺基的前三重對應於法藏的「1 相見俱存」；「4 隱劣顯勝」對應於「3 攝數歸王」；「5 遣相證性」對應於「5 攝相歸性」。（頁218）

藏所發揮的理事無礙、事事無礙法界。

以上十重唯識觀中，除了說明一心（唯識）之理外，又與五教中的始、終、頓、圓具有對應關係：「上來十門唯識道理，於中初三門約初教說，次四門約終教、頓教說，後三門約圓教中別教說，總具十門約同教說。」〔註57〕五教中的小乘教不談唯識，故十重唯識只通於四種大乘教，亦即：前三門為始教，四至七門為終、頓教，八至十門為圓教中的別教一乘，而此十門是總顯圓教的同教一乘。

以下先說明十重唯識的前三門與始教之關係：第一門相見俱存，主張相對唯心論，指主觀的意識（見分）與客觀的對象（相分）俱存乎一心；第二門攝相歸見，主張見分一分說，攝相分而歸於見分；第三門攝數歸王，心所無獨立之自體，依心王而起，故歸於心王。前三門之初門為主觀意識與客觀對象間的對立關係，第二門將客觀對象攝歸於意識作用，第三門將意識作用攝歸於意識之實體。以上十重唯識之前三門，為五教中大乘始教，屬於法相唯識之阿賴耶緣起，其所依之經論為《攝大乘論》、《成唯識論》、《解深密經》、《唯識二十論》、《觀所緣緣論》、《大乘莊嚴經論》。

其次說明十重唯識的中間四門與終、頓教之關係：第四門以末歸本，主張本識唯心說，即前七識攝歸於根本識阿賴耶識；第五門攝相歸性，以上四種唯識觀，是八識之相，為真如隨緣所現，故識之本性即如來藏；第六門轉真成事，真如之理隨染淨之緣，而顯現八識心王、心所、相分、見分，生成種種事相；第七門理事俱融，主張理事無礙唯心說，指本體真如之理與現象諸法之事，相互融攝。四至七門中，第四門延續前三門的阿賴耶識思想，被視為「意識性質的最後東西」；第五門則是溯源於阿賴耶識之本體如來藏，為心的理體；第六至第七門，說明如來藏與隨緣之理事無礙。〔註58〕以上十重唯識之四至七門，為五教中的大乘終教、頓教，屬於如來藏緣起，其所依之經論為《楞伽經》、《維摩詰經》、《密嚴經》、《勝鬘經》、《寶性論》、《大乘起信論》。但這四門中，那幾門屬於終教？那幾門屬於頓教？法藏並未說明。此四門之大乘教說，乃是由淺至深之次第關係，第七門引用《大乘起信論》之一心開二門之經證，再參照《五教章》之說明：「約如來藏常住妙典，名為終教；又《大乘起信論》中，約頓教門顯絕言真如，約漸教門說依言真如。」

〔註57〕《探玄記》卷13，《大正藏》冊35，頁347中～下。
〔註58〕參見玉城康四郎：〈唯心的追究〉，《華嚴思想》，頁421。

〔註59〕可見《大乘起信論》這部論典中，包括了終教與頓教。故四至六門爲終教，第七門爲終、頓二教。

最後說明十重唯識的最後三門與圓教之關係：第八門融事相入，主張事事無礙相入，乃就事之作用論其相入，一入一切，一切入一；第九門全事相即，主張事事無礙相即，乃就諸事之體互爲一體，一即一切，一切即一；第十門帝網無礙，主張事事無礙之無盡義，猶如因陀羅網相互映照，一中有一切，一切中的一復有一切，重重無盡。後三門爲五教中圓教的別教一乘，屬於事事無礙法界之相入、相即、無盡義，爲《華嚴經》所說，屬於華嚴的法界無盡緣起。

以上十重唯識觀，是站在圓教中同教一乘的立場，故非華嚴圓教之特有的觀門，故法藏云：「上來所明通一部經，非局此地，又是約教就解而說。」〔註60〕法藏在詮釋〈十地品〉之「三界唯心」一文中，雖以始終頓圓四教十重唯識來說明，但後三門之圓教唯識觀才是眞正代表華嚴思想。故此十重唯識觀並不限定於第六現前地的三界唯心，而是將三界唯心的意義擴大了，它可以用來貫穿整部的《華嚴經》。法藏的十重唯識觀，強調十重唯識皆依於一心，若無本識心，則一切法不成。但此十重唯識是約教就解而論，亦即此十重唯識觀之解說並不等於修觀系統，而法藏所說之《華嚴三昧章》中，另有十重觀行內容，但考察其名異實同之《華嚴發菩提心章》，並無十重之觀行。〔註61〕但有日本學者提出，《發菩提心章》之「色空章」的十門，即是華嚴十門止觀，〔註62〕也有反對此說法者。〔註63〕

〔註59〕《華嚴五教章》卷1，《大正藏》冊45，頁481下。

〔註60〕《探玄記》卷13，《大正藏》冊35，頁347下。

〔註61〕根據〈華嚴發菩提心凡例〉：「又如圓超《疏鈔錄》、凝然《華嚴宗要義》、永超《東域傳燈錄》及《高山寺藏目》等，皆標爲賢首撰也。世別有題爲《華嚴三昧章》者，然其文大同此章。今謂是乃後學誤以今章殘編爲《三昧章》者耶？……然考世所題爲《三昧章》者，總無其文，故知彼非其於《探玄記》所指者必矣。」《大正藏》冊45，頁650下～651上。

〔註62〕《中國華嚴思想史の研究》：《華嚴三昧章》與《華嚴發菩提心章》其文體幾乎相同，……《華嚴三昧章》第四「色空章十門止觀」，相當於十重唯識觀。……法藏《探玄記》卷13，十重唯識觀之觀行組織亦有十重，如《華嚴三昧》中說，即是指《華嚴三昧章》之「色空章十門止觀」。參見鎌田茂雄，頁519～521。

〔註63〕《華嚴思想史》：《義天錄》所謂「色空觀」，也許是《發菩提心章》「表德第四」中的第四色空章「十門止觀」？……法藏實踐門的觀法組織中，「普賢觀

　　從法藏十重唯識觀中可知，前三門爲阿賴耶緣起，中間四門爲如來藏緣起，最後三門爲華嚴無盡法界緣起。可見，此三種緣起中，法藏最注重的爲後三門華嚴圓教的事事無礙法界。法藏對於華嚴圓教之無盡法界緣起，可分爲二種：一爲古十玄《五教章》之「唯心迴轉善成門」，此上諸義，唯是一如來藏爲自性清淨心轉也。〔註64〕法藏之《華嚴五教章》乃承襲智儼之古十玄，其中唯心迴轉善成門，是闡述唯心思想，具有如來藏清淨心。二爲新十玄《探玄記》，把古十玄的唯心迴轉善成門，改爲主伴圓明具德門：「此圓教法理無孤起，必眷屬隨生，下云：此華有世界海塵數蓮華以爲眷屬。又如一方爲主，十方爲伴，餘方亦爾。是故主主伴伴各不相見，主伴伴主圓明具德。」〔註65〕主伴圓明具德門不再強調此心具有如來藏清淨心，而是說明諸法的相即相入，而成一大緣起，故學界間大致的說法皆認爲，法藏改爲主伴圓明具德門的用意，是在突顯華嚴無盡緣起中的事事無礙法界。所以，關於一心，智儼是堅持如來藏系統的自性清淨心，法藏則是要超脫以如來藏清淨心爲主的《大乘起信論》範疇，要以能證入「果上妙境」爲究竟法門。唯有如此，才能消除唯心性論的見解，而廓徹於事事無礙。〔註66〕所以，法藏在建構法界緣起的初期爲古十玄，乃承襲智儼的如來藏清淨心；後期之新十玄，乃自己所獨創的思想體系，相即相入、重重無盡的事事無礙法界。

二、法藏的緣起

　　法藏之緣起觀，分爲二部分，一是依據〈十地品〉之「依持門」，一是依據《十地經論》之詮釋。前部分只說明識、行、無明三支刹那緣起，及《成唯識論》的二世一重觀點；後部分則分爲厭離有爲、大悲隨順分別、一切相智分別等三門來論述。

（一）〈十地品〉之「依持門」

　　上文曾談到法藏將「十二緣分，是皆依心」歸爲依持門，相當於智儼的

　　行法門」，或「華嚴十重止觀」等，前後各以十門組織。前十門即「普賢觀行」，相當於《發菩提心章》之「色空章」的十門止觀；後十門乃爲開示初學菩薩的行法爲旨趣。所以《發菩提心章》「色空章」的十門止觀，是普賢觀行，並非華嚴十重止觀。參見高峰了州著，釋慧嶽譯，頁152、187。

〔註64〕《華嚴五教章》卷4，《大正藏》冊45，頁507上。

〔註65〕《探玄記》卷1，《大正藏》冊35，頁123下～124上。

〔註66〕參見楊政河：《華嚴哲學研究》，頁490～491。

依持一心門，指第六、七識，皆依阿賴耶識成立，此一心即第八識阿賴耶識。於《華嚴經》之原文，將十二支分爲前三支是刹那緣起，後九支非刹那緣起，皆是唯識之理，故不離阿賴耶識之本識。法藏之詮釋如下：

> 隨事者，隨其行業，於何趣中，從中陰內起求生愛心，故云生欲心。
> 此心起時，與本識中識支種子同時起，至生陰時，此求生心滅，唯本識託歌邏羅等，如種壞牙生等，故云是心即是識。〔註67〕

以上引文中，說明十二因緣之最初根源是事，是身口意所造作的善惡行爲，在中陰身生起愛欲心。此中「十二緣分，是皆依心」之心，是心是識，即是第八識阿賴耶識，又稱本識，它與第六識同時俱起，在母胎內最初的一刹那生五陰，而六識滅，只剩下八識之歌邏羅，爲受胎後之第一週。所以，第六識種子壞，而第八識牙生。法藏詮釋十二緣分所依之心爲欲心，是本識阿賴耶識，爲染污的妄心。

以上只說明「心即是識」的識支，接著引論證成識支，及說明行、無明等三支刹那緣起：

> 論經「貪欲共心生」者，謂第六識中求生時，貪欲共阿賴耶識同時起故。中陰未（末）時，貪滅心續名爲受生，彼所造行變爲境界，謂殿堂等名爲誑心，以不知故，取之爲實，名曰無明。此是受生無明，非是發行無明。〔註68〕

第六識受生時，貪欲心是與阿賴耶識共同生起，此貪欲心即是阿賴耶識；中陰身消失時，貪欲心滅，隨其所造作的善惡業而感得生於母胎中如華林殿堂等境界；由於行之迷惑，而產生受生無明，投胎受生。此三支是刹那緣起，故不依無明、行、識之次第，一刹那間同時具足三支。

接著，法藏依據《成唯識論》的二世一重觀點，將無明、行之能引的二支，配於愛、取之能潤的二支。換言之，將三支刹那緣起，分爲三個部分，一在識支之前，行之能引，配於愛之能潤；二爲識支；三爲識支之後，無明之能引，配於取之能潤。

> 此中大意明受生時，行事是能引，欲心是能潤，此二於識支前說誑心；無明亦是能引，以誑故，令取亦是能潤，此二居後。引潤本識中五果等種生所生果，現起分位有次第，故說名色等。是故十二有

〔註67〕《探玄記》卷13，《大正藏》冊35，頁347下。
〔註68〕《探玄記》卷13，《大正藏》冊35，頁347下。

－404－

支，皆唯是識，識外無物。文意如此，餘文可見。〔註69〕

首先，十二因緣中，行業的造作是能引，於中陰身對於父母生起貪愛心，故投胎時之一念生起愛想是能潤，此二支是受生的識支之前，名為誑心。其次，說明識支，一念生起愛想，與本識阿賴耶識中之第六識「識支」同時俱起，在母胎內最初的一剎那生五陰，而六識滅。最後，入胎之後，初息出入是名無明，為能引，與貪相應之諸煩惱是取，為能潤，此二支是受生的識支之後。愛、取二種潤生之惑，能引識等五支種子成熟，令生現行。十二緣起之後九支是分位緣起，故依次第關係排列。所以，十二緣起之十二支，皆依於識，識外無物。

（二）《十地經論》之詮釋

法藏十二因緣之說明，又依據了《十地經論》做詮釋，分為三門來說明：厭離有為、大悲隨順分別、一切相智分別，此三門相當於相諦差別觀、大悲隨順觀、一切相智觀等三觀。

1. 厭離有為

《探玄記》云：「第二、約厭離有為，就相諦分別者，論釋此是染依止觀。言二諦差別者，論主意將所依心體是真諦，能依有支是俗諦故。此一文名為二諦，此釋總標文也。言一心雜染和合因緣集觀者，釋『所以者何』下文，謂一心是真，雜染是俗，即明此心隨染和合雙辨二諦，是《勝鬘》中『不染而染』等。」〔註70〕相諦差別觀共有三種，此是第三種「世諦差別」。世諦差別有六種觀法，法藏引用第一種染依止觀，是二諦（真諦、俗諦）之差別，其中所依之心體為真諦，能依之十二因緣為俗諦；一心是真諦，雜染是俗諦，一心與雜染和合，即《勝鬘經》之不染而染、染而不染，不礙一心而雙存二諦。

2. 大悲隨順分別

《探玄記》云：「約大悲隨順分別者，論名『餘處求解脫』，是諸凡夫如是愚癡顛倒，常應於阿梨耶識及阿陀那識中求解脫者，此是舉正現邪言。『乃於餘處我、我所中求解脫』者，此顯邪乖正，以諸愚夫背正從邪，深可悲愍故。此對治下舉經顯治可知。」〔註71〕大悲隨順觀分為四種：愚癡顛倒、餘

〔註69〕　《探玄記》卷13，《大正藏》冊35，頁347下。
〔註70〕　《探玄記》卷13，《大正藏》冊35，頁347下～348上。
〔註71〕　《探玄記》卷13，《大正藏》冊35，頁348上。

處求解脫、異道求解脫、求異解脫，此是第二種「餘處求解脫」。法藏分爲三個步驟來說明：初「舉正現邪」，凡夫應於阿梨耶識及阿陀那識之緣起法中求解脫，即是用識境以對治我境；次「顯邪乖正」，凡夫愚癡不明此理，卻於我、我所等其餘處求解脫；最後「舉經顯治」，對治的方法，即三界唯心、緣起唯心，應從一心下手。

3. 一切相智分別

《探玄記》云：「約一切相智分別者，論名『依止觀』，謂分別有支依止有二：謂依眞性及依心識，此中二諦通是二依，明是大智所了之法也。」〔註72〕一切相智分別觀分爲九種：染依分別觀、依止觀、方便觀、因緣相觀、入諦觀、力無力信入依觀、增上慢非增上慢信入觀、無始觀、種種觀，此是第二種「依止觀」。依止觀，即此因緣集依於眞性（第一義諦）、心識，攝初門後半及第二門。初門之後半依第一義，以不知故即起諸緣是爲染依，即是依眞起妄，「不如實知諸諦第一義故，名爲無明」；第二門見第一義諸緣轉滅便爲淨依，即是顯妄依眞，「如來所說十二因緣分，皆依一心」。所以依止觀之眞性、心識二依俱通染淨，只有大智慧者才能曉悟之法，皆依於一心。

上文曾論及《十地經論》是將三界唯心歸爲「第一義諦差別」，而十二緣起則是歸爲「世諦差別」，所以三界唯心與十二緣起是個別討論的。但法藏依「《十地經論》之詮釋」中，《十地經論》又將三界唯心與十二緣起合在一起討論。如：厭離有爲中，即是二諦差別；大悲隨順分別中，其對治的方法即三界唯心、一心緣起；一切相智分別中，眞性、心識二依俱通二諦。

以上已介紹了法藏之唯心與緣起思想，其中三界唯心的部分，法藏是將其置於如來藏思想的大乘終教之階位；而一心緣起中，依〈十地品〉之「依持門」，是依據唯識之理，故置於唯識學的大乘始教之階位，此一心即第八識阿賴耶識，爲染污的妄心。此外，在厭離有爲之「二諦差別」中，法藏異於《十地經論》之處，即是一心緣起所依之心體爲眞諦，能依之十二因緣爲俗諦，則可說法藏對於三界唯心與一心緣起，皆是置於大乘終教的階位。〔註73〕十二因緣所依的一心，是眞諦的眞心，屬於清淨的；而三界唯心之一心爲第

〔註72〕《探玄記》卷13，《大正藏》冊35，頁348上。
〔註73〕參見陳紹聖：〈法藏「現前地」思想研究——以「集起門」及「依持門」爲中心〉，《第二屆中、日、韓漢學國際學術會議》（日本：福岡大學，2006年12月），頁9～11。

一義諦，亦是眞心，故兩者具有一致性。法藏的唯心與緣起一節中，牽涉到〈十地品〉與《十地經論》的說法，其所得到的結論有二種：依據〈十地品〉的說法，則三界唯心的一心是如來藏的清淨心，一心緣起的一心是染污的阿賴耶識，故兩者不同；依據《十地經論》的說法，兩者是相同的，皆爲清淨的眞心。所以，法藏對於一心緣起，尚未判爲圓教，只是判爲始教、終教而已，始教是依唯識學的觀點，終教則是依《勝鬘經》。

第四節　澄觀的唯心與緣起

澄觀對於唯心之探討，乃是依據《唯識論》之相應心、不相應心，以及更改法藏之十重唯識爲十重一心，此部分澄觀有了新的創見與發揮。至於緣起觀，則是比較〈十地品〉之一心緣起與《俱舍論》之刹那緣起之差異。

一、澄觀的唯心

澄觀在「一心所攝門」之二門中，不再承襲法藏的名稱，而將「三界所有，唯是一心」，改爲推末歸本門，「十二有支，皆依一心」改爲本末依持門。〔註74〕推末歸本門，依相諦差別觀即爲第二種「第一義差別」。澄觀的唯心觀，分爲二部分，一是相應心、不相應心，二是十重一心。其中「相應心、不相應心」是引用《唯識論》的觀點，所以是從法相宗的立場來說明；「十重一心」則是將法藏之「十重唯識」重新詮釋與發揮，是站在法性宗的立場。

（一）相應心、不相應心

澄觀於《演義鈔》中，引用了世親所作、般若流支所譯的《唯識論》之一段文字，內容大致相同，只是文字稍做增減而已。《演義鈔》云：

> 又復有義，大乘經中說，三界唯心，唯是心者，但有内心，無色香味等外諸境界。此云何知？如《十地經》說：「三界虛妄，但是一心作」故，心意與識，及了別等，如是四法，義一名異。此依相應心說，非不相應心說。心有（二）種：一、相應心，所謂一切煩惱結使，受、想、行等，皆心相應，以是故言，心意與識及了別等，義一名異故。二、不相應心，所謂第一義諦，常住不變，自性清淨心故。言三界虛妄，但一心作，是相應心，今依法性，故云第一義心，

〔註74〕參見《華嚴經疏》卷40，《大正藏》冊35，頁806中。

以爲能作。〔註75〕

以上之引文，大致與《唯識論》相同，只有最後的句子「言三界虛妄，但一心作，是相應心，今依法性，故云第一義心，以爲能作」，澄觀做了修改與添加。澄觀將一心分爲二門，相當於《大乘起信論》之一心開二門，一心包括眞如門、生滅門。前者是清淨，後者是染污；前者是出世間法，後者是世間法。換言之，相應心是與煩惱、受、想、行等相應之染污心，不相應心是不與煩惱相應之自性清淨心。在《唯識論》、《十地經論》中，三界唯心即是第一義諦，歸於不相應心之清淨心，但澄觀卻解讀爲「相應心」，這並非是澄觀之解讀錯誤，而是文本的本身就存在著混淆觀念。〔註76〕不管世親的三界唯心之觀點爲何，但澄觀認爲法性宗比法相宗的「三界唯心」更爲殊勝：法性宗之三界唯心轉之「轉」，具有起作（能作）義，及轉變義。所以法性宗之第一義心隨緣而有，即爲能作的一心，是站在「能」的立場；三界所有之心境，皆通所作，是站在「所」的立場。法相宗之第一義心，只是所迷，非是能作的一心，只由三能變說明識的轉變過程。〔註77〕由以上相應心、不相應心之說明，澄觀是將三界唯心的一心，解釋爲自性清淨心，而從法相宗的立場，轉移至法性宗的立場。

（二）十重一心

澄觀之「三界唯心」，是以三義十門來詮釋，更可以證明其立基於法性宗的立場。《華嚴經疏》云：「云何一心而作三界，略有三義：一、二乘之人，謂有前境，不了唯心，縱聞一心，但謂眞諦之一；或謂由心轉變，非皆是心。二、異熟賴耶，名爲一心，揀無外境，故說一心。三、如來藏性清淨一心，理無二體，故說一心。」〔註78〕三義之中，第一義是二乘的說法，主張心外之境爲實有，是由心轉變之意來解釋，不是唯心說。第二、三義是大乘的說法，將心分爲阿賴耶識、如來藏，主張唯識之心外無境，以及如來藏之清淨一心爲唯一心體，屬於唯心說。

以上「三界唯心」之三義，又可展開爲十門，法藏稱爲「十重唯識」，澄

〔註75〕《演義鈔》卷65，《大正藏》冊36，頁525上～中。
〔註76〕上註之引文，大乘經中說三界唯心，如《十地經》說：「三界虛妄，但是一心作」，此是依相應心說，而不是依不相應心說，所以澄觀認爲世親的三界唯心，是指相應心。
〔註77〕參見《演義鈔》卷65，《大正藏》冊36，頁525上～中。
〔註78〕《華嚴經疏》卷40，《大正藏》冊35，頁806中。

觀則更改爲「十重一心」：

> 廣開有十：初之一門，假說一心。……二、相見俱存故說一心。……
> 三、攝相歸見故說一心。……四、攝數歸王故說一心。……五、以
> 末歸本故說一心。……六、攝相歸性故說一心。……七、性相俱融
> 故說一心。……八、融事相入故說一心。……九、令事相即故說一
> 心。……十、帝網無礙故說一心。……上之十門，初一小教，次三
> 涉權，次三就實，後三約圓中不共。〔註79〕

以上十門，爲澄觀的「十重一心」，以「假說一心」或「故說一心」結尾；不
同於法藏的「十重唯識」，以「故說唯識」結尾。

表8-2：法藏之「十重唯識」與澄觀之「十重一心」之差異

法　　　藏		澄　　　觀	
五　教	十重唯識	五　教	十重一心
		小教	假說一心
始教	相見俱存故說唯識	始教	相見俱存故說一心
	攝相歸見故說唯識		攝相歸見故說一心
	攝數歸王故說唯識		攝數歸王故說一心
終、頓教	以末歸本故說唯識	終、頓教	以末歸本故說一心
	攝相歸性故說唯識		攝相歸性故說一心
	轉眞成事故說唯識		
	理事俱融故說唯識		性相俱融故說一心
圓中別	融事相入故說唯識	圓中不共	融事相入故說一心
	全事相即故說唯識		令事相即故說一心
	帝網無礙故說唯識		帝網無礙故說一心

　　首先，探討法藏與澄觀之十重名稱之差異，共有五點，茲說明如下：1.
此十重的名稱，法藏是表示唯識說，澄觀則改爲一心說。2.澄觀增加了法藏所
無的二乘「假說一心」。3.法藏之第六項爲「轉眞成事」，澄觀則無此項。4.法
藏之第七項爲「理事俱融」，澄觀則改爲「性相俱融」。5.法藏之第九項爲「全

〔註79〕《華嚴經疏》卷40，《大正藏》冊35，頁806中～807上。

事相即」，澄觀則改為「令事相即」。

其次，考察其內容之差異，共有十點，茲說明如下：

1. 三界唯心展開為十門，法藏歸為集起門，澄觀則歸為推末歸本門。

2. 法藏是立於法相宗的立場來說十重唯識，澄觀則是立於法性宗的立場來說十重一心，強調「能作的一心」。

3. 法藏之十重唯識為同教一乘，為五教中的終頓二教，但澄觀之同教義又分為同實、同頓二義，即同於終教、頓教，以終、頓二教及別教中之一性一相之教義為同教。同教具有二義：終頓二教，為一性一相的事理無礙，為同教；同中之別義，針對別教中一性一相的事理無礙，必歸於事事無礙，猶如江水入海，同一鹹味，同彼終頓二教。〔註80〕李世傑則提出，澄觀的同教是別義的同教，以「行門為本，易知為主」之表現而說的同教。〔註81〕

4. 從澄觀之同教義可知，其五、六、七門之終頓教，及後三門之圓教義，皆以如來藏之清淨心為唯一心體，亦即以「法性宗」的能作的一心，為如來藏清淨心。

5. 澄觀增加「假說一心」，而減少了法藏的「轉真成事」的目的，是為了配合華嚴判教的五教，以及四法界的次第。換言之，澄觀增加了「假說一心」，是為了五教對辯，以補足法藏所缺少的五教之「小乘教」；減少了「轉真成事」，是為了使十重唯識順應四法界的次第。〔註82〕「假說一心」為小乘，其餘九門為大乘之「實唯一心」。

6. 法藏之後三門，為圓教中的別教；澄觀則為圓教中的不共教，是唯心所現，法性融通。

7. 第八門融事相入，法藏以「理性圓融無礙，以理成事，事亦鎔融，互不相礙。」澄觀則以「心性圓融無礙，以性成事，事亦鎔融，不相障礙。」

8. 法藏之第九門「全事相即」云：「依理之事，事無別事，理既無此彼之異。」澄觀之「令事相即」云：「依性之事，事無別事，心性既無彼此之異。」法藏第八、九門顯示事事無礙的「理性」、「理」，澄觀則改為

〔註80〕參見《演義鈔》卷10，《大正藏》冊36，頁71上。

〔註81〕參見李世傑：《華嚴哲學要義》，頁111。

〔註82〕參見村上專精著，釋印海譯：《佛教唯心論概論》，頁204。

「心性」、「性」代替，顯示其對於「一心」的宣揚。

9. 法藏以緣起門建立為主，從一心的本源而顯現萬象（從本垂末），澄觀乃以性起門趣入為主，一切萬象即是一心（總該萬有一心），法藏以所流為主，澄觀以所自為主。〔註83〕

10. 法藏之十門，是「約教就解而說」，是站在解的立場，而澄觀「隨一一門，成觀各異，可以虛求。」澄觀則站在觀的立場，義解即是觀行，或教理即是觀行。

　　法藏對於十重唯識，分為阿賴耶緣起、如來藏緣起、華嚴無盡法界緣起。這三種緣起中，法藏最注重後三門華嚴圓教的事事無礙法界之法界緣起。澄觀對於十重唯心的說法，分為阿賴耶緣起、如來藏緣起，將第五至十門之終頓教、圓教，歸為「法性宗」的能作的一心，為如來藏清淨心。澄觀所說之後三門的圓教，是同中之別義，即別教中一性一相的事理無礙，必歸於事事無礙，所以澄觀更加強調事理無礙是事事無礙之理論依據。而且法藏對此十門，站在「解」的立場，作為其組織的基礎依據；澄觀則注重觀法的實踐，更加突顯在事理無礙的基礎上，才能趣入事事無礙。〔註84〕所以，法藏之事事無礙的立場，到了澄觀有所轉向，有偏向事理無礙靠近的傾向，較不強調事事無礙，而是強調事理無礙是趣入事事無礙之理論依據，注重自性清淨心，亦可從第二章第五節之「六相說」看出。由此可知，澄觀在突出事理無礙之時，仍保留了華嚴事事無礙的最高境界，發展到宗密時期，他已把判教理論徹底視為會通禪教的工具，別教一乘的華嚴幾乎已成空洞的口號，教三種之「真心即性教」（華嚴宗＝如來藏佛教），與禪三宗之「直顯心性宗」（洪州宗、荷澤宗），其心性貫穿了《起信論》的性覺思想，《起信論》的一心之事理無礙的立場，成為無所不包的本源。〔註85〕所以，澄觀、宗密二位祖師，比法藏更加重視事理無礙，已由事事無礙之重心轉移至事理無礙。

二、澄觀的緣起

　　以上已介紹了「三界所有，唯是一心」的推末歸本門，是從第一義諦來

〔註83〕參見李世傑：《華嚴哲學要義》，頁111。
〔註84〕參見玉城康四郎：〈唯心的追究〉，《華嚴思想》，頁430。
〔註85〕參見王頌：《宋代華嚴思想研究》（北京：宗教文化出版社，2008年1月），頁71。

說，接著介紹「十二有支，皆依一心」的本末依持門，則是從世俗諦來談。本末依持門，依相諦差別觀即為第三種「世諦差別」，攝六觀之初觀「染依止觀」。一心緣起是依一心分別十二有支，則十二有支為一心所持。但十二有支，可以分為三世行列，前後引生，何以說皆依一心呢？澄觀提出二種說法：古德說，離本識心，一切不成，而今說十二有支，不只是一世，還可以越世，此種說法雖不失依持之義，但不是真正的旨趣所在；說主巧示，不只是三世不離真心，且一念心頓具十二，亦不離一心，如同《俱舍論》第九所說，一剎那具足十二因緣。〔註86〕以上二種說法，後者才是本文之正義。

〈十地品〉的一心緣起，受到《俱舍論》的剎那緣起之影響，但澄觀對比兩者間，又有所不同：

> 隨事貪欲與心共生，心是識，事是行，於行迷惑是無明，與無明及心共生是名色，名色增長是六處，六處三分合為觸，觸共生是受，受無厭足是愛，愛攝不捨是取，彼諸有支生是有，有所起名生，生熟為老，老壞為死。〔註87〕

一心緣起之前三支識、行、無明，不依次第，意顯一心頓具，而《俱舍論》之前三支則是依十二因緣之次第排列：「癡謂無明，思即是行，於諸境事了別名識。」〔註88〕「隨事貪欲與心共生」，指識支，有二義：行此貪事，必依心起，是大乘義，即八識心；復了別前境，即《俱舍》意，於諸境界了別名識，即第六識。「事是行」，指行支，貪事即是意業之行，若形身口，亦是二行，不知貪過，能招於苦，名於行迷惑是「無明」。「與無明及心共生是名色」，名色是總，為二所依名與共生，六十《華嚴》云：「識所依處為名色」，《俱舍》云：「識俱三蘊，總稱名色」，識俱色、想、行三蘊，意明以受蘊自是受支。「名色增長是六處」，大乘六根之意根異於六識之識支，若只明十二處，則攝識在根，故云五識依生乃名十處，五根加意根故云六處，識依相顯，即是增長。《俱舍》為小乘，即第六識是識支，故云：「住名色根，說為六處。」六根是別，名色是總，以別依總，故稱住名色。〔註89〕

澄觀詮釋〈十地品〉的一心緣起，只須引用大乘的八識即可，又引用了小乘的《俱舍論》來證明，是要說明一剎那具十二支，大小乘皆具，故云「大

〔註86〕參見《華嚴經疏》卷40，《大正藏》冊35，頁807上～中。
〔註87〕八十《華嚴》卷37，《大正藏》冊10，頁194上。
〔註88〕《俱舍論》卷9，《大正藏》冊29，頁48下。
〔註89〕參見《華嚴經疏》卷40，《大正藏》冊35，頁807中～下。

小理通」，但二者之不同，即是一心之義，小乘立六識，大乘立八識之不同，故云「六八識異耳」。〔註90〕

　　所以，〈十地品〉之一心緣起與《俱舍論》之剎那緣起之差異，大致有四點：（一）〈十地品〉之前三支，不依次第；《俱舍論》則依次第排列。（二）識支，〈十地品〉為第八識，《俱舍論》為第六識。（三）名色支，〈十地品〉為「與無明及心共生」或「識所依處」；《俱舍論》為識俱色、想、行三蘊。（四）六處支，〈十地品〉之意根異於識支；《俱舍論》之意根等於識支。

　　《俱舍論》有四種緣起，澄觀除了依據剎那緣起來詮釋外，又可依據連縛、分位、遠續來說明：「此若不斷，則名連縛；十二支位五蘊，皆名分位；即此順後無始來有，名為遠續。」〔註91〕連縛緣起，即十二有支因果無間，連續而起，形成前因後果之關係；分位緣起，立三世兩重的因果關係，從胎生學的角度來解釋十二因緣；遠續緣起，指十二支之連續緣起可遠隔多世，而涉及更遙遠的過去及未來。

　　澄觀提出，此十二有支，約時通說，共有六種：依五世說十二支、依三世說十二支、依二世說十二支、依一世前後建立、同時異體、同時同體。其中〈十地品〉之一心緣起及《俱舍論》之四種緣起，是此文正辨同時異體之十二有支。〔註92〕而非坂本幸男所說，《俱舍論》之剎那緣起是別體說，《十地經》之一心緣起為同體說的立場，〔註93〕兩者之差異如上文所說，是大小乘之八識、六識之不同，而不是別體、同體之不同。

　　以上已介紹了澄觀之唯心與緣起思想，其中三界唯心的部分，是依《十地經論》相諦差別觀的「第一義差別」，不論是從相應心、不相應心，或十重一心的探討，此一心皆指自性清淨心，澄觀是將其置於如來藏思想的人乘終教之階位。一心緣起，是依相諦差別觀的「世諦差別」，攝六觀之初觀「染依止觀」，是二諦差別，一心、雜染和合因緣集觀，其所依之心體為真諦，能依之十二因緣為俗諦。能依之十二因緣，指大乘的一念心頓具十二，或《俱舍論》的一剎那具足十二因緣，皆指染污的妄心，它是依據唯識之理，置於唯識學的大乘始教之階位。所以，澄觀所詮釋之三界唯心之一心，是第一義諦

〔註90〕參見《華嚴經疏》卷40，《大正藏》冊35，頁807下。
〔註91〕《華嚴經疏》卷40，《大正藏》冊35，頁807下。
〔註92〕參見《華嚴經疏》卷40，《大正藏》冊35，頁807下。
〔註93〕參見坂本幸男：《華嚴教學の研究》（京都：平樂寺書店，1976年3月），頁355。

的眞心；而十二因緣所依之一心，亦是眞諦的眞心，故兩者具有一致性。

　　澄觀於「三界唯心」中，大大提高《大乘起信論》的地位，而且於其「十重一心」中，將第五至十門之終頓教、圓教，歸爲「法性宗」的能作的一心，爲如來藏清淨心，所以他是以如來藏自性清淨心視爲圓教的一心，他對於《大乘起信論》的評價高於法藏，而法藏只是將其歸於始、終、頓三教而已。〔註94〕此外，澄觀之一心緣起，所依之一心爲眞諦的眞心，依據如來藏的觀點來詮釋，而他又將如來藏自性清淨心視爲圓教的一心，所以雖判爲終教，也等同於圓教。

〔註94〕《華嚴五教章》卷1：「又《起信論》中，約頓教門顯絕言眞如，約漸教門說依言眞如。就依言中，約始終二教，說空不空二眞如也。」《大正藏》冊45，頁481下。

第九章 結　論

　　在論文的結論部分，主要是對澄觀《華嚴經疏‧十地品》十地菩薩之修行特色做一個總結，分為二節：第一節探討澄觀《華嚴經疏‧十地品》所呈顯之思想特色。第二節說明《華嚴經疏‧十地品》注疏之開展，歸納澄觀之注疏異於世親與法藏之處，亦即其特殊之創見，也是其注疏之特色。至於《華嚴經疏‧十地品》注疏的缺點，應是體例繁複，文字繁瑣，澄觀了知〈十地品〉的重要性，所以不厭其煩地想將修行的次第詳盡的說清楚，因而占了《華嚴經疏》的 22.8%篇幅。

第一節　《華嚴經疏‧十地品》思想之特色

　　澄觀注疏《華嚴經疏‧十地品》思想之特色，將分為六個面向來詮釋：首先，十住與十地之會通，「地」、「住」之觀念於六十《華嚴》已區隔開來，但從《華嚴經疏‧十住品》、《華嚴經疏‧十地品》發現，澄觀嘗試著會通十住與十地。其次，大量採用唯識思想，澄觀之判教論，對於性相二宗，提出「性相決判」，但《華嚴經疏‧十地品》之注疏有別於其判教，而是大量採用了唯識思想。第三，如來藏與唯心思想，澄觀是站在法性宗的立場來談一心。第四，六相圓融的運用，從〈十地品〉之「宗趣」中可看出，澄觀比法藏更加關注此議題。第五，採取大乘之戒律觀，澄觀雖曾學習小乘的戒法，但最後是導歸於大乘戒。第六，融通大小乘禪法，將小乘之禪法，以大乘經論來闡釋。

一、十住與十地之會通

　　在第二章第一節中，曾經探討菩薩行位發展之初，十住與十地的觀念是混淆不清的。在漢譯佛典中，《佛說菩薩本業經》、《菩薩十住行道品》、《佛說菩薩十住經》、《十住斷結經》等四部《十住經》的單行本，以及《漸備一切智德經》、《十住經》、《十住毘婆沙論》等《十地經》的單行本、論書中，「地」與「住」的觀念是共通的。但在晉譯《華嚴經》之後，包括《佛說大方廣菩薩十地經》、《探玄記》、《華嚴經疏》、《佛說十地經》，「地」、「住」觀念已區隔開來，不再共通了。

　　在第二章第四節「華嚴十地菩薩行位的影響」中，曾論及在印度時期，《華嚴經》的四十階位，並非連貫的菩薩階位，彼此間是獨立而無關連，其中十住與十地則是個別獨立的修行體系，皆是菩薩從初發心至成佛的修行歷程。但從第一章第一節「研究動機」中，也說明華嚴圓教之別教一乘的「次第行布門」，屬於縱向，立有十信、十住、十行、十迴向、十地、等覺、妙覺等五十二階位，是由淺至深漸進至佛果位。釋日慧也曾經對菩薩階位以縱的道次第呈現，提出了批判：「第一、把菩薩道次第分為五十二位，根本就不可信；第二、《華嚴經》十住、十行、十迴向、十地，不能成立為縱的道次第。」〔註1〕他認為，《華嚴經》的菩薩四十階位，不應如華嚴宗所說，是縱的道次第，「今從經的各方面觀察考量，住、行、迴向等，似應都屬於地，乃依地分別開出的特法，其次第自然也在地上施設，不能離地成立。所以，《華嚴》的道次第，只有十地的十個次第而已。」〔註2〕此種說法，即是將《華嚴經》的道次第，改為平行橫向的對等關係。

　　在《華嚴經疏・十地品》中，澄觀嘗試著會通十住、十行、十迴向，所以其說法，也是置於橫向的關係來討論。《華嚴經疏》云：「然十地中，既三心齊證，則地地之中，皆攝前之三位。此中住分，攝發心住；其釋名分，攝歡喜行；後之二分，攝救護眾生離眾生相迴向。」〔註3〕十地中，分為入心、住地心、出心等三心，此三心攝十地前之三賢位──十住、十行、十迴向。若以初地歡喜地為例，依《十地經論》的分科，三心攝三位：住分，攝發心住；釋名分，攝歡喜行；安住分、校量勝分，攝救護眾生離眾生相迴向，此

〔註1〕釋日慧：《華嚴法海微波・下》，頁345。
〔註2〕釋日慧：《華嚴法海微波・下》，頁347。
〔註3〕《華嚴經疏》卷33，《大正藏》冊35，頁756下。

即對前三位相攝。在十地中，只有法雲地，澄觀沒有說明三心與三賢位的對應關係，其餘諸地列表說明如下：

表9-1：十地與三賢位之對應關係

十地	十　住	十　行	十迴向
歡喜地	住分，攝發心住	釋名分，攝歡喜行	安住分、校量勝分，攝救護眾生離眾生相迴向
離垢地	三聚戒，初攝治地住	三聚戒，次攝饒益行	三聚戒，後攝不壞迴向
發光地	厭行分之護煩惱行、護小乘行之護小心，攝修行住	厭行分之護小乘行的護狹心，攝無恚恨行	厭行分之方便攝行，攝等一切佛迴向
焰慧地	清淨分，攝生貴住	彼果分，攝無盡行	對治修行增長分，攝至一切處迴向
難勝地	勝慢對治之治自地慢，攝方便具足住	不住道行勝，攝離癡亂行	彼果勝，攝無盡功德藏迴向
現前地	不住道行勝，攝正心住	彼果勝，攝善現行	彼果勝，攝隨順善根迴向
遠行地	樂無作行對治差別之彰其分齊，攝不退住	彼障對治差別，攝無著行；彼果差別之得勝行的得寂滅勝行，攝無著行	彼果差別之得勝行的得發起勝行，攝平等隨順一切眾生迴向
不動地	得勝行之深行勝，攝童真住	得勝行之發起勝，攝尊重行	釋名分，攝如相迴向
善慧地	智成就、入行成就，攝王子住	說成就，攝善法行	法師自在成就之正顯成就，攝無縛著迴向

此外，從《華嚴經疏・十住品》中發現，澄觀試著會通十住與十地，《演義鈔》云：十住、十行、十迴向三賢位，相似於十地，尤以十住之下賢位相似最多，初住似初地、二住似二地，乃至十住似十地，故多引十地文注釋十住。〔註4〕澄觀亦說，賢聖位殊，儀範相似，故圓教十住似十地。〔註5〕

相較之下，法藏於《探玄記・十住品》則只簡略提到十住與十地之會通：「此十並如第二地集果（因）中釋；此十無常，如三地論中釋；初十自分，同四地中十種法知；今理事不退，以念念淳至雙現前，故同七地也；九住中同善慧地，⋯⋯釋中爲得九地，四十無礙智故。」〔註6〕十階位中，法藏只有

〔註4〕參見《演義鈔》卷38，《大正藏》冊36，頁293上。
〔註5〕參見《演義鈔》卷37，《大正藏》冊36，頁286上。
〔註6〕《探玄記》卷5，《大正藏》冊35，頁198中～200中。

略述第二、三、四、七、九住與地的會通。在第五至第七章「十地菩薩之修行特色」中，其中第二、三、四、九、十地，澄觀已稍微提到十住與十地之會通。茲配合〈十住品〉、〈十地品〉，重新整理兩者間之會通情形如下：

（一）初住發心住與初地歡喜地

〈十住品〉第一發心住：「此菩薩緣十種難得法，而發於心，何者為十？所謂是處非處智、善惡業報智、諸根勝劣智、種種解差別智、種種界差別智、一切至處道智、諸禪解脫三昧智、宿命無礙智、天眼無礙智、三世漏普盡智，是為十。」〔註7〕以上為初住發心住之菩薩，為求一切智而緣境發菩提心，共有十種智力，即一切智。

〈十地品〉第一歡喜地，別顯住分為四：依何身、為何義、以何因、有何相，共四十句明住分，其中「為何義」云：「為求佛智故、為得十力故、為得大無畏故、為得佛平等法故、為救一切世間故、為淨大慈悲故、為得十力無餘智故、為淨一切佛刹無障礙故、為一念知一切三世故、為轉大法輪無所畏故。」〔註8〕為何義，共有十句，其中初句為求佛智為總，其餘九句為別。

初住十種智力，簡稱為「十力」，大同於初地。初地之「為得十力故」，十力乃是別中九句之一句，雖廣略有異，然皆求佛果，故云大同。〔註9〕所以，初住之十種智力，與初地「為何義」之十句，雖然沒有個別的對應關係，但其意旨是相同的，皆為求一切智或佛智或佛果。

（二）二住治地住與二地離垢地

〈十住品〉第二治地住：「此菩薩於諸眾生發十種心，何者為十？所謂利益心、大悲心、安樂心、安住心、憐愍心、攝受心、守護心、同己心、師心、導師心，是為十。」以上為第二治地住之十種心，此十心大同於第二地集義中釋。以此十心，治自心地。

〈十地品〉第二離垢地，利益眾生戒廣明攝生分為五義：智、願、行、集、集果，其中「集者」，是依增上悲，念眾生故，生十種心：「佛子！此菩薩摩訶薩，復於一切眾生生利益心、安樂心、慈心、悲心、憐愍心、攝受

〔註7〕八十《華嚴》卷16，《大正藏》冊10，頁84中。

〔註8〕八十《華嚴》卷34，《大正藏》冊10，頁181上。

〔註9〕參見《演義鈔》卷38，《大正藏》冊36，頁290上。

心、守護心、自己心、師心、大師心。」治地住與離垢地之十心，二者是一而非異，雖然順序不同，但十心中有六心名稱相同，另有三心名稱僅一字之差：大悲心、悲心；同己心、自己心；導師心、大師心。名稱差異較大的爲安住心與慈心，安住心是指「於惡行眾生，令安住善行」，〔註10〕慈心是指「於怨憎眾生，慈不加報。」〔註11〕對於怨憎眾生，能以慈心對待，或安住忍耐；於人是忍不加報，於己是對治瞋心，故二者是名異而實同。同己心或自己心，劣於己者，攝如己心，視人如己之心；師心，等於己者，推如師心，視人如老師之心；導師心或大師心，勝於己者，同於佛也，視人如佛之心。〔註12〕

（三）三住修行住與三地發光地

〈十住品〉第三修行住：「此菩薩以十種行，觀一切法，何等爲十？所謂觀一切法無常、一切法苦、一切法空、一切法無我、一切法無作、一切法無味、一切法不如名、一切法無處所、一切法離分別、一切法無堅實，是爲十。」澄觀指出，三住修行住之十種無常，大同於三地發光地之十種無常。

〈十地品〉第三發光地，修行護煩惱行總共有二十句，是厭離有爲法，其中前十句是觀無常：「佛子！菩薩摩訶薩住第三地已，觀一切有爲法如實相：所謂無常、苦、不淨、不安隱、敗壞、不久住、刹那生滅、非從前際生、非向後際去、非於現在住。」

修行住與發光地之十種無常，「無常」皆是總括來說，即《十地經論》的「命行不住」。修行住之十句，總句「無常」，又分爲命行即無常體，不住即無常義，別釋十句：前四句爲「念念無常」，由無常行，作意爲先，趣入苦行；由苦無所得行，趣入空行；空故不自在，由不自在，趣入無我。中間四句爲「一期無常」，是從上四句次第而生，由無常成無作、由苦成無味、由空成無體，由無我成無處。後二句爲「雙結離二取」，離分別是觀能取，無堅實是觀所取。〔註13〕發光地之十句，初句爲總，別句之九句，前五句「云何此無常」，即是命行；後四句「何者是無常」，即是不住。故澄觀對於修行住與發光地之十種無常，其詮釋方式雖有所不同，但不出《十地經論》的「命行不住」。

〔註10〕《華嚴經疏》卷18，《大正藏》冊35，頁636下。
〔註11〕《華嚴經疏》卷35，《大正藏》冊35，頁776上～中。
〔註12〕參見《演義鈔》卷60，《大正藏》冊36，頁477下。
〔註13〕參見《華嚴經疏》卷18，《大正藏》冊35，頁636下～637上。

（四）四住生貴住與四地焰慧地

〈十住品〉第四生貴住：「此菩薩從聖教中生，成就十法，何者為十？所謂永不退轉、於諸佛所，深生淨信、善觀察法、了知眾生、國土、世界、業行、果報、生死、涅槃，是為十。」〔註 14〕澄觀指出，列中十事，同於四地之十種法智，但有開合之不同。〔註 15〕

〈十地品〉第四焰慧地，第二分為清淨分已進入住地，為初入地出障行，說明十智：「佛子！菩薩住此焰慧地，則能以十種智成熟法故，得彼內法，生如來家。何等為十？所謂深心不退故、於三寶中生淨信畢竟不壞故、觀諸行生滅故、觀諸法自性無生故、觀世間成壞故、觀因業有生故、觀生死涅槃故、觀眾生國土業故、觀前際後際故、觀無所有盡故，是為十。」生貴住之十法，與焰慧地之十智，皆成就四智，教化眾生：自住處智（自住處畢竟智）、同敬智（同敬三寶畢竟智）、真如智、分別所說智（分別說智）。

表 9-2：四住生貴住、四地焰慧地與四智對照表〔註 16〕

四智 ＼ 四住四地	四住生貴住	四地焰慧地
自住處智	永不退轉	深心不退故
同敬智	於諸佛所，深生淨信	於三寶中生淨信畢竟不壞故
真如智	善觀察法	觀諸行生滅故、觀諸法自性無生故
分別所說智	了知眾生	觀眾生國土業故
	國土	
	世界	觀世間成壞故
	業行	觀因業有生故
	果報	
	生死	觀生死涅槃故
	涅槃	

以上四住生貴住、四地焰慧地與四智對照表中，前二智一一對應，故云不開，只有後二智具有開合關係。此外，四地焰慧地之「觀前際後際故、觀無所有盡故」二句，與生貴住之句子並無對應關係，但此二句「攝在果報、生死之中，故全同也。」〔註 17〕

〔註 14〕八十《華嚴》卷 16，《大正藏》冊 10，頁 84 下。
〔註 15〕參見《華嚴經疏》卷 18，《大正藏》冊 35，頁 637 中。
〔註 16〕參見《演義鈔》卷 38，《大正藏》冊 36，頁 293 上～中。
〔註 17〕《演義鈔》卷 38，《大正藏》冊 36，頁 293 中。

（五）六住正心住與六地現前地

正心住菩薩聞十種法心定不動，又勸學無相之十法，令心轉復增進，得不退轉之無生法忍。正心住之不退，「此如順忍，欲進後位不退忍故。」〔註18〕根據《仁王護國般若波羅蜜多經》，十地配五忍，其中四至六地爲順忍，七至九地爲無生忍。六住正心住之不退，相當於六地現前地之上品順忍，又稱明利隨順忍，欲進入七地無生之不退忍。

（六）八住童真住與八地不動地

八住童眞住，住十種業：「所謂身行無失、語行無失、意行無失、……所行無礙，是爲十。」〔註19〕十業中，前三業爲身口意三業無失，永離習氣，唯佛能得；任運無功用行，在於八地。此中多同八地，能行無漏，故得無失。〔註20〕

八地不動地，「名爲童眞地，離一切過失故。」〔註21〕所以不動地，又稱爲童眞地。八地第六分爲大勝分，又分爲三：智大、業大、彼二所住功德大，其中「業大」云：「得畢竟無過失身業、無過失語業、無過失意業。」〔註22〕所以，八地之三業淨，與八住之三業無失相同。

八住童眞住，又勸學十法：「所謂知一切佛刹、動一切佛刹、持一切佛刹、觀一切佛刹、詣一切佛刹、遊行無數世界、領受無數佛法、現變化自在身、出廣大遍滿音、一刹那中承事供養無數諸佛。」〔註23〕十法中，初六法於國土自在，後四法於三業自在，此同八地，若色若土皆自在故。〔註24〕八地得土自在，指器世間自在行，可以任運顯現國土；得色自在，指智正覺世間自在行，一身多身等十自在，爲十身相作顯通自在。

（七）九住法王子住與九地善慧地

〈十住品〉第九法王子住：「此菩薩善知十種法，何者爲十？所謂：善知諸眾生受生、善知諸煩惱現起、善知習氣相續、善知所行方便、善知無量法、善解諸威儀、善知世界差別、善知前際後際事、善知演說世諦、善知演說第

〔註18〕《華嚴經疏》卷18，《大正藏》冊35，頁638上。
〔註19〕八十《華嚴》卷16，《大正藏》冊10，頁85中。
〔註20〕參見《華嚴經疏》卷18，《大正藏》冊35，頁638下。
〔註21〕八十《華嚴》卷38，《大正藏》冊10，頁200下。
〔註22〕八十《華嚴》卷38，《大正藏》冊10，頁200中。
〔註23〕八十《華嚴》卷16，《大正藏》冊10，頁85中。
〔註24〕參見《華嚴經疏》卷18，《大正藏》冊35，頁638下。

一義諦，是為十。」

在第七章第四節九地力波羅蜜之「智成就」中，曾探討九住法王子住與九地善慧地有相通之處：九住法王子住之前四法，相當於九地善慧地之十一種稠林，故為第三分入行成就；九住之第五法，相當於九地之第二分智成就。此外，九住之後五法，相當於九地之第四分說成就。所以，法王子住之十法，相當於善慧地之第二、三、四分之住心。

表 9-3：九住法王子住與九地善慧地之對照表〔註25〕

法王子住十自分	九住法王子住	九地善慧地	九地之住心
知六趣四生受報差別	善知諸眾生受生	如實知眾生心稠林、受生稠林	入行成就（十種稠林）
知現行煩惱	善知諸煩惱現起	煩惱稠林	
知種等相續	善知習氣相續	隨眠稠林、習氣相續稠林	
知諸乘作業	善知所行方便	業稠林、根稠林、解稠林、性稠林、樂欲稠林、三聚差別稠林	
知法藥	善知無量法	如實知善不善無記法行、有漏無漏法行、世間出世間法行、思議不思議法行、定不定法行、聲聞獨覺法行、菩薩行法行、如來地法行、有為法行、無為法行	智成就
知法師軌儀	善解諸威儀	作大法師，具法師行	口業成就（具說之德）
知所化處	善知世界差別	坐於法座而說於法，大千世界滿中眾生，隨其心樂差別為說	法師自在成就（說成就）
知化時	善知前際後際事	住此地已，了知眾生諸行差別，教化調伏，令得解脫	說成就
依二諦說	善知演說世諦	辭無礙智，以世智差別說樂說無礙智，以第一義智善巧說	口業成就（四十無礙辯才）
	善知演說第一義諦	樂說無礙智，以第一義智善巧說	

（八）十住灌頂住與十地法雲地

〈十住品〉第十灌頂住：「此菩薩得成就十種智，何者為十？所謂震動無數世界、照耀無數世界、住持無數世界、往詣無數世界、嚴淨無數世界、開

〔註25〕參見《華嚴經疏》卷18，《大正藏》冊35，頁638下～639上。《演義鈔》卷38，《大正藏》冊35，頁295中～下。

示無數眾生、觀察無數眾生、知無數眾生根、令無數眾生趣入、令無數眾生
調伏。」十住之十智，多同於十地之第四分入大盡分之智成就說。〔註26〕

　　在第七章第四節十地智波羅蜜中，曾經探討入大盡分，依《十地經論》
分爲五種大：智大、解脫大、三昧大、陀羅尼大、神通大。十住灌頂住之前
五智，爲神通大兼解脫大，即作用解脫；後五智攝餘三大，多同智大，故爲
智成就說。

　　〈十住品〉灌頂住，又勝進十法：「佛子！此菩薩身，及身業、神通、變
現、過去智、未來智、現在智、成就佛土、心境界、智境界，皆不可知，乃
至法王子菩薩，亦不能知。」〔註27〕灌頂住勝進十法，即法雲地第六分神通
力有上無上分之「勝過自在」：「佛子！此菩薩摩訶薩，已能安住如是智慧，
諸佛世尊復更爲說三世智、法界差別智、遍一切世界智、照一切世界智、慈
念一切眾生智，舉要言之，乃至爲說得一切智智。」〔註28〕

二、大量採用唯識思想

　　澄觀之判教論，對於性相二宗，提出「性相決判」，主張禪宗、天台宗等
法性宗之優越地位，來對付唯識法相宗。但因澄觀《華嚴經疏‧十地品》是
參考《十地經論》、《探玄記‧十地品》來造疏，其中世親多以唯識思想來詮
釋《十地經》，故《華嚴經疏‧十地品》之注疏有別於其判教之「性相決判」，
而是大量採用了唯識思想。

　　以下將歸納澄觀使用唯識思想的部分：（一）第一章第三節之「法相
宗」，曾論及唯識五位與〈十地品〉相關連的是通達位、修習位等二位，初地
的入心，屬於通達位；初地的住心、出心以上，則爲修習位所攝。但澄觀於
詮釋經文時，增加了「加行位」、「究竟位」，所以澄觀運用了唯識宗菩薩四
階位來詮釋〈十地品〉的菩薩階位。（二）第四章第一節之「釋經方式的承
襲」，澄觀十地六門所引用的經論，主要的是唯識論書，而且以玄奘所翻譯
的著作爲主，包括：《瑜伽師地論》、《成唯識論》、《攝大乘論本》三部，以及
眞諦所譯的《梁釋論》一部。（三）第四章第二節之「五部論書對〈十地品〉
之影響」，從宗派、譯者這二個面向來區分，與「釋經方式的承襲」中所得到
的結論相符，澄觀引用的經論主要的是唯識論書，而且以玄奘所翻譯的著作

〔註26〕《演義鈔》卷 38，《大正藏》冊 36，頁 296 上。
〔註27〕八十《華嚴》卷 16，《大正藏》冊 10，頁 85 下。
〔註28〕八十《華嚴》卷 39，《大正藏》冊 10，頁 208 中。

爲主。（四）澄觀於《華嚴經疏‧十地品》、《新譯華嚴經七處九會頌釋章》皆云：十地中，修十勝行、斷十重障、證十眞如，皆如《唯識論》中廣說。說明〈十地品〉之斷十重障、證十眞如、修十勝行等菩薩行，於《成唯識論》卷九亦有廣說，兩者之意義相同。所以，〈十地品〉之實際內容，在《成唯識論》中，爲五位之第三、四階位之通達位與修習位，主要詮釋十地菩薩之修行。

　　〈十地品〉之十地，每地皆有入地心、住地心、出地心；而通達位與修習位，包括十地之三心，亦即通達位爲初地之入心，修習位是從初地之住心至十地之出心，皆屬於修習位。〈十地品〉之見道位爲初地之入心，相當於法相宗之通達位，於通達位時能觀的無分別智，與所觀之境皆無所得，此時稱爲安住於唯識之實性，遠離了能取、所取之相。在第一章第三節之「法相宗」，曾論及唯識五位之通達位與〈十地品〉之見道位有關，指「善選擇觀察大智光明巧莊嚴故」。見道位又分爲眞見道、相見道，其中「大智」即眞見道，爲根本無分別智；「巧莊嚴」即相見道，爲後得智。澄觀將此二見道，依據《成唯識論》卷九來說明：眞見道，即無分別智，能頓證我法二空所顯示的眞理，以及頓除分別煩惱障、分別所知障的種子。相見道又分爲二：觀非安立諦，即觀二空眞如，爲三心相見道，下品心內遣有情假緣智（斷我執），中品心內遣諸法假緣智（斷法執），上品心遍遣一切有情諸法假緣智（斷我法二執）；觀安立諦，即觀四聖差別，爲十六心相見道，即苦、集、滅、道之每一諦各有四心，法智忍、法智、類智忍、類智。〔註29〕

　　〈十地品〉之修道位，相當於法相宗之修習位，主要說明修十勝行、斷十重障、證十眞如，而證得二種轉依。然而在《華嚴經‧十地品》的經文中，只有修十勝行；在《十地經論》只有修十勝行、斷十重障；在法藏、澄觀的注疏中，引用唯識學之觀點，包括修十勝行、斷十重障、證十眞如三部分。《演義鈔》也引用《成唯識論》來說明修道位：「疏：會經文言修道者，唯識頌曰：『無得不思議，是出世間智，捨二麁重故，便證得轉依。』釋論曰：菩薩從前見道起已，爲斷餘障，證得轉依，復數修習無分別智。離能所取，故說無得及不思議；或離戲論，說爲無得，妙用難測，名不思議。」〔註30〕菩薩在見道位已斷除了分別二障的種子，修道位則制伏及斷除俱生二障的現行及種

〔註29〕參見《演義鈔》卷53，《大正藏》冊36，頁417下～418上。
〔註30〕《演義鈔》卷52，《大正藏》冊36，頁413中。

子，還要多次地修習無分別智，以及證得轉依。無分別智屬於出世間智，已
離能取之識、所取之境，故稱「無得」、「不可思議」；或者是由於遠離戲論，
說爲「無得」，妙用難測，說爲「不思議」。

表 9-4：十地修道位之修行內容

十地	十勝行	十重障	二十愚	十眞如
歡喜地	布施	異生性障	執著我法愚	遍行眞如
			惡趣雜染愚	
離垢地	持戒	邪行障	微細誤犯愚	最勝眞如
			種種業趣愚	
發光地	忍辱	闇鈍障	欲貪愚	勝流眞如
			圓滿（聞持）陀羅尼愚	
焰慧地	精進	微細煩惱現行障	等至愛愚	無攝受眞如
			法愛愚	
難勝地	禪定	於下乘般涅槃障	純作意背生死愚	類無（差）別眞如
			純作意向涅槃愚	
現前地	般若	麁相現行障	現觀察行流轉愚	無染淨眞如
			相多現行愚	
遠行地	方便	細相現行障	細相現行愚	法無（差）別眞如
			純作意求無相愚	
不動地	願	無相中作加行障	於無相作功用愚	不增減眞如
			於相自在愚	
善慧地	力	利他中不欲行障	於無量所說法、無量名句字、後後慧辯陀羅尼自在愚	智自在所依眞如
			辯才自在愚	
法雲地	智	於諸法中未得自在障	大神通愚	業自在等所依眞如
			悟入微細祕密愚	

在十地的修習位，多次地修習無分別智，捨棄了二障種子，證得轉依。
何謂轉依呢？根據《成唯識論》的說法，有二義：（一）「依」謂所依，即依

他起性，乃染淨法之所依；「轉」乃轉捨依他起性上之遍計所執性，而轉得依他起性中之圓成實性。亦即轉捨煩惱、所知二障，而證得大涅槃、無上覺。

（二）「依」即是唯識真如，爲生死與涅槃之所依。愚夫顛倒，迷於真如，故無始劫來受生死苦；聖人遠離顛倒，悟此真如，故得涅槃與安樂。〔註31〕此頌之本意，即是通過二轉依之轉變而證得唯識性，到了究竟位才證得二種轉依。澄觀大量吸收玄奘所翻譯的唯識論書來解釋十地，可見《華嚴經疏‧十地品》對於菩薩修行階位中縱向次第性之行布門的解釋，運用五教中始教之相始教的唯識學來詮釋，與唯識學大致相同；但橫向圓融門之一位中具足一切位，其境界則與唯識學大相逕庭。

澄觀除了依據法相宗之說法外，又依據南道派慧遠之說法。在第五、六、七章之第二節，遠離煩惱障、所知障、體障及治想，即是二障。初至三地，名爲世間，斷煩惱障；四地以上，名爲出世間，斷除智障。其中世間斷煩惱障，是依據《十地經論》之說法：初地斷除凡夫我相障，即是見一處住地；第二地斷除邪行於眾生身等障，即是欲愛、色愛、有愛三種住地；第三地斷除闇相於聞思修等諸法忘障，即是無明住地。出世間斷智障，智障又分爲三：智障、體障、治想。四至七地，斷除智障；入第八地，斷除體障；八地以上，至如來地，斷除治想。〔註32〕所以，法相宗與南道派慧遠之說法雖不相同，但不出二障種子。菩薩於修習位勇猛修十勝行、斷十重障、證十真如，而斷除二障種子，證得二轉依。究竟位，於第十地的滿心、金剛喻定現前時，永斷微細之所知障及任運煩惱障之種子，入如來地，證得大涅槃與大菩提之二種轉依妙果。

法藏與澄觀二位祖師，對於法雲地之後的等覺、妙覺二心之說法有所不同。六十《華嚴‧十明品》，相當於八十《華嚴‧十通品》，由於六十《華嚴》缺少〈十定品〉，故它是〈十地品〉之後的一品。法藏於《探玄記‧十明品》云：「古人亦有配等覺妙覺，依此經中不辨斯義，況前法雲地終心已顯等覺之義。」〔註33〕法藏將如來一代聖教歸爲五類，即五教判，其中終教爲四十一位，與唯識宗四十一位相同，皆將「等覺位」包含於第十地法雲地圓滿成就之時，所以法雲地之終心包含等覺之義，不另立等覺位。

〔註31〕參見《成唯識論》卷9，《大正藏》冊31，頁51上。
〔註32〕參見《大乘義章》卷5，《大正藏》冊44，頁563下～564上。
〔註33〕《探玄記》卷15，《大正藏》冊35，頁380上。

　　諸部經論對於等覺、妙覺之開合有所不同,如《仁王經》不立等覺位,《瓔珞經》立等覺位。澄觀之注疏偏向於「開」,而立等覺位,故相較於法藏之終教四十一階位,澄觀則更改為四十二階位。《演義鈔·十定品》云:「於十地後起金剛喻定,一刹那中,名為等覺;第二刹那,為妙覺也。」〔註34〕澄觀乃是依據《瑜伽師地論》的說法,十地後生起金剛喻定有二刹那,第一刹那名為等覺,第二刹那名為妙覺。〔註35〕此外,澄觀於其《新譯華嚴經七處九會頌釋章》亦云:「問曰:『約位有六:一、資糧位;二、加行位;三、見道位;四、修道位;五、等覺位;六、妙覺位。如上諸位,與此六位,相攝云何?』答曰:『地前所有三十心中,前二十九心全,第三十少分,屬資糧攝;三十少分,屬加行攝;於初地中,有入住滿,入位屬見;住滿以上,屬修道攝;金剛心中有二刹那,無間道位,屬等覺位;解脫道位,屬妙覺位。」〔註36〕澄觀將八十《華嚴》分為六位,亦即比唯識宗或法藏的終教多了等覺位,所以共有四十二階位。

三、如來藏與唯心思想

　　在第一章第三節曾探討澄觀除了與八大宗派交涉外,亦曾學習《起信論疏》。《大乘起信論》屬於如來藏系統,其核心思想是「一心開二門」,澄觀在《心要法門》中,就曾使用「一心開二門」來探討一心,以及在詮釋「唯心」及「佛性」時,也大量引用《大乘起信論》的觀點。

　　在第八章第四節「澄觀的唯心」中,亦引用了《大乘起信論》的「一心開二門」之思想。首先,「相應心、不相應心」中,澄觀提出「言三界虛妄,但一心作,是相應心,今依法性,故云第一義心,以為能作」,澄觀將一心分為二門,相當於《大乘起信論》之一心開二門,一心包括真如門、生滅門。前者是清淨,後者是染污;前者是出世間法,後者是世間法。澄觀認為法性宗比法相宗的「三界唯心」更為殊勝:法性宗之三界唯心轉之「轉」,具有起作(能作)義,及轉變義。所以法性宗之第一義心隨緣而有,即為能作的一心,是站在「能」的立場;三界所有之心境,皆通所作,是站在「所」的立

〔註34〕《演義鈔》卷73,《大正藏》冊36,頁581上。
〔註35〕《瑜伽師地論》卷50云:「爾時無師修三十七菩提分法,得一刹那,名無障礙智三摩地,是其菩薩學道所攝金剛喻定。從此無間第二刹那,頓得其餘不共佛法,謂如來十力為初,一切種妙智為後,皆極清淨,悉為無上。」《大正藏》冊30,頁574中。
〔註36〕《新譯華嚴經七處九會頌釋章》,《大正藏》冊36,頁716下。

場。由以上相應心、不相應心之說明，澄觀是將三界唯心的一心，解釋爲自性清淨心，而從法相宗的立場，轉移至法性宗的立場。

其次，法藏之「十重唯識」是立於法相宗的立場，澄觀更改爲「十重一心」則是立於法性宗的立場，故兩者的立場不同。茲說明澄觀的「十重一心」如下：（一）十重一心，強調「能作的一心」。（二）在判教中，十重一心爲同教義，又分爲同實、同頓二義，即同於終教、頓教，以終、頓二教及別教中之一性一相之教義爲同教。（三）十門中，五、六、七門之終頓教，及後三門之圓教義，皆以如來藏之清淨心爲唯一心體，亦即以「法性宗」的能作的一心，爲如來藏清淨心。（四）十門中，澄觀增加「假說一心」，而減少了法藏的「轉眞成事」的目的，是爲了配合華嚴判教的五教，以及四法界的次第。（五）澄觀之後三門，爲圓教中的不共教，是唯心所現，法性融通。（六）澄觀第八、九門爲「心性」、「性」，代替了法藏的「理性」、「理」，顯示其對於「一心」的宣揚。（七）澄觀以性起門趣入爲主，一切萬象即是一心（總該萬有一心），以所自爲主。（八）澄觀之十門，是站在觀的立場，義解即是觀行，或教理即是觀行。（九）第十門「帝網無礙故說一心」，澄觀是以如來藏自性清淨心爲圓教的一心：「謂一中有一切，彼一切中復有一切，重重無盡，皆以心識如來藏性圓融無盡故。」〔註37〕

在第七章第二節「無生忍淨」中，曾論及八地的無分別智，就像入於《大乘起信論》之離念相：「所言覺義者，謂心體離念。離念相者，等虛空界，無所不遍。法界一相，即是如來平等法身，依此法身說名本覺。」心體靈知不昧，是指吾人之本覺眞心，具有靈明之覺知，明白不晦暗，表示心之究極是自覺的狀態，故它是非空非有，不生不滅的。所以，八地的無分別智，相當於《大乘起信論》的心體靈知不昧，具足如來的平等法身。

在第七章第四節「心稠林」八相中，澄觀也使用了《勝鬘經》的空如來藏與不空如來藏的觀念，以說明九地菩薩了知眾生之心有種種相狀：心之前四相，是心之空性，如來藏中煩惱爲空，爲空如來藏；心之後四相，是心之不空性，如來藏與煩惱不離、不脫、不異，爲不空如來藏。

四、六相圓融之運用

世親在闡釋《十地經論》時，就對初地十句提出一個凡例，即用「六相」

〔註37〕《華嚴經疏》卷40，《大正藏》冊35，頁807上。

來說明每一種十句的關係，以及理解每一種十句的內容。法藏、澄觀亦承襲
《十地經論》的說法，所以對於〈十地品〉之十句，皆以六相來詮釋，今舉
一例說明如下：

《華嚴經》云：「佛子！若有眾生深種善根，善修諸行，善集助道，善供
養諸佛，善集白淨法，爲善知識善攝，善清淨深心，立廣大志，生廣大解，
慈悲現前。」〔註38〕以上十句爲明住分之「依何身」，初「佛子」下，爲總；
餘「善修諸行」下，爲別。別有九種集：前六護煩惱行，後三護二乘行。前
六護煩惱行，即增上三學：初戒，次定，餘四是慧；後三護二乘行，即初二
護二乘心，後一護二乘行。〔註39〕依何身十句中，「已知總別，集爲同相，戒
等異相，略說爲成，廣說爲壞，如上具明。」〔註40〕換言之，〈十地品〉之總
句爲「深種善根」，《十地經》爲「厚集善根」，即統括諸行成一厚集，爲總相；
其餘九種集爲別相；九種集皆有集義，是爲同相；戒定慧三學、護二乘心、
護二乘行等爲別名，是異相；略說是成相，攬九種集以成一相；廣說是壞相，
分一厚集作九種集，九種集外無一相，九種集各住自相不相成。

所以，〈十地品〉之十句，皆有六種差別相，但於下文中，就不一一列舉
六相，只約總相、別相爲代表。例如：第二爲何義者，爲求佛果。先別顯求
果之相，後佛子下，總結發心。今初十句：初總，餘別。〔註41〕第三以何因
生如是心，意云：何因求大菩提？謂以大悲，爲眾生故。十句中初總，餘
別。〔註42〕

在第二章第五節「六相說」，法藏與澄觀對於六相圓融之說法，皆是導歸
於事事無礙，但其趣入的方式有所不同。法藏其教學體系是立基於事事無礙
緣起門的立場，澄觀則是先引用慧遠之理事無礙，再趣入法藏之事事無礙，
是別有用心，而非只停留在理事無礙之終教立場。

在第三章第三節「宗趣」中，〈十地品〉的宗趣，法藏與澄觀相同的部分
只有「正明宗趣」的別說十義。別說十義中，兩位祖師最大的差異是第十
義，法藏是「約報，現十王事相」，澄觀則更改爲「攝要，謂六決定」，其
更改的原因，是爲了配合整體的討論，皆集中於「六相圓融」。其餘的二部

〔註38〕八十《華嚴》卷34，《大正藏》冊10，頁181上。
〔註39〕《華嚴經疏》卷33，《大正藏》冊35，頁757上。
〔註40〕《華嚴經疏》卷33，《大正藏》冊35，頁757中。
〔註41〕《華嚴經疏》卷33，《大正藏》冊35，頁757中。
〔註42〕《華嚴經疏》卷33，《大正藏》冊35，頁757下。

分：「別示體性」、「問答料揀」，則是澄觀之發揮，更多著墨於行布圓融二門的融通，主要目的是為了詮釋世親《十地經論》的「六相圓融」，總、同、成三相屬圓融門，與別、異、壞三相屬行布門，是圓融不礙行布，行布不礙圓融。

在第三章第四節「本分」中，本分是進入說法的前行階段，略示十地之綱要共三部分：以六決定為地體、列舉十地的名稱、十方諸佛皆讚歎十地法門的殊勝，本文是將重心放在六決定。六決定，亦即六種善的決定，是初地以上菩薩所發的菩提心，亦即所發的本願，它是十地之本體，也是十地的核心要義。在〈十地品〉或《十地經》的原文中，只有「善決定」，並沒有六種善決定，世親則將「無雜」、「不可見」、「廣大如法界」、「究竟如虛空，盡未來際」、「覆護一切眾生界」、「入一切諸佛智地」等六項，詮釋為六成就。六決定，即〈十地品〉宗趣之別示十體之「隨要體」，以六決定為體，也是別說十義第十義「攝要」的六決定之體。《十地經論》之六決定，其最終的目的是為了導歸六相圓融。

綜上所述，於〈十地品〉之「宗趣」中，可看出澄觀比法藏更加關注六相圓融之問題，他將宗趣分為正明宗趣、別示體性、問答料揀等三部部分，更多著墨於「六相圓融」，其主要的目的是為了彰顯〈十地品〉的宗趣為「地前顯圓融，地上彰行布」，顯示華嚴宗別教一乘的殊勝，是六相圓融的事事無礙法界。

五、採取大乘之戒律觀

澄觀的生平可分為四個階段，其中第二階段為遊學時期，是二十歲至三十八歲期間，總共參訪了五個宗派，第一個參訪的宗派即是律宗。澄觀之一生，學習了道宣的南山宗、法礪的相部宗，又宣講南山律，且發十種弘誓，一生嚴持戒律，可見其對戒學的重視。

律宗將戒分為戒法、戒體、戒行、戒相四科，其中《四分律》三家之分歧主要在戒體論。法礪之相部宗，唱非色非心戒體論；懷素之東塔宗，唱色法戒體論；道宣之南山宗，於《四分律》之當分，立非色非心之戒體，但《四分律》分通大乘，以唯識之阿賴耶識所藏的種子為戒體，唱導心法戒體論。所以相對於小乘之色法戒體、非色非心法戒體，道宣所唱導的心法戒體論，為大乘戒體。

《華嚴經·十地品》二地離垢地，主要探討攝律儀戒、攝善法戒、攝眾

生戒之三聚淨戒，皆與戒律有關，所以二地被視爲華嚴學之戒律觀。攝律儀戒之遠離十惡業，亦即以十善戒爲內容，在原始佛教時期爲小乘戒，是人天善法，亦是世間倫理的根本，更是佛教七眾的別解脫戒。到了初期大乘佛教時期，十善的地位提升了，在〈十地品〉中，十善爲出世間十地菩薩的菩薩戒，也是華嚴的基本戒，通於在家與出家。根據一般的說法，攝律儀戒著重在防非止惡，是消極的止持戒，但澄觀又依據《百論》、《十地經論義記》的說法，提出「律儀通於止作」。這二種說法中，澄觀所批判的是《百論》之「惡止善行法」，使得攝律儀戒與攝善法戒難以區分。澄觀基本上是認同慧遠之攝律儀戒具有「隱顯相成」義，通於止作，即是止行與作行，稱爲「舉作助止」，亦即以止持爲主，作持爲輔。但是攝律儀戒之正義只是消極的止持戒，故仍然依傳統的方式來詮釋〈十地品〉之經文，助成別相。

澄觀在詮釋二地之性戒時，提出了大乘戒體說，以心法爲戒體，也就是眾生本具之清淨本性，於受戒時領納於心，具有防非止惡的功能，可說是承襲道宣心法戒體論的正顯，戒體是一種能領受戒法的心理狀態。所以，澄觀之戒體觀是持戒而證得最勝眞如，遠離犯戒垢。

綜觀澄觀一生嚴持戒律，並曾發十誓以自勵，但其戒律觀異於一般傳統的刻板印象，而是活活潑潑的，從其認同慧遠之攝律儀戒具有「隱顯相成」義就可看出。攝律儀戒爲消極的止持戒，還要配合積極的作持戒；攝善法戒爲積極的作持戒，亦配合消極的止持戒，兩者是相輔相成的。此外，澄觀對於戒律觀亦導歸於大乘戒，他曾學習了小乘的相部宗、大乘的南山宗，但對於戒體的詮釋是以南山宗的心法戒體之大乘戒爲主。

六、融通大小乘禪法

姚秦時期，佛教的禪法基本上是鳩摩羅什和覺賢二家，都講小乘「五門禪法」，但羅什僧團融入了大乘的般若思想，而覺賢僧團融入了大乘的唯心思想，可見當時兩個禪宗僧團，都興起了大小乘融合的學風。天台宗的先驅者慧思，處於大乘思想興起之初，其禪觀著作使用許多小乘禪法之名稱，但以大乘經論來詮釋其禪觀內容。可見慧思的禪觀思想，是大小乘融通，但主要精神是以大乘爲主。澄觀延續了此種說法，雖然三地之八定亦是小乘禪法的名稱，但他依據八十《華嚴》之「經文七相」，再配合《瑜伽師地論》的修行八定有七種作意，正修行因、七相之前四相，配合五種作意，通貫八定；加行究竟作意、加行究竟果作意，貫串八定。以及依般若思想的第一義諦的角

度，略示四空之義，而入於諸法實相觀。澄觀將小乘禪法，以大乘經論來闡釋，其主要用意是爲了融通大小乘，突顯此非小乘的禪定，與小乘禪法做了區隔。

以上從六個面向來詮釋澄觀《華嚴經疏‧十地品》思想的特色，使原本具有濃厚阿毘達磨氣息的〈十地品〉，如二地的「十善業道」、六地的「十二緣起」，〔註43〕一掃小乘之陰霾，而展現了大乘菩薩道的十地思想。綜觀澄觀之思想特色有二，一爲大乘菩薩思想的開展，另一則爲會通、融通等圓融思想。

第二節　《華嚴經疏‧十地品》注疏之特色

《華嚴經疏‧十地品》之釋經方式主要包括承襲與開展兩部分，承襲部分是澄觀注疏中，主要參考世親《十地經論》、法藏《探玄記‧十地品》爲主，而以慧遠《十地經論義記》、智儼《搜玄記‧十地品》爲輔。開展部分，則是澄觀《華嚴經疏‧十地品》異於世親、法藏的部分，經過第五至七章「十地菩薩之修行特色」討論之後，發現三個版本相異部分不勝枚舉，無法一一列舉，故將其注疏較獨特之創見，歸納爲注疏之特色，共五項，說明如下：

一、視野更寬廣

初地遠離五怖畏中，世親將五怖畏歸納爲二因：邪智、妄取想、見愛著故；善根微少故。法藏進一步詮釋爲初是三畏因，後是二畏因，爲別說；澄觀又增加了通說，二因通五怖畏，顯現其對於義理的詮釋更加的圓融與無礙。

十波羅蜜中，澄觀異於《十地經論》、《探玄記》之處，是將其意義擴大爲三門：傳統的別地門，又增加了增勝門、圓修門。初門爲別地門，也就是每一地皆有一種波羅蜜較爲殊勝；第二門爲增勝門，一地比一地更爲增上，初地只有布施，二地則爲持戒加布施二度，以此類推十地則有十度圓滿；第三門爲圓修門，於每一地中，都能圓修十種波羅蜜。

二地遠離十惡業中，不邪婬之「果行離」分麁細二種，細是指以細況麁，

〔註43〕參見釋印順：《初期大乘佛教之起源與開展》，頁 1090～1091。

又有二種:《十地經論》只有一種,不生染心,況於正道從事;澄觀增加了一種,不生染心及正道,何況非道。「非道」具有二義:雖是夫妻,亦須避免口道、大便道等非處行婬;與一切鬼神、畜生等非人類而行婬。《十地經論》之「非道」只有前義,不具後義。

五地「勤修四諦」中,在四諦實法分別中,《十地經論》、《探玄記》只有諦實之義,澄觀則增加了審諦之義,其中的諦實之義共通於凡夫、聖人,審諦之義則只局於聖人,可見澄觀之注疏又有所突破與創新。

六地「遠離染淨慢──十種平等法對治」中,澄觀異於《十地經論》、法藏之處,即是增加了七平等以無遣有,分爲四意來說明:四諦、十二緣觀是約二乘,三性、五法是約大乘的面向,予以遣除大小乘有爲法之執著,而達到一切法平等。

八地之無生忍,澄觀異於《十地經論》、法藏之處,即是他將無生忍分爲約法、約行二種。正明無生忍,即是從法的角度說明,通於前七地;無生忍淨,即是從行的角度說明,要到八地才能證成。八地之佛身論,智儼強調修因感果的關係,故以行境十佛爲主,於行境十佛提出十身即三身;法藏則以十身具足之毘盧遮那佛爲教主,爲了顯示重重無盡法門,以解境十佛爲主,又兼及果德圓滿的行境十佛,於解境十佛提出十身即三身;至於澄觀,提出了「融三世間十身」、「佛上自有十身」二種十身,將二種十身並列爲毘盧遮那佛的法身,於「融三世間十身」、「佛上自有十身」皆提出十身即三身,澄觀將二種十身皆列爲法身,其佛身論更加寬廣。

九地「遠離四無礙障」,修習十法來對治,澄觀除了依據《十地經論》的說法,分爲二對自利、利他,又增加了二種說法:前二句皆爲自利;十句皆通自利、利他,於理無失。九地之四無礙智,是否通於大小乘的問題,澄觀雖然依據慧遠之說法,但於別論中有所抉擇:通而論之,大小乘皆具;別而論之,則主要採取《涅槃經》的說法,「大乘有、小乘無」,四無礙智,唯局於大乘,聲聞、緣覺之小乘,不具四無礙智。

二、文義完整性

初地「勤修十大願」,將一願分爲四義,可看出澄觀之注疏注重文義的完整性。在《十地經論》之六種大,以及法藏之七種大＝三義,皆只有四義中之「顯願行相、彰願德能」二義,故尚有缺失;澄觀是依據經文之文脈來分

類，不局限於前人之說法，而將每一願以四義來詮釋，增加了起首的「總標起願」，以及結尾的「明願分齊」二義，使其完整的表達整句的意義。

初地「十大願」之第二願「受持願」，《十地經》之經文只有三句，六十《華嚴‧十地品》之經文有四句，但法藏卻依據《十地經論》之解釋為三句；八十《華嚴‧十地品》則有四句。《十地經論》只有三成就，澄觀為了配合四句，以義添加為四成就：法輪不斷成就、證智成就、修行成就、入理成就。

四地「遠離解法慢——十智對治」中，在分別說智中，澄觀與法藏之差異，即「觀生死涅槃」，法藏只有第一義染淨法，是約《十地經論》的說法，觀生死即集諦，觀涅槃即滅諦；澄觀則多了第二義淨法，是約〈十地品〉的說法，生死涅槃雙觀苦滅是滅諦。澄觀以〈十地品〉、《十地經論》二種說法互相配合，其文義更加完整。

五地「勤修四諦」中，十觀門化生差別，法藏依據《十地經論》及慧遠的說法，澄觀亦承襲之，分為四門：制立、開合、對實法以明通別、正釋文。其中法藏與澄觀最大的差異，是在第三門「對實法以明通別」，法藏是依據慧遠之說法，此十觀門，若要區分通別，十門於四諦一一皆通，第十門所成唯一大乘，故為別。澄觀則為前五門通觀四諦，次四門個別觀四諦，第十門可有通、別二名。澄觀應是鑑於慧遠、法藏對於通別觀念之混淆不清，故重新詮釋，予以定義。

八地「遠離心意識分別想」之「自性無生」，《十地經》、法藏只有遮詮「非有有性」，澄觀則依〈十地品〉而增加了顯詮「無性為性」，他認為以遮詮、顯詮二方式會合二經，文義才完整。八地之「七勸」，《探玄記》採用慧遠之說法，七勸攝以為二：前六舉多未作，轉其住心；後一明其少作能成，增其去心。澄觀則與慧遠、法藏之意見相左，提出七勸皆含轉住、增去二者，並非只具其一，如初勸勿復放捨，即是轉住，令勤精進，即是增去，其餘六勸亦是如此。八地「眾生世間自在行」，法藏與澄觀皆分為三分，其內容是相同的，只是將《十地經論》之「彼行化眾生，身心自同事，自身心等分示現」之解讀方式不同而有所差異。若從身心自同事、身心等分示現之詞語來說，此二個詞語皆包括身、心兩部分，澄觀將身心自同事，分為化同物身、化應物心，已包括身心；自身心等分示現，則有「若身若心無偏頓應故」，所以澄觀之詮釋應較為合理。

三、注重系統性

澄觀注疏的特色之一為「注重系統性」，包括歸納法、簡捷性、名稱的設立、對應關係。

（一）歸納法。十地六門中，澄觀雖承襲法藏的思想，但更具有系統性，引用的經論主要的是唯識論書，而且以玄奘所翻譯的著作為主。二地遠離十惡業中，不貪欲之「對治離」，《十地經論》、法藏皆分為事、體、差別三種，但澄觀又將其歸納為意業具五緣成業道。三、四地之釋名，法藏於詮釋三、四地之釋名中，皆引用了諸部經論的說法，但都沒有分類與具體的說明；澄觀則較具系統性，將其釋名歸納為入地、地中、地滿三義。四地勤修三十七菩提分，澄觀依據《雜集論》五門立菩提分法，將三十七菩提分為七類，每一類平等無差別地皆由五門而得建立。

（二）簡捷性。初地「十大願」之第六、七願，澄觀則將複雜的分類或義理，予以簡單化。第六願「承事願」，法藏與澄觀的分類其實是相同，但澄觀的分類則顯得更簡單、直捷；第七願「淨土願」，詳備須具七淨，但約總顯立意，只要略具三淨，自他受用及變化土，皆悉具足，即能攝於淨土。二地「聲聞十善」中，《十地經論》、法藏之說法，智慧觀是實相觀，指四諦之理，卻沒有直接說明聲聞十乘是屬於道滅二諦，澄觀之說法則簡捷易懂，直接說明聲聞乘是四諦中的道滅二諦。六地「勤修十二因緣」中，法藏添增了直釋經文「十門次第解釋」一重，總成二百四十門分別緣生法。澄觀則認為直釋經文，並無別觀，只須依《十地經論》之三觀解釋即可，而不採取法藏之依經別釋一門，故只有一百八十重觀緣起，更加簡捷。

（三）名稱的設立。六地「十二支義門分別」，是指十二支在性質上的差別，總共有十七門，但《成唯識論》並沒有具體名稱，澄觀在《演義鈔》分別為其立名，於《華嚴經疏》引用了三門：惑苦相攝門、四諦門、三苦門。八地之「七勸」，慧遠、智儼、法藏雖有「七勸」之名，但每一勸皆沒有具體的名稱，像法藏則以第一勸、第二勸等表示，到了澄觀則為七勸立名，增加了七勸之總名及具體名稱。

（四）對應關係。二地遠離十惡業中，澄觀將離惡口「對治離」之十種善語，對治「果行離」之十五種麁惡之語。四地勤修三十七菩提分，「對治顛倒道即四念處」等七類，即是對應關係。

四、修行次第性

關於世尊說《華嚴經》的時間，澄觀有三種詮釋方式，其中第一種「約不壞前後相說」，係採菩提流支的說法，但對於第九會又有所修正，唐譯《華嚴》九處中，前五會爲初七日之說法，第六、七、八等三會爲第二七日之說法，第九會〈入法界品〉則爲後時之說法。澄觀將《華嚴經》之九會分爲三階段，主要說明世尊說《華嚴經》仍有次第性，它是由淺至深循序漸進，讓學人悟入華藏大海。

二地遠離十惡業之方法，因眾生根器有所不同，凡夫爲要期離，二乘爲方便離，菩薩爲自體離。十惡業中，對於不綺語「對治離」之八語，以總別來表示，別中三語具有修行之次第關係：教化生信→教授生解→教誡成行之三階段。人天十善所招感的果報，《十地經論》與法藏皆未說明，澄觀則將其分爲下中上三品，下品往生爲人，中品往生六欲天，上品往生色界、無色界天；又可從三時之心、境之勝劣、心之輕重、自作教他等四重來說明。

四地勤修三十七菩提分，亦有二處顯示修行之次第性：七類可貫串爲四善根、見道位、修道位，突顯修行的次第關係；七類運用譬喻法，以樹來譬喻道品，先有種子，再經過種植過程，一直到開花結果的七個階段，是有次第且由淺而深循序漸進。

五、能所之運用

說法主金剛藏之「藏」是堅義，又有能藏、所藏之別：「能藏」，以樹藏爲喻，如樹心堅密，能生長枝葉華實，地智亦爾，能生因果；「所藏」，以子孕在胎藏爲喻，善業所持，堅不可壞，而得生長。法藏對於「藏」之詮釋，也是以樹藏、如孕在藏二喻來說明，但其「藏」義，爲堅、能破二義，而不是以能所來解釋。

二地之十善十惡中，法藏只區分所治爲十惡，能治爲五重；澄觀則有所不同，不善是所治，十善業通能所治，五重十善中，若隨相而觀則人天十善是所治，其餘四種十善是能治。

三地發光地的釋名，澄觀將其歸納爲三義：一、入地釋，以初住地十種淨心爲能發，勝定、聞持爲所發光。二、地中釋，以聞持爲能發，勝定爲所發。三、地滿釋，以勝定、總持爲能發，四地證光明相爲所發。三地之釋名，澄觀使用能所來釋義，能所的用法又能活潑的運用，以十淨心爲能發，證光明相爲所發，勝定、聞持通能所發。

　　五地的「十種平等清淨心」與六地的「觀察十平等法」，主要有三項差異，亦即六地比五地殊勝有三項：一、所治通局；二、能所前後；三、能治通局。五地與六地平等之差異中，法藏只有第一義，只約所治通局之染淨法的平等，澄觀則增加了能所前後之觀法、能治通局之理事二義，可見其思維更加縝密與寬廣。

　　以上從五個面向來詮釋澄觀《華嚴經疏·十地品》注疏之特色，「視野更寬廣」可看出其特殊的創見，「文義完整性」則展現注疏的內容更加完整，「注重系統性」顯示注疏更具有條理，「修行次第性」說明注疏重視修行的順序，「能所的運用」包括相對的概念與相即不離的關係。

參考書目

一、古代典籍（依時代先後順序排列）

1. 後漢・支婁迦讖譯，《佛説兜沙經》，《大正藏》冊 10。
2. 後漢・嚴佛調譯，《佛説菩薩內習六波羅蜜經》，《大正藏》冊 17。
3. 後漢・竺大力共康孟詳譯，《修行本起經》，《大正藏》冊 3。
4. 吳・支謙譯，《太子瑞應本起經》，《大正藏》冊 3。
5. 吳・支謙譯，《大明度經》，《大正藏》冊 8。
6. 吳・支謙譯，《佛説菩薩本業經》，《大正藏》冊 10。
7. 西晉・竺法護譯，《普曜經》，《大正藏》冊 3。
8. 西晉・竺法護譯，《菩薩十住行道品》，《大正藏》冊 10。
9. 西晉・竺法護譯，《漸備一切智德經》，《大正藏》冊 10。
10. 西晉・無羅叉譯，《放光般若經》，《大正藏》冊 8。
11. 東晉・祇多蜜譯，《佛説菩薩十住經》，《大正藏》冊 10。
12. 姚秦・竺佛念譯，《最勝問菩薩十住除垢斷結經》，《大正藏》冊 10。
13. 姚秦・竺佛念譯，《菩薩瓔珞本業經》，《大正藏》冊 24。
14. 東晉・僧伽提婆譯，《中阿含經》，《大正藏》冊 1。
15. 姚秦・鳩摩羅什譯，《金剛般若波羅蜜經》，《大正藏》冊 8。
16. 姚秦・鳩摩羅什譯，《摩訶般若波羅蜜經》，《大正藏》冊 8。
17. 姚秦・鳩摩羅什譯，《小品般若波羅蜜經》，《大正藏》冊 8。
18. 姚秦・鳩摩羅什譯，《佛説仁王般若波羅蜜經》，《大正藏》冊 8。
19. 姚秦・鳩摩羅什譯，《妙法蓮華經》，《大正藏》冊 9。
20. 姚秦・鳩摩羅什譯，《十住經》，《大正藏》冊 10。

21. 姚秦‧鳩摩羅什譯，《文殊師利問菩提經》，《大正藏》冊 14。

22. 姚秦‧鳩摩羅什譯，《佛說華手經》，《大正藏》冊 16。

23. 姚秦‧鳩摩羅什譯，《梵網經盧舍那佛說菩薩心地戒品梵網經》，《大正藏》冊 24。

24. 姚秦‧鳩摩羅什譯，《大智度論》，《大正藏》冊 25。

25. 姚秦‧鳩摩羅什譯，《十住毘婆沙論》，《大正藏》冊 26。

26. 姚秦‧鳩摩羅什譯，《中論》，《大正藏》冊 30。

27. 姚秦‧鳩摩羅什譯，《十二門論》，《大正藏》冊 30。

28. 東晉‧佛馱跋陀羅譯，《大方廣佛華嚴經》，《大正藏》冊 9。

29. 劉宋‧慧嚴等依泥洹經加之，南本《大般涅槃經》，《大正藏》冊 12。

30. 北涼‧曇無讖譯，《大方等大集經》，《大正藏》冊 13。

31. 北涼‧曇無讖譯，《菩薩地持經》，《大正藏》冊 30。

32. 北涼‧道泰等譯，《入大乘論》，《大正藏》冊 32。

33. 劉宋‧求那跋陀羅譯，《雜阿含經》，《大正藏》冊 2。

34. 劉宋‧求那跋陀羅譯，《過去現在因果經》，《大正藏》冊 3。

35. 劉宋‧求那跋陀羅譯，《勝鬘師子吼一乘大方便方廣經》，《大正藏》冊 12。

36. 梁‧僧祐撰，《出三藏記集》，《大正藏》冊 55。

37. 梁‧僧伽婆羅譯，《文殊師利問經》，《大正藏》冊 14。

38. 後魏‧菩提流支譯，《伽耶山頂經》，《大正藏》冊 14。

39. 後魏‧菩提流支譯，《入楞伽經》，《大正藏》冊 16。

40. 後魏‧菩提流支等譯，《十地經論》，《大正藏》冊 26。

41. 後魏‧佛陀扇多譯，《攝大乘論》，《大正藏》冊 31。

42. 後魏‧慧光述，《花嚴經義記》，《大正藏》冊 85。

43. 北周‧法上撰，《十地論義疏》，《大正藏》冊 85。

44. 陳‧真諦譯，《攝大乘論釋》，《大正藏》冊 31。

45. 陳‧真諦譯，《佛說立世阿毘曇論》，《大正藏》冊 32。

46. 陳‧真諦譯，《大乘起信論》，《大正藏》冊 32。

47. 隋‧淨影慧遠撰，《大乘義章》，《大正藏》冊 44。

48. 隋‧淨影慧遠撰，《十地經論義記》，《卍續藏》冊 45。

49. 隋‧智顗說，《仁王護國般若經疏》，《大正藏》冊 33。

50. 隋‧智顗說，《妙法蓮華經玄義》，《大正藏》冊 33。

51. 隋‧智顗說，《妙法蓮華經文句》，《大正藏》冊 34。

52. 隋・智顗撰，《五方便念佛門》，《大正藏》冊 36。

53. 隋・闍那崛多譯，《佛本行集經》，《大正藏》冊 3。

54. 隋・費長房撰，《歷代三寶紀》，《大正藏》冊 49。

55. 隋・吉藏撰，《仁王般若經疏》，《大正藏》冊 33。

56. 隋・吉藏撰，《百論疏》，《大正藏》冊 42。

57. 唐・波羅頗蜜多羅譯，《大乘莊嚴經論》，《大正藏》冊 31。

58. 唐・道宣述，《四分律刪繁補闕行事鈔》，《大正藏》冊 40。

59. 唐・道宣撰，《續高僧傳》，《大正藏》冊 50。

60. 唐・道宣撰，《集神州三寶感通錄》，《大正藏》冊 52。

61. 唐・道宣撰，《大唐內典錄》，《大正藏》冊 55。

62. 唐・玄奘詔譯，《大般若波羅蜜多經》，《大正藏》冊 5。

63. 唐・玄奘詔譯，《佛地經論》，《大正藏》冊 26。

64. 唐・玄奘詔譯，《阿毘達磨大毘婆沙論》，《大正藏》冊 27。

65. 唐・玄奘詔譯，《阿毘達磨俱舍論》，《大正藏》冊 29。

66. 唐・玄奘詔譯，《阿毘達磨順正理論》，《大正藏》冊 29。

67. 唐・玄奘詔譯，《瑜伽師地論》，《大正藏》冊 30。

68. 唐・玄奘詔譯，《成唯識論》，《大正藏》冊 31。

69. 唐・玄奘詔譯，《唯識二十論》，《大正藏》冊 31。

70. 唐・玄奘詔譯，《攝大乘論本》，《大正藏》冊 31。

71. 唐・玄奘詔譯，《攝大乘論釋》，《大正藏》冊 31。

72. 唐・玄奘詔譯，《大乘阿毘達磨雜集論》，《大正藏》冊 31。

73. 唐・玄奘譯，《大乘百法明門論》，《大正藏》冊 31。

74. 唐・玄奘詔譯，《大唐西域記》，《大正藏》冊 51。

75. 唐・智儼述，《大方廣佛華嚴經搜玄分齊通智方軌》，《大正藏》冊 35。

76. 唐・智儼集，《華嚴五十要問答》，《大正藏》冊 45。

77. 唐・智儼集，《華嚴經內章門等雜孔目章》，《大正藏》冊 45。

78. 唐・善導集記，《觀無量壽佛經疏》，《大正藏》冊 37。

79. 唐・圓測撰，《般若波羅蜜多心經贊》，《大正藏》冊 33。

80. 唐・菩提流志詔譯，《大寶積經》，《大正藏》冊 11。

81. 唐・窺基撰，《妙法蓮華經玄贊》，《大正藏》冊 34。

82. 唐・窺基撰，《成唯識論述記》，《大正藏》冊 43。

83. 唐・窺基撰，《成唯識論掌中樞要》，《大正藏》冊 43。

84. 唐・善無畏共一行譯，《大毘盧遮那成佛神變加持經》，《大正藏》冊 18。

85. 唐‧李通玄撰，《新華嚴經論》，《大正藏》冊 36。

86. 唐‧法藏述，《華嚴經探玄記》，《大正藏》冊 35。

87. 唐‧法藏撰，《花嚴經文義綱目》，《大正藏》冊 35。

88. 唐‧法藏述，《梵網經菩薩戒本疏》，《大正藏》冊 40。

89. 唐‧法藏述，《華嚴一乘教義分齊章》，《大正藏》冊 45。

90. 唐‧法藏述，《華嚴發菩提心章》，《大正藏》冊 45。

91. 唐‧法藏集，《華嚴經傳記》，《大正藏》冊 51。

92. 唐‧實叉難陀譯，《大方廣佛華嚴經》，《大正藏》冊 10。

93. 唐‧慧苑述，《續華嚴經略疏刊定記》，《卍續藏》冊 3。

94. 唐‧法海集記，《南宗頓教最上大乘摩訶般若波羅蜜經六祖惠能大師於韶州大梵寺施法壇經》，《大正藏》冊 48。

95. 唐‧智昇撰，《開元釋教錄》，《大正藏》冊 55。

96. 唐‧圓照撰，《貞元新定釋教目錄》，《大正藏》冊 55。

97. 唐‧不空詔譯，《仁王護國般若波羅蜜多經》，《大正藏》冊 8。

98. 唐‧趙遷撰，《大唐故大德贈司空大辨正廣智不空三藏行狀》，《大正藏》冊 50。

99. 唐‧湛然述，《法華文句記》，《大正藏》冊 34。

100. 唐‧湛然述，《止觀義例》，《大正藏》冊 46。

101. 唐‧般若譯，《大方廣佛華嚴經》，《大正藏》冊 10。

102. 唐‧慧琳撰，《一切經音義》，《大正藏》冊 54。

103. 唐‧澄觀撰，《大方廣佛華嚴經疏》，《大正藏》冊 35。

104. 唐‧澄觀述，《大方廣佛華嚴經隨疏演義鈔》，《大正藏》冊 36。

105. 唐‧澄觀撰述，《新譯華嚴經七處九會頌釋章》，《大正藏》冊 36。

106. 唐‧澄觀述，《華嚴經行願品疏》，《卍續藏》冊 5。

107. 唐‧澄觀撰述，《華嚴經疏鈔玄談》，《卍續藏》冊 5。

108. 唐‧澄觀述，《華嚴經疏鈔會本》，《乾隆藏》冊 132。

109. 唐‧宗密述，《華嚴經行願品疏鈔》，《卍續藏》冊 5。

110. 唐‧尸羅達摩譯，《佛說十地經》，《大正藏》冊 10。

111. 唐‧栖復集，《法華經玄贊要集》，《卍續藏》冊 34。

112. 北宋‧贊寧撰，《宋高僧傳》，《大正藏》冊 50。

113. 北宋‧元照述，《四分律刪補隨機羯磨疏濟緣記》，《卍續藏》冊 41。

114. 北宋‧延一重編，《廣清涼傳》，《大正藏》冊 51。

115. 南宋‧祖琇撰，《隆興佛教編年通論》，《卍續藏》冊 75。

116. 南宋・宗鑑集，《釋門正統》，《卍續藏》冊 75。

117. 南宋・元粹述，《天台四教儀備釋》，《卍續藏》冊 57。

118. 南宋・志磐撰，《佛祖統紀》，《大正藏》冊 49。

119. 元・念常集，《佛祖歷代通載》，《大正藏》冊 49。

120. 元・覺岸著，《釋氏稽古略》，《大正藏》冊 49。

121. 元・普瑞集，《華嚴懸談會玄記》，《卍續藏》冊 8。

122. 明・袾宏輯錄，《華嚴經感應略記》，《卍續藏》冊 77。

123. 明・侍者福善錄，通炯編輯，劉起相重校，《憨山老人夢遊集》，《卍續藏》冊 73。

124. 明・瞿汝稷撰，《指月錄》，《卍續藏》冊 83。

125. 明・朱時恩撰，《佛祖綱目》，《卍續藏》冊 85。

126. 清・續法輯，《法界宗五祖略記》，《卍續藏》冊 77。

127. 清・弘璧輯，《華嚴感應緣起傳》，《卍續藏》冊 77。

128. 高麗・義天錄，《新編諸宗教藏總錄》，《大正藏》冊 55。

129. 日・凝然述，《五教章通路記》，《大正藏》冊 72。

130. 日・鳳潭撰，《華嚴五教章匡眞鈔》，《大正藏》冊 73。

131. 《遊心法界記講辯》卷上，《日本大藏經》，華嚴宗章疏。

132. 《日本佛教全書》。

133. 《新修華嚴經疏鈔》，台北：華嚴編藏會，2003 年 12 月。

134. 南宋・朱熹，《詩集傳》，台北：學海出版社，2001 年 5 月。

135. 清・董誥等編：《全唐文》，北京：中華書局，1996 年 7 月。

二、現代專書（依作者姓名筆劃之順序排列）

（一）中文著作

1. 一玄：〈讀「華嚴經」記〉，張曼濤主編：《現代佛教學術叢刊》44，台北：大乘文化出版社，1978 年 7 月。

2. 丁敏：《佛教譬喻文學研究》，《中國佛教學術論典》106，高雄：佛光山文教基金會，2004 年 7 月。

3. 方立天：《法藏》，台北：東大圖書股份有限公司，1991 年 7 月。

4. 方立天：《隋唐佛教》，北京：中國人民大學出版社，2006 年 10 月。

5. 方東美：《中國大乘佛學》，台北：黎明文化事業股份有限公司，1984 年 7 月。

6. 王頌：《宋代華嚴思想研究》，北京：宗教文化出版社，2008 年 1 月。

7. 冉雲華：《宗密》，台北：東大圖書股份有限公司，1988 年 5 月。

8. 牟宗三：《佛性與般若》，台北：臺灣學生書局，1984 年 9 月。

9. 吳汝鈞：《佛學研究方法論》，台北：臺灣學生書局，1989 年 9 月。

10. 呂澂：《中國佛學源流略講》，台北：里仁書局，1985 年 1 月。

11. 呂澂：《呂澂佛學論著選集》，濟南：齊魯書社，1991 年。

12. 呂澂：《印度佛學思想概論》，台北：天華出版事業股份有限公司，2003 年 10 月。

13. 李世傑：〈澄觀華嚴判教及其思想的特質〉，張曼濤主編：《現代佛教學術叢刊》34，台北：大乘文化出版社，1978 年元月。

14. 李世傑：《華嚴哲學要義》，台北：佛教出版社，1990 年。

15. 李四龍：《天台智者研究——兼論宗派佛教的興起》，北京：北京大學出版社，2003 年。

16. 李玲：《華嚴十地修行體系》，北京：宗教文化出版社，2012 年 1 月。

17. 李清良：《中國闡釋學》，長沙：湖南師範大學出版社，2001 年。

18. 杜維運：《史學方法論》，台北：三民書局，1983 年 12 月。

19. 杜澤遜：《文獻學概要》，北京：中華書局，2005 年 7 月。

20. 周大璞：《訓詁學》，台北：洪葉文化事業有限公司，2000 年 6 月。

21. 周桂鈿：《中國哲學研究方法論》，太原：山西教育出版社，2006 年 7 月。

22. 林國良：《成唯識論直解》，上海：復旦大學出版社，2000 年 4 月。

23. 阿張蘭石：《Ψ-Ω0123：心靈華嚴——辯證互明的心靈學與圓融證悟次第體系》，台北：中華超心理學會，2011 年 12 月。

24. 胡民眾：〈澄觀及其佛學思想〉、〈澄觀佛學思想研究〉，《中國佛教學術論典》18，高雄：佛光山文教基金會，2004 年 4 月。

25. 英武：《華嚴宗簡說》，成都：巴蜀書社，2004 年 9 月。

26. 桑大鵬：《三種《華嚴》及其經典闡釋研究》，武漢：華中師範大學出版社，2007 年 6 月。

27. 高令印：《中國禪學通史》，北京：宗教文化出版社，2004 年 7 月。

28. 郭在貽：《訓詁學》，長沙市：湖南人民出版社，1986 年。

29. 麻天祥：《中國宗教哲學史》，北京：人民出版社，2006 年 7 月。

30. 勞政武：《戒律學原理》，《中國佛教學術論典》98，高雄：佛光山文教基金會，2004 年 4 月。

31. 湯用彤：《漢魏兩晉南北朝佛教史》，北京：昆侖出版社，2006 年 4 月。

32. 湯用彤：《隋唐佛教史稿》，南京：江蘇教育出版社，2007 年 4 月。

33. 黃俊威：《緣起的詮釋史》，中壢：圓光出版社，1996 年 9 月。

34. 黃慶萱：《修辭學》，台北：三民書局，2009 年 6 月。

35. 黃懺華：《中國佛教史》，台北：河洛圖書出版社，1974 年 12 月。

36. 楊政河：《華嚴哲學研究》，台北：慧炬出版社，1987 年 3 月。

37. 楊惠南：《吉藏》，台北：東大出版，1989 年 4 月。

38. 楊維中：《經典詮釋與中國佛學》，北京：宗教文化出版社，2006 年 8 月。

39. 楊維中：《唯識無境──佛教唯識觀》，北京：宗教文化出版社，2006 年 12 月。

40. 劉貴傑：《華嚴宗入門》，台北：東大圖書股份有限公司，2002 年 5 月。

41. 劉萬然：《十地經導讀》，台北：全佛文化事業有限公司，1999 年 5 月。

42. 蔡耀明：《佛教的研究方法與學術資訊》，台北：法鼓文化，2006 年 6 月。

43. 鄧克銘：《華嚴思想之心與法界》，台北：文津出版社有限公司，1997 年 7 月。

44. 賴永海主編：《中國佛教百科全書》4，上海：上海古籍出版社，2000 年 12 月。

45. 龜谷聖馨，河野法雲：〈中國華嚴宗發達史〉，張曼濤主編：《現代佛教學術叢刊》34，台北：大乘文化出版社，1978 年 11 月。

46. 韓廷傑：《成唯識論》，高雄：佛光文化事業有限公司，2005 年 10 月。

47. 韓煥忠：《華嚴判教論》，台北：空庭書苑有限公司，2008 年 12 月。

48. 韓鏡清：〈淨影八識義述〉，張曼濤主編：《現代佛教學術叢刊》26，台北：大乘文化出版社，1978 年 11 月。

49. 顏尚文：《隋唐佛教宗派研究》，台北：新文豐出版股份有限公司，1998 年。

50. 魏常海釋譯：《十地經論》，高雄：佛光文化事業有限公司，1997 年 6 月。

51. 魏道儒：《中國華嚴宗通史》，南京：江蘇古籍出版社，2001 年 5 月。

52. 釋日慧：《華嚴法海微波》，台北：慧炬出版社，2000 年 12 月。

53. 釋印順：《如來藏之研究》，台北：正聞出版社，1981 年。

54. 釋印順：《佛法是救世之光》，台北：正聞出版社，1987 年。

55. 釋印順：《攝大乘論講記》，台北：正聞出版社，1991 年。

56. 釋印順：《佛法概論》，台北：正聞出版社，1992 年 1 月。

57. 釋印順：《說一切有部為主的論書與論師之研究》，台北：正聞出版社，

1992 年 10 月。

58. 釋印順：《華雨集》，台北：正聞出版社，1993 年。

59. 釋印順：《印度佛教思想史》，台北：正聞出版社，1993 年 4 月。

60. 釋印順：《初期大乘佛教之起源與開展》，台北：正聞出版社，1994 年 7 月。

61. 釋印順：〈《大智度論》之作者及其翻譯〉，《永光集》，新竹：正聞出版社，2004 年 6 月。

62. 釋印順：《成佛之道》，新竹：正聞出版社，2004 年 9 月。

63. 釋惠敏，釋齋因編譯：《梵語初階》，台北：法鼓文化事業股份有限公司，2002 年 3 月。

64. 釋聖凱：《攝論學派研究》，北京：宗教文化出版社，2006 年 9 月。

65. 釋道厚：〈法藏「十重唯識觀」中的心識思想〉，《大專學生佛學論文集》19，台北：華嚴蓮社，2011 年 10 月。

66. 釋演培：〈唯識思想演變史略〉，張曼濤主編：《現代佛教學術叢刊》24，台北：大乘文化出版社，1978 年元月。

67. 釋慧嶽：《天臺教學史》，台北：佛陀教育基金會，1993 年 12 月。

68. 釋賢度：《華嚴經十地品淺釋》，台北：華嚴蓮社，2002 年 4 月。

69. 釋賢度：《華嚴學講義》，台北：華嚴蓮社，2004 年 9 月。

70. 釋賢悟：〈俱舍論之組織與中心及其特色〉，張曼濤主編：《現代佛教學術叢刊》51，台北：大乘文化出版社，1979 年元月。

71. 釋續明：〈戒學之種類〉、〈聲聞戒與菩薩戒〉，張曼濤主編：《現代佛教學術叢刊》88，台北：大乘文化出版社，1978 年 12 月。

（二）日文（包括中譯）著作

1. 久保繼成：〈法華經的宗教性實踐〉，平川彰等著，林保堯譯：《法華思想》，台北：佛光文化事業有限公司，1999 年 6 月。

2. 山田龍城：《梵語佛典の諸文獻》，京都：平樂寺書店：1959 年。

3. 川田熊太郎等著，李世傑譯：《華嚴思想》，台北：法爾出版社，2003 年 11 月。

4. 中村元主編，余萬居譯：《中國佛教發展史》，台北：天華出版事業股份有限公司，1984 年 5 月。

5. 木村清孝著，李惠英譯：《中國華嚴思想史》，台北：東大圖書股份有限公司，1996 年 2 月。

6. 水野弘元等著，許洋主譯：《印度的佛教》，台北：法爾出版社，1988 年 11 月。

7. 水野弘元著，郭忠生譯：《原始佛教》，台北：菩提樹雜誌社，1990 年 7 月。

8. 水野弘元著，釋惠敏譯：《佛教教理研究──水野弘元著作選集》2，台北：法鼓文化，2000 年 7 月。

9. 水野弘元著，香光書鄉編譯組譯：《佛教的真髓》，嘉義：香光書鄉出版社，2002 年 11 月。

10. 平川彰：《初期大乘佛教の研究》，東京：春秋社，1968 年 3 月。

11. 平川彰等編：《華嚴思想》，東京：春秋社，1983 年 5 月。

12. 平川彰：《初期大乘と法華思想》，東京：春秋社，1989 年 1 月。

13. 平川彰著，莊崑木譯：《印度佛教史》，台北：商周出版，2004 年 12 月。

14. 石井教道：《華嚴教學成立史》，京都：平樂寺書店，1979 年 3 月。

15. 伊藤瑞叡：《華嚴菩薩道の基礎的研究》，京都：平樂寺書店，1988 年 2 月。

16. 竹村牧男著・蔡伯郎譯：《覺與空──印度佛教的展開》，台北：東大圖書股份有限公司，2003 年 5 月。

17. 佐藤哲英著，釋依觀譯：《天台大師之研究》，台北：中華佛教文獻編撰社，2005 年 4 月。

18. 坂本幸男著，釋慧嶽譯：《華嚴教學之研究》，台北：中華佛教文編撰社，1971 年 9 月。

19. 坂本幸男：《華嚴教學の研究》，京都：平樂寺書店，1976 年 3 月。

20. 村上專精，釋印海譯：《佛教唯心論概論》，台北：嚴寬祜基金會，2004 年 12 月。

21. 神林隆淨著，許洋主譯：《菩薩思想的研究》，藍吉富主編：《世界佛學名著譯叢》65、66，台北：華宇出版社，1984 年 11 月。

22. 高峰了州著，釋慧嶽譯：《華嚴思想史》，台北：中華佛教文獻編撰社，1979 年 12 月。

23. 高崎直道：〈瑜伽行派の形成〉，平川彰等編：《唯識思想》，東京：春秋社，1982 年。

24. 高楠順次郎・木村賢泰著，高觀廬譯：《印度哲學宗教史》，台北：臺灣商務印書館股份有限公司，1995 年 2 月。

25. 張文良：《澄觀華嚴思想の研究──「心」の問題を中心に》，東京：山喜房佛書林，2006 年。

26. 望月信亨著，釋印海譯：《中國淨土教理史》，台北：正聞出版社，1991 年 4 月。

27. 野上俊靜等著，釋聖嚴譯：《中國佛教史概說》，台北：臺灣商務印書館

股份有限公司，2000 年 11 月。

28. 菅野博史著，釋孝順譯：《法華經──永遠的菩薩道》，台北：靈鷲山般若文教基金會附設出版社，2005 年 1 月。

29. 龜川教信著，釋印海譯：《華嚴學》，台北：佛光文化事業有限公司，2000 年 11 月。

30. 鎌田茂雄：《中國華嚴思想史の研究》，東京：東京大學出版會，1978 年 10 月。

31. 鎌田茂雄著，關世謙譯：《中國佛教史》，台北：新文豐出版股份有限公司，1995 年 9 月。

（三）英文著作

1. Deleanu, Florin. *A Preliminary Study on Meditation and the Beginnings of Mahāyāna Buddhism.*《創價大學‧國際佛教學高等研究所‧年報》第 3 號，日本：東京，創價大學國際佛教學高等研究所，1999。

2. Hirakawa, Akira. Williams, Paul. (Ed.), *Vol.3, The Origins and Nature of Mahāyāna Buddhism*, New York: Routledge, 2005.

3. Unrai Wogihara（荻原雲來）, *Bodhisattvabhūmi: A Statement of Whole Course of the Bodhisattva (Being Fifteenth Section of Yogācārabhūmi)*, Tokyo, Japan: Sankibo Buddhist Book Store, 1971.

三、期刊及學位論文（依出版時間之順序排列）

（一）期刊論文

1. 栗田善如：〈華嚴經十地品における念佛〉，《東洋學研究》創刊號，東京：東洋學研究所，1965 年 11 月。

2. 小島岱山：〈五台山系華嚴思想の特質と展開〉，《華嚴學研究》第 3 號，東京：山喜房佛書林，1991 年 5 月。

3. 廖明活：〈地論師、攝論師的判教學說〉，《中華佛學學報》第 7 期，1994 年 7 月。

4. 小島岱山：〈五台山佛教文化圈內的華嚴思想──五台山系華嚴思想的特徵和發展〉，《五台山研究》，1995 年第 1 期。

5. 蔣義斌：〈大品般若經與大智度論中的菩薩〉，《佛教與中國文化國際學術會議論文集》，台北：中華文化復興運動總會宗教研究委員會，1995 年 7 月。

6. 釋聖嚴：〈十善業道是菩薩戒的共軌論〉，《中華佛學學報》第 8 期，1995 年 7 月。

7. 梅迺文：〈竺法護的翻譯初探〉，《中華佛學學報》第 9 期，1996 年 7 月。

8. 鄭森：〈清涼國師澄觀〉，《五台山研究》，1997 年第 2 期。

9. 屈大成：〈澄觀的生平及著作〉，《正觀雜誌》第 3 期，南投：正觀雜誌社，1997 年 12 月。

10. 釋覺清：〈《華嚴經》〈十地品〉難勝地之菩薩行──以澄觀疏解爲主〉，《大專學生佛學論文集》10，台北：華嚴蓮社，2000 年。

11. 王宏斌：〈歷史考據法探源〉，《史學理論研究》，2002 年第 3 期。

12. 郭朝順：〈從「十重唯識觀」論華嚴宗與唯識思想的交涉〉，《佛學研究中心學報》第 8 期，2003 年 7 月。

13. 王頌：〈從日本華嚴宗的兩大派別反觀中國華嚴思想史〉，《世界宗教研究》，2005 年第 4 期。

14. 陳紹聖：〈法藏「現前地」思想研究──以「集起門」及「依持門」爲中心〉，《第二屆中、日、韓漢學國際學術會議》，日本：福岡大學，2006 年 12 月。

15. 釋長恒：〈略探十二緣起支中之分位緣起與刹那緣起〉，《福嚴佛學研究》第 4 期，2009 年 4 月。

16. 釋正持：〈澄觀判教思想之研究──兼論與法藏判教之差異〉，《大專學生佛學論文集》19，台北：華嚴蓮社，2011 年 10 月。

17. 釋正持：〈澄觀華嚴心要觀與三聖圓融觀之研究〉，《妙林》第 25 卷，2013 年 10 月。

（二）學位論文

1. 郭朝順：《湛然與澄觀佛性思想之研究》，台北：文化大學哲學研究所博士論文，1995 年。

2. 黃國清：《窺基《妙法蓮華經玄贊》研究》，桃園：中央大學中文研究所博士論文，2005 年。

3. 釋正持：《天台化法四教之研究──以智顗、智旭的論述爲主》，圓光佛學研究所畢業論文，2006 年 6 月。

4. 釋正持：《慧思禪觀思想之研究》，嘉義：南華大學宗教學研究所碩士論文，2008 年 5 月。

5. 釋証煜：《《大品般若經》菩薩十地思想之研究》，嘉義：南華大學宗教學研究所碩士論文，2008 年 6 月。

6. 釋演廣：《《華嚴經‧十地品》的菩薩思想與實踐觀行之研究》，新竹：玄奘大學宗教學系碩士論文，2008 年 6 月。

7. 高淑慧：《《華嚴經》明地菩薩之禪定修行──以華嚴宗之思想爲主，新北市：法鼓佛教學院佛教學系碩士論文，2011 年 7 月。

四、網站資源

1. 王開府：〈思想研究法綜論——以中國哲學爲例〉，《國文學報》第 27 期，1998 年 6 月，http://web.cc.ntnu.edu.tw/~t21015/P-METHD3.doc

2. 朱慧定：〈澄觀華嚴思想〉，《大專學生佛學論文集》8，http://www.huayencollege.org/thesis/PDF_format/87_017.pdf

3. 郭朝順：〈賢首法藏的「頓教概念」之研究〉，《哲學與文化》第 19 卷第 7 期，1992 年 7 月，http://enlight.lib.ntu.edu.tw/FULLTEXT/JR-MISC/misc013015.htm

4. 楊維中：〈論《華嚴經‧十地品》的漢譯及其佛學思想〉，《閩南佛學》2004 年，http://www.nanputuo.com/nptxy/html/200711/1814324998166.html

5. 釋天聞：《《華嚴經》「法師」義研究》，台北：華嚴專宗學院研究所第十六屆畢業論文，2011 年，http://www.huayencollege.org/grad/grad_thesis/PDF_format/1601.pdf

6. 釋正持：〈別教一乘與同教一乘之同異——以《五教章》爲主〉，http://www.huayencollege.org/thesis/PDF_format/2010_006.pdf

7. 釋演智：《華嚴宗四祖澄觀大師》，台北：華嚴專宗學院大學部第五屆畢業論文，1997 年，http://www.huayencollege.org/undergraduates/under_thesis/PDF_format/c501.pdf

8. 釋觀慧：《華嚴經十地品研究》，台北：華嚴專宗學院研究所第一屆畢業論文，1986 年，http://www.huayencollege.org/graduates/grad_thesis/PDF_format/101.pdf

9. 〈紹興歷史〉，http://www.shaoxing-hotels.com/big5/history.html

五、工具書

1. 佛光大辭典編修委員會編：《佛光大辭典》，高雄：佛光出版社，1988 年初版。

2. 荻原雲來編纂：《漢譯對照梵和大辭典》，東京：講談社，1986 年。

附錄：澄觀生平年表

帝王年號（西元）	年齡	事　　　　　由
唐玄宗開元二十六年（738）	1	生於越州會稽
唐玄宗天寶五年（746）	9	禮本州寶林寺禪德體眞大師爲師
唐玄宗天寶七年（748）	11	參加試經度僧考試通過，正式披剃出家，成爲沙彌
唐玄宗天寶八年（749）～肅宗至德元年（756）	12～19	講說十四部經、九部論，研究祖師之著作
唐肅宗至德二年（757）	20	受具足戒，從曇一律師學南山律，發十種弘誓
唐肅宗乾元年間（758～759）	21～22	依潤州棲霞寺醴律師，學相部宗、依金陵玄璧學三論宗
唐代宗大曆年間（766～767）	29～30	於瓦棺寺，傳授《起信》、《涅槃》，又於淮南法藏處，學習新羅元曉的《起信論疏》。復於天竺寺法詵門下，學習《華嚴經》
唐代宗大曆三年（768）	31	奉詔至長安大興善寺，擔任不空三藏譯場的潤文大德
唐代宗大曆六年（771）	34	離開譯場
唐代宗大曆七年（772）	35	跟隨成都慧量研習三論宗
唐代宗大曆十年（775）	38	至蘇州跟隨天台宗九祖湛然學習天台止觀法門，以及參訪諸位禪師，包括牛頭禪、南宗禪、北宗禪之禪法
唐代宗大曆十一年（776）	39	遊五台山，居大華嚴寺，講《華嚴經》
唐德宗興元元年（784）	47	開始撰寫《華嚴經疏》
唐德宗貞元三年（787）	50	完成《華嚴經疏》

唐德宗貞元四年（788）	51	應大華嚴寺寺主賢林之請講演新疏
唐德宗貞元七年（791）	54	受河東節度使李自良之邀，講新疏於崇福寺
唐德宗貞元十二年（796）	59	入長安，協助般若三藏翻譯四十《華嚴》，擔任詳定之職，德宗並賜其紫衲方袍
唐德宗貞元十四年（798）	61	四十《華嚴》譯經完成，並開示其宗旨，禮為教授和尚。又詔令澄觀造四十《華嚴》之疏，撰成《貞元新譯華嚴經疏》十卷
唐德宗貞元十五年（799）	62	德宗賜號「清涼國師」
唐憲宗元和五年（810）	73	授僧統印
唐文宗太和五年（831）	94	受心印於師
唐文宗開成四年（839）	102	澄觀入寂